致富の鍵

大倉喜八郎述

① 1910（明治43）年か、74歳か
（中村正直より贈られた漢詩の掛軸の前の喜八郎）

（年齢は数え年、表紙カバー写真は、喜八郎は40歳代前半、1880年代前半、大蔵省紙幣局（印刷局）直営写真館で撮影、写真提供は鈴木英介氏、①は『実業界』同文館、第１巻第１号、1910年５月、口絵、写真提供は早稲田大学図書館、②は『京劇の華　梅蘭芳』日中友好協会、2009年、54頁、③は『現代』大日本雄弁会講談社、第５巻第12号、1924年12月、口絵、④は『実業之世界』第23巻第11号、1926年11月、口絵、⑤は『キング』大日本雄弁会講談社、第３巻第10号、1927年10月、口絵、⑥は後楽園涵徳亭で撮影、写真提供は髙田愼一氏）

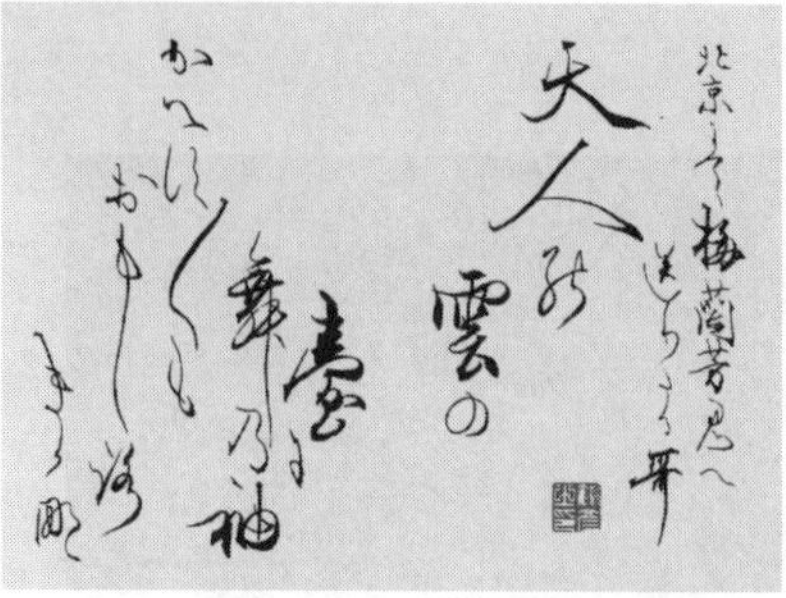

② 1917（大正６）年12月、81歳
（喜八郎が北京で梅蘭芳に贈った狂歌）

③ 1924（大正13）年10月、88歳
（来日した梅蘭芳夫妻と喜八郎、左は大倉喜七郎夫人の久美子）

④ 1926（大正15）年夏、90歳
（トーマス・エジソンとの同年の文通で相互に送った写真、エジソンは喜八郎の10歳下）

⑤ 1927（昭和２）年７月10日、91歳
（大倉集古館を参観したロアール・アムンセンと懇談、アムンセンは喜八郎の35歳下）

⑥ 1913（大正２）年２月18日、77歳
（来日した孫文一行を迎えた泰平組合メンバーと陸軍首脳陣、前列左より３人目から島川文八郎（兵器局長）、髙田愼蔵、孫文、長谷川好道(参謀総長)、喜八郎、１人おいて大島健一（参謀次長）、後列左より４人目は福井菊三郎（三井物産）、井戸川辰三（陸相秘書官）、他の人物及び詳細は「解説」参照）

初版刊行に当たって

東京経済大学史料委員会

このたび、東京経済大学は、本学の前身である大倉商業学校の創立者・大倉喜八郎（一八三七〜一九二八）の口述書『致富の鍵』の復刻改訂版を刊行いたすことになりました。原著は、一九一一（明治四四）年、大倉喜八郎の口述を菊池暁汀《ぎょうてい》が編纂した書籍です。原著誕生の経緯、原著は何を語ろうとしているか、今日に蘇らせた意義などについては、村上勝彦本学名誉教授・史料委員会顧問の解説に詳しく記述されております。

明治、大正にかけて大倉財閥を築きあげた大倉喜八郎は、一九〇〇（明治三三）年、大倉商業学校を創立しました。本年から三年後の二〇二〇年、本学はその創立一二〇周年を迎えます。当委員会は二〇二〇年から二五年にかけて、沿革史資料集及び通史の数巻、通史の普及版の刊行にむけて、目下準備を進めております。また今回の本書刊行により、大倉喜八郎関係の書籍をこれまで五冊刊行したことになります。

今回も村上顧問の統括の下に、坂本寛協力委員の下作業、史料室メンバー（永山和彦委員、鵜飼政志専門委員、檜皮瑞樹専門委員、幸島浩子さん）の努力と、当委員会での逐次報告とによって、刊行の運びとなりました。

表紙カバーおよび巻頭には、大倉喜八郎の貴重かつ珍しい写真を載せることができ、写真を提供いただいた鈴木英介様、髙田愼一様、早稲田大学図書館様に、また写真の掲載にご理解いただいた株式会社講談社様にお礼を申し上げます。『致富の鍵』復刻改訂版の刊行に当たっては、大倉喜八郎の曾孫に当たる大倉喜彦様のご理解を得られたことについて感謝申し上げます。ちなみに鈴木様は大倉喜八郎の姉・貞の嫁入り先の六代目間《ま》瀬《ぜ》屋《や》佐《さ》右《え》衛門《もん》から五代目のご子孫に、髙田様は髙田商會の創設者・髙田愼蔵の曾孫に当たります。さらに巻頭写真とも関わる中村正直が大倉喜八郎に贈った漢詩について、その校閲と和訳の労を執っていただいた慶應義塾大学斯道《しどう》文庫の高橋智《さとし》教授にお礼申し上げます。

各方面で好評を得ている『大倉喜八郎かく語りき』(二〇一四年一〇月刊行)、『努力』(二〇一六年三月刊行)と同様に、『致富の鍵』も多くの方々に読まれることを心より期待しております。

二〇一七年三月

解説

東京経済大学名誉教授・史料委員会顧問
村上勝彦

一　青年へ致富の鍵を教える

本書の原著は、大倉喜八郎（以下、喜八郎）が自己の青年時代の経験に照らして、致富の鍵、成功の秘訣、立身出世の道を当時の青年に述べたもので、編者・菊池暁汀によってかなり自由に編纂された口述書である。喜八郎は一八三七（天保八）年、現在の新潟県新発田《しばた》市に生まれ、一九二八（昭和三）年、数え九二歳（以下、数え年）までの長寿を全うしたが、原著が刊行されたのは一九一一（明治四四）年、七五歳のときであった。四〇歳代前半までの青年時代の経験と肝に銘じたことを実業界を目指す青年に語り、知人の人物評を述べ、原著刊行直前までの日本経済に対する意見・対策などを社会に説いている。

「致富の鍵」と銘打ってはいるが、金儲けのハウツーものではない。富は生死をかけて働いた報酬であり、あらゆる力を出し、怠けずに、命の限り一生懸命に働くことが致富の鍵だとする、じつに単純なことを多面的に繰り返し述べたものである。原著刊行の五年後、同じく彼の口述書『努力』が刊行された。両書の趣旨は同じだが、『致富の鍵』は致富や立身出世に、『努力』（復刻版は本学編・刊）は青年の修養にどちらかといえば力点をおいている。両書と『大倉喜八郎かく語りき』（本学編・刊）とを合わせ読まれることを勧めたい。

二　働くことが総ての基《もと》

本書は九編からなり、第一～六編で致富の鍵、成功の秘訣、立身出世の道を、第七編で六人の人物評を、第八～九編で国富の策を語る。重複や繰り返しがしばしば見られるのは、それらが喜八郎の記憶に強く残り、肝に銘じていたことであり、また編者が様々な口述文章の編纂に当たって避けることができなかったためと思われる。

第一～六編の内容を一括して要約すると、まず冒頭で、相場師は真の事業家ではない、自分は投機行為を行なわない、事業は人爵を得るためでなく、国益に沿った、社会・実業界に貢献するようなものを行なう、自己の分限《ぶんげん》は守り、死ぬまで働き、常に奮発的精神を持って事に当たるのが自分の座右の銘だとする。

働くことが致富の鍵で、必ず働く者のみに富はくる一方、貧苦は遊惰の結果で、怠惰者の頭上に落ちた天罰である。人間はそもそも働く動物で、労働は人間にとって神聖なる義務である。真の幸福は働くことにあり、富はその幸福のいわばカスともいえる。だが無茶苦茶に働けばよいわけではなく、目的をきちんと定め、働く中で修養を忘れてはいけない。商売の前途には必ず障害物があり、損得の波は免れず、進歩の順序は一高一低なので、一挙に大金持ちにはなれず、真の成功は遅々たるものである。従ってみだりに急がず、自己の範囲内で一つずつ成功を積み重ねて行くことが、成功者、立身出世への唯一の道である。実業界には必ず存在する商機を看破し、捉《とら》えることが重要で、自分の最大の商機は銃砲商になったことだ。しかし現在の商機は世界的となっており、現代の青年にとっては国内よりも朝鮮・中国・南洋・北米地方など海外で活動する方が有望である。

独立の真義は、たとえ他人に雇われていたとしても意思の自由・独立を持つことで、雇主の方でも雇う青年に権力・自由を与えねばならない。しかし青年は最終的に独立自営をめざすべきで、得られる自由・愉快・向上心は雇われ者の比ではない。独立した以上は全能力を発揮して事業に当たらねばならない。資本はもちろん不可欠だが、克己心を持って浪費を省き、気長に貯蓄に努めれば、それなりの資本はできる。自分は丁稚《でっち》奉公と乾物屋商売との十数年で少しずつ金を貯めていき、商機をつかんで銃砲商を始めた。

商売・事業での成功の条件は、経験・誠実・胆力である。事業に付きものの失敗を経験することで臨機応変の才は養成される。事業では交渉人や使用人に対する誠実さが必要で、自分は誠《せい》の一字を守り本尊として懸案《けんあん》の満洲本渓湖の合弁協議を成功させた。商売は商戦という戦争なので、何よりも勇気・勇敢さが大切で、この勇気が胆力である。責任を進んで引き受けるのも勇気であり、事業主が損失を隠そうとする臆病《おくびょう》・卑怯《ひきょう》は胆力のなさによる。治にいて乱を忘れず、油断大敵の心構え、広く社会を知ることが商売には不可欠で、人の上に立つ場合は、自分がやることを信じる自信力、自分が率先して行なう実行力がとくに求められる。

商売・事業には損得の波、人生には浮沈成敗《せいばい》が必ずあるので、自分は「人事を尽くして天命を待つ」主義でこれまでやってきた。極めて楽天主義、楽天的生活であった。小胆でクヨクヨ心配するような者には碌《ろく》なことはできない。そもそも心配とか愚痴《ぐち》は精神上の一種の病気であり、他人の批評・非難を気にして自分を飾り、無いものをあるように見せかけようとするのは、自分に確信がない卑怯者のすることである。自分は若いときから世間の思惑、他人の毀誉褒貶《きよほうへん》などには頓着しなかった。以上、喜八郎が強調する奮発的精神は、虎穴に入らずんば虎子を得ず、難儀をしなければ何事もなしえない、商売は何事によらず機先を制さねばならない、幾多の失敗・難関があろうとも自らを信じて奮闘すること、という言葉に集約される。

原著は、青年にとって起業が可能となり、その成功が立身出世と思われるようになった時代の産物である。先にふれた喜八郎の口述書『努力』復刻版の「解説」で筆者が詳しく述べたように、明治四〇年代には、日本で産業革命が進行し、資本主義社会が成立しつつあり、起業機会が増大し、経済人の社会的地位がしだいに高まり、多くの青年が経済界での活躍をめざすようになっていた。その社会状況に応ずべく、経済界をめざす青年を対象として多くの書が刊行された。原著の編者・菊池暁汀の編纂本をとりあげただけでも、原著刊行に続いて『森村市左衛門《いちざえもん》述　積富の実験』、『安田善次郎述　富の活動』、『大谷嘉兵衛《かへえ》述　処世の活歴』、『日比翁助《ひびおうすけ》述　商売繁昌の秘訣』、『高橋是清述　立志の径路』、『井上角五郎述　実験せる処世と交際』など、主に実業家による口述書がわずか一年のうちに刊行されている。原著の『致富の鍵』はそのシリーズ最初の書であった。

明治四〇年代の日本社会は、喜八郎が青年時代を迎えた幕末維新から明治一〇年代にかけての波乱万丈で荒々しい状況ではすでになく、社会はかなり安定し、安穏《あんのん》に過ごせるようになり、事を安易に考える青年も少なくなかった。彼が本書の中でたびたび「今の青年は」と咎《とが》めているのはそのためである。しかし彼は「今の青年」に諦めていたわけではなく、期待しているからこそ原著刊行に最終的に同意したのである。しかし皮肉なことに、成功者の伝記などだけに目をやって働かねば、いつまでたっても成功しないと、本書の中で述べている。彼にとっての致富の鍵は、働くこと、奮闘することであり、それが彼の労働観であった。

三　慈善と自助、健康法と趣味

喜八郎の労働観はまた、独特の慈善事業観となる。また常に奮闘して働けるようにすべく、独特の健康法と「くつろぎの人生哲学」が彼にはあった。貧苦は遊惰の結果なので、貧民救済は惰民救済となり、人に依頼心を起こさせ、独立して飯を食う精神を鈍らせる。だからそんなものは本当の慈善ではない。慈善事業には消極的と積極的の二つがあり、貧民救済は前者であり、独立して生活できるようにすべく人々に職を与え、そのために青年へ教育の機会を与えるのが後者である。彼の生涯にわたる巨額の寄付の中には、この積極的慈善である教育機関の設立・運営に関わるものが多い。自ら設立した三つの商業学校（大倉商業学校・大阪大倉商業学校・善隣商業学校）のほか、現在の慈恵医科、同志社、工学院、拓殖、慶應、早稲田、日本などの各大学、あるいはその前身校などに対してである。商業学校設立の動機の一つとして、商売には商業道徳の観念が不可欠で、それは学校教育で養成されるという経験・信念があった。

かといって彼は消極的慈善に無関係だったわけではない。医療による貧民救済のため、明治天皇の発意と下《か》賜《し》金に基いて設立された恩賜《おんし》財団済生《さいせい》会と、貧民・病者・孤児・老人・障害者などの福祉のため、渋沢栄一が生涯にわたって尽力した東京市養育院とには多額の寄付をしている。だから「孤児院より人傑が出たことはない」という彼の言葉は、額面どおりには受け取れない。慈善もやり方次第では人を益し、世を利することもある、物事は多面的に見なければならないと、彼がいっているからだ。では彼の巨額の寄付行為はいかなる考えによるのか。富や財産は単に個人の努力だけでなく、時勢・社会・国家の急激な進歩にもよる。だからその恩に報いるためにも独り占めにすることは許されない。富の永久的独占は不当で、自分の子供（喜七郎）には事業は譲るが財産の相続は別であり、「子孫の為に牛馬にならず」という標語を自身が経営する大倉組の事務室に掲げていると、彼はいう。

彼の健康法には身体的と精神的の二つがあり、前者は、奮闘して働くことを基本とし、朝風呂の習慣、七時間の睡眠、暴飲暴食の戒《いまし》め、平素の習慣を破らぬことが加わる。後者は、失敗や過去のことを気にしない楽天主義と、趣味などによる心機転換である。狂歌・一中節・美術品収集・書道など多趣味だが、とくに仏像鑑賞による精神修養について多くを語っている。趣味とはいえないだろうが、最も愉快に感じるのは文人墨客《ぼっかく》との交際だとし、彼らは淡白で、談話に淀《よど》みがなく、誠実だからだとする。福地桜痴《おうち》、成島柳北《りゅうほく》、岸田吟香《ぎんこう》、徳富蘇峰、幸田露伴、野崎左門《さもん》、村上浪六《なみろく》、伊坂梅雪《ばいせつ》など多くの知己《ちき》・知友がいるが、なかでも偉大なる人格に対して畏敬の感に打たれたのが中村正直（一八三二（天保三）～九一（明治二四））であった。中村は旧幕臣、東京大学教授・女子高等師範学校長（現お茶の水女子大学）となり、明六社《めいろく》同人で明治の代表的な啓蒙思想家である。

喜八郎は一八八五（明治一八）年二月一日、岸田吟香の仲介で中村を向島別邸に招いて懇談・懇親し、記念に白檀製の火鉢を贈ったところ、後日、表装された中村自作の漢詩を受け取った。本書巻頭に掲げた写真が、その漢詩を前にした二六年後の喜八郎である。中村訳『西国立志篇』を読み、感銘して招いたのだが、同書はサミュエル・スマイルズ著『Self-Help』（自助論）の翻訳書で、一八七一（明治四）年に刊行されている。原著は一九世紀のイギリス産業社会を支《ささ》えた無名の人々を紹介し、彼らの自助の精神がイギリス近代社会を支えたとし、「天は自ら助くる者を助く」という有名な序文に示されるように、人の無能さは努力不足に原因があり、自助の精神なき人間は無能にならざるを得ないとする、いわば原理主義的な自助論である。これは喜八郎の慈善に対する考えや閲歴とにまさに合致していた。『西国立志篇』は、福沢諭吉の『学問ノススメ』と並ぶ百万部以上の大ベストセラーとなり、豊田佐吉をはじめ当時の多くの青年に影響を与えた。ところで喜八郎は『西国立志篇』をいつ読んだのだろうか。彼の正伝『大倉鶴彦翁』（鶴友会編・刊、一九二四（大正一三）年）では『西国立志篇』刊行直後とされているが、その十数年後となる、中村を招いた直前とする本書の方が事実であろう。

中村からお礼に貰った七絶七詩の漢詩について、やや煩雑な説明が必要となる。巻頭に載せた写真から読み取れる漢詩が本来のものだが、これは本文に掲げられた漢詩とは若干異なり、後者には明らかに誤字・誤記が認められる。そこで本書では該当箇所に【校閲】欄を付し、漢詩の和訳を注釈欄に載せておいた。国書・漢籍の専門研究機関である慶應義塾大学斯道《しどう》文庫の高橋智《さとし》教授に校閲と和訳の労を執っていただいた。この漢詩には、常用漢字への直しを別とすれば、若干の相違を伴ってだが、以下の六種が存在する。①本書の巻頭写真のもの、この写真は雑誌『実業界』第一巻第一号（同文館、一九一〇（明治四三）年）の口絵、②同上誌の本文四〇頁に掲載のもの、③本書掲載のもの、これは原著『致富の鍵』掲載のものと同じ、④前掲『大倉鶴彦翁』

四六九頁に掲載のもの、⑤『敬宇詩集　下』（中村正一編・敬宇詩集刊行発行所刊、一九二六（大正一五）年）二二三〜二二四頁に掲載のもの、敬宇は中村正直の号、⑥井上哲次郎著「敬宇詩集と大倉翁」（『鶴翁餘影』鶴友会編・刊、一九二九（昭和四）年）六二〜六三頁に掲載のもの（井上は中村正直を師と仰ぐ東京帝国大学教授）、の六つである。

明らかに誤字・誤記が認められるのは②と③である。①と②は同じ雑誌に載っているので、異なることは解《げ》せないが、多分、②は誤読によるのであろう。井上哲次郎によれば、喜八郎は⑤の出版費の一部を出しているので、④は①の他に⑤も参照しえたのではないかと思われる。⑥は⑤を当然、参照したと思われる。では中村自作の漢詩①と、本人死後の詩集である『敬宇詩集』掲載の漢詩⑤とはなぜ異なるのか。つまり①・④と⑤・⑥の相違である。それは多分、詩集に収める際に若干の手直しがなされたためと思われる。例えば、「大倉喜八郎君」が「大倉喜八郎氏」に変わっていたり、漢詩の表題が長くされたりなどの違いがある。以上のこととは別に、③は後述の『致富の鍵』復刻版（大和出版刊、一九九二年）に、⑤は「新日本古典文学大系 明治編2」として『漢詩文集』（入谷仙介他の校注、岩波書店刊、二〇〇四年）に収められているが、いずれも常用漢字に直した以外は③、⑤と同じである。従って上記の『致富の鍵』復刻版は誤字・誤記を引継いでいることになる。

第七編の人物評は、中村正直の他に、伊藤博文・益田孝・雨宮敬次郎・安田善次郎・渋沢栄一に対するものである。喜八郎が最も尊敬する政治家が伊藤、実業家が渋沢だとし、益田・安田とは幕末維新時からの古い付き合いであり、雨宮は東洋的豪傑であるが、前述の「座右の銘」で掲げたように、自分の考えとは違う投機師だと述べている。

四．国富の策

最後の第八～九編は、長期の不景気続きであった一九〇九（明治四二）年頃の口述と思われ、以下のように述べている。長期不況の原因は日露戦争時の過大な外債発行に対する返済負担と、アメリカに端を発する恐慌の影響であり、外債返済はもちろん必要なことだが、そればかりに気を取られて殖産興業をなおざりにすることが一番の問題だ。政府は商工業者に重税を課し、民間では銀行が金融引き締めで商工業者を苦しめ、一部の無責任な事業者が泡沫企業を作るなどしたから、責任は政府に七分、民間に三分ある。資本家・事業家の責務は、人々に職を与え、その家族を含めて多くの人々を食べさせていくことにあるのだから、資金の安全のみを図らず、失敗を恐れずに積極的に事業を展開し、とくに生産業を基本とする商工業の発展を図らねばならない。事業展開には海外とりわけ近隣アジアが有望で、とくに清国市場は巨大であり、満洲ではたとえ厄介であっても中国人との合弁に努めるべきだ。この最後の点について、民間の日中合弁企業の嚆矢《こうし》となった本渓湖企業の設立に自身が関わった経験をあげている。アジア諸国間の合弁経営は、彼が設立時から参加した一八八〇（明治一三）年結成の初期アジア主義的な性格の興亜会が、すでに掲げていた目標でもあった。大倉組の海外投資の活発化は、ちょうど原著刊行の明治末期からであり、後の大倉財閥の大陸傾斜を予兆させるものがある。

海外展開には人材養成が不可欠だが、自分はたびたび失敗したという。筆者が思うに、その最大の失敗例は、大倉組台湾総支配人の賀田《かだ》金三郎が一八九七（明治三〇）年に本社の意に逆らって危険な事業に手を出して退社し、賀田組が台湾では大倉組を凌《しの》ぐほどの隆盛をとげたこと、また大倉組天津支店長の皆川広量《こうりょう》が一九〇八（明治四一）年に本社の了解を得ずに綿糸投機をし、その大損害によって一時、大倉組倒産かなどと噂されるまでの事態を招いたことなどである。「朝鮮人は商業的智識に乏し」と考えた喜八郎は、朝鮮人の人材養成のため善隣商業学校を自ら設立した。そのためか同校は当初、朝鮮人本科生だけだった。

喜八郎は早くからの外資導入論者で、すでに日清戦争直後に外資導入を新聞紙上で提言し、その内容を政府当局者や民間の友達にも話したが、当時は誰も耳を傾けなかったという。その新聞記事とは、『読売新聞』の一八九五（明治二八）年八月一一～一四日に連載された「大倉喜八郎の戦後経済談」をさす。二億三千両《テール》（三億円以上）の日清戦争賠償金をイングランド銀行に無利子だが預金し続けておけば、日本の信用を高めて利率年三％の外国債一億円の発行が可能となり、日清戦時の既発行の年五％の内国債をそれで償還する。利子差額の二〇〇万円を毎年貯めておけば、二五年後には複利で外債元金の一億円になる。他方で内国債の償還金を手にした富豪は貯蓄せずに積極的に資本運用し、国富の増進を図るべしという内容であった。

その提言では、外資導入が借入（債券）形式でなく事業投資の場合は、「欧米人に毫《ごう》も乗ずべき隙なからしむ」ようにと注意・警戒している。一八九九（明治三二）年の改正条約実施によって、外国人の内地雑居と国内経済浸透が始まることになり、脆弱な経済力の日本商人は打ち負かされ、外国商人に国内経済を支配されることを危惧していたからである。しかしそれから十数年後の原著刊行の頃には、喜八郎のスタンスが違っていて、外国資本の国内事業投資への警戒心は弱いように思われる。しかしまたその十数年後の、第一次大戦景気・大正バブルをへた後の一九二〇年代になると、外債累積を懸念して国家は借金するなと叫び、軽佻《けいちょう》浮薄《ふはく》な経済活動を批判している。彼の言説や提言は、経済情勢や時代状況によって異なり、必ずしも固定的ではない。

五．本書の成り立ちなど

編者の菊池暁汀は、その生没年・履歴などはほとんど不詳だが、『致富の鍵』刊行の頃はほぼ三〇歳代後半から四〇歳代前半、本名は菊池甚兵衛と推定され、出身地は本人が取材対象とした高橋是清と同郷と述べているので仙台かと思われる（高橋の生誕地は東京だが）。菊池は本来、詩人・作家であるが、前述のように実業家を始め多くの人物の口述書・講義書などの編集者であり、フリーの訪問記者のように思われる。現在知りうる彼の文学関係の作品は、一九〇四〜〇八（明治三七〜四一）年、一八〜三二（大正七〜昭和七）年の二つに分かれた時期に発表され、とくに小杉天外の小説『魔風恋風《まかぜこいかぜ》』（一九〇三年に新聞連載）を長詩にした『魔風恋風之詩《のうた》』（一九〇六年、一二六四頁）が有名で、小説『悲恋悲歌』（一九〇七年、二一八頁）などもある。その二つの時期にほぼ挟まれた一九一一〜二一年のわずか一一年間に、喜八郎及び前述の人物のほかに、日比谷平《へい》左衛門《ざえもん》、大隈重信・犬養毅・後藤新平、前田正名《まさな》・阪谷芳郎《さかたによしろう》、三宅雪嶺《せつれい》、丘浅次郎《あさじろう》、海老名《えびな》弾正《だんじょう》、高嶋嘉右《かえ》衛門《もん》など、著名な実業家、政治家、官僚、言論人、学者、宗教家、易断家《えきだんか》などの各書を次々に編纂し、全部でほぼ四〇冊に達する。

『致富の鍵』は大隈の書に次いで全体で二番目というごく初期に刊行された。菊池は、速記を伴っての談話の筆録とか、既存の発表物の編纂とか、作成方法は様々であるとしている。本書の場合は、諸雑誌などに掲載された喜八郎の数多い口述文章などから、編者がかなり自由に編纂したものが主と思われる。例えば、第一編中の「私が半生の趣味的生活」は、『実業之日本』第一一巻第二五号（一九〇八年一二月一日）掲載の「余は自己の趣味に関して福沢先生と如何《いか》なる談話を為《な》したるか」と、第六編中の「青年は飽くまでも猛進せよ」は、『実業界』第一巻第三号（一九一〇年七月一日）掲載の「予が感服したる大覚寺の和尚《おしょう》の言行と世評に対する予の覚悟」と題目などは変えられているが、内容はほぼ同じである。

上記のほぼ四〇冊の「編者言」を見ると、編者が内容の配列、各章各節の題目見出しなどを行なった場合や、対象者が校正を数度行なった場合もあればそうでない場合もあり、文章に魯魚《ろぎょ》の誤り（似た字の書き間違え、写し間違え）もあると記されている。前述の大隈・大倉・森村・添田・安田・大谷の六冊が、一九一一年中に刊行されたことを考えると、編者は『致富の鍵』編纂に十分の時間と注意を割けなかったのではないかと思われる。事実、多くの誤字・不統一さ（仮名と漢字、ルビなど）が認められる。復刻改訂版である本書では、できる限り校閲をほどこし、また配慮しつつ統一化に努めた。

先にふれた『致富の鍵』復刻版には草柳大蔵の興味深い解説が付され、二〇〇九年にその改訂二版が出版されている。しかしこれらには、原著にある喜八郎の「序」（二頁分）、巻末に付せられた三四首の狂歌（九頁分）、本文の一八ヵ所（一八頁分）が削除され、また一ヵ所で一字の付加がなされ、二ヵ所で言葉が言い換えられている。「序」の削除は、脱落が見られる国立国会図書館蔵本によったためかと思われる。本文中の主な削除箇所は、「なに故に日本人は血色が悪いか」（第二編）、「異境に威力を振う醜業婦《しゅうぎょうふ》」（同）、「敬服している我が家の下女」（第七編）、「朝鮮人は商業的智識に乏し」（第八編）などであり、言葉の言い換えは、「乞食」が「物乞い」に、「肺病病み」が「病人」となっている。本書では、凡例に記した方法で改訂・変更はしているが、原著の全部を復刻している。

最後に、表紙カバーおよび巻頭に載せた貴重かつ珍しい喜八郎の写真についてふれておく。表紙カバーの写真は、本書が青年に語ったものであることを踏まえ、彼が奮闘した青年時代の直後、ほぼ四〇歳代前半、明治一〇年代前半頃のものである。これは一八七八～八六（明治一一～一九）年（喜八郎は四二～五〇歳）の八年間営業していた大蔵省紙幣局（印刷局）直営の写真館で撮影されたもので、その最初の頃のものと推測した。巻頭写真の①は、中村正直より贈られた漢詩の掛け軸の前に座る喜八郎で、漢詩の受け取りからほぼ二六年後、『致富の鍵』刊行の前年、一九一〇年頃に撮ったものと思われる。

②以降の写真は、同書刊行後のものであるが、興味深いものなので掲載した。②は、一九一七（大正六）年一一月頃、北京滞在中の喜八郎が名優・梅蘭芳の京劇を見て感激し、「天人の雲の台に舞の袖　かへすがえすもおもしろきかな」と詠んで梅に贈った狂歌。③は、一九二四年一〇月、大震災後の帝国劇場の大改修再開の祝いと、同劇場会長の喜八郎の米寿の祝いとを兼ねて来日公演した梅蘭芳と喜八郎ら。④は、一九二六年五～九月、文通で「お互い隠居などはしない」と意気投合したアメリカの電気王、トーマス・エジソンと喜八郎。写真は各相手方に送られた写真で、喜八郎の写真は同年夏に撮られ、喜八郎は九〇歳、エジソンは八〇歳。⑤は、一九二七（昭和二）年七月一〇日、来日したノルウェーの極地探検家ロアール・アムンセンが喜八郎の赤坂本邸を訪問・懇談したときの両人。喜八郎は九一歳、アムンセンは五六歳。そのあと、「世界的偉人に訪はれうれしさの　握手は老《おい》のほまれなりけり」と詠んだ。

⑥は、一九一三（大正二）年二月一八日、来日した孫文一行を迎えた泰平組合メンバーと日本陸軍首脳陣。不明な人物もいるが、前列左より（不明者は？）、？、何天烱《かてんとう》、島川文八郎（陸軍省兵器局長）、髙田愼蔵（髙田商會社長）、孫文、長谷川好道《よしみち》（陸軍参謀総長）、大倉喜八郎（大倉組頭取）、馬君武《ばくんぶ》、大島健一（陸軍参謀次長）、後列左より、？、馬聘三《ばへいさん》、？、福井菊三郎（三井物産常務）、井戸川辰三（陸相秘書官）、？、潘霖生《はんりんせい》、？（大倉組副頭取の門野重九郎か）。泰平組合は一九〇八年に三井物産・大倉組・髙田商會によって組織された武器輸出組合。後楽園涵徳亭《かんとく》での同組合主催の午餐会で撮影。この集合写真の人物特定について、鈴木邦夫氏、譚璐美《たんろみ》氏のご教示を得た。

凡例

本書の復刻改訂に当たっては、広く一般読者に読まれることを考慮し、次の諸点を基準とした。

一．基本

明治四十四（一九一一）年に丸山舎書籍部から刊行された原著『致富の鍵』を尊重することを基本とするが、当時と現在との文章表記などの相違を考慮し、基本的に現代のそれに改めている。また、明らかな誤植・誤記・脱落については、原文の趣旨を尊重する観点から訂正を行なっている。

二．句読点、ルビ、改行

（1）文意を損なわない限りで、読点・句点の付加及び削除を施し、また、読点を句点に、句点を読点に変えた場合がある。

（2）原文ではほぼ全ての漢字にルビが付いているが、煩雑さを避けるため難読な漢字のルビを残して他は削除した。なお、一部、適切なルビに付け直した箇所がある。

（3）一節が長文にわたる場合、適宜、改行を施し、また、改行せずに同一節に変えた場合がある。

三．語句、仮名づかい、送り仮名など

（1）旧字は新字に、旧仮名づかいは新仮名づかいに改めたが、原文通りに一部残した箇所がある。

（2）送り仮名は、現在一般的になっているものに改め、またその統一に努めた。

（3）指示代名詞・接続詞・副詞のほか、かなり多くの漢字部分は、適宜、仮名に直した。

四．注

すべての注は、原文にはないが、今回、読者の便宜のために付した。

五．差別的表現に関して

今日から見て差別的と見られる表現もあることが懸念されるが、歴史的文書としてそのままとした。

序

今の青年の多くは、世の富豪がただで富を得たように思っているのははなはだ間違っている。考えてみても分かるではないか。ただ(1)晏閑《あんかん》としていては、富は天から降ってきもしないし、地から湧いてきもしないのである。それで富を得ようとすれば、どうしてもそれだけの手段を尽くさなければならぬのはもちろんである。我々とて決して今日まで(2)並大抵のことをして、世に処してきたわけではない。実に生死の境に出入して、生命を投げ出して働いてきたのであって、いわばその報酬として今日の富を得たのである。

そこで私は今の青年に向かって富を得るの手段を教えよう。それは即ち、(3)撓《たゆ》まず屈せずに働くことである。これははなはだ(4)陳套《ちんとう》な言い分《ぶん》だが、この陳套なことが誰にも出来ないとみえる。何でもあらゆる力を出して、生命の限り働くのが、即ち富の庫《くら》を開く鍵である。

(5)菊池暁汀《ぎょうてい》氏、私に致富の(6)要訣《ようけつ》を求めらる。私は(7)平素、現代の青年が富を得る道につき誤れる考えを抱

1　晏閑は、何もせずにのんびりと、気楽に生活を送ること。安閑と同義。
2　並大抵は、普通に考えられる程度の意。
3　撓まずは、怠けない、気をゆるめないの意。
4　陳套は、陳腐な、言い古されたの意。
5　菊池暁汀は、履歴・生没年などは不詳。明治三九（一九〇六）～昭和二（一九二七）年に、本書のほか、多くの政財界人・文人などの本を編纂。詳細は「解説」参照。
6　要訣は、秘訣、奥義。
7　平素は、ふだん、常日ごろの意。

いているを(8)慨している者であるから、氏の請《しょう》を快諾して、ここに致富の鍵を述べたる次第である。

明治四十四年中秋　大倉喜八郎　識

8　慨しては、憂《うれ》えて、嘆《なげ》いての意。

編者言

大倉喜八郎氏は実に実業界の巨人である。氏や(1)空拳《くうけん》を揮《ふる》って人生の激浪に投じ、幾度か(2)死生《しせい》の間に出入りして、よく百難と奮闘すること七十余年、ついに国運の発展に多大の貢献をなし、今日の大をいたしたのである。氏がこの生涯の(3)辛酸艱苦《しんさんかんく》の実験的教訓は、(4)吾人《ごじん》の傾聴に値するもの実に多大なるをもって、氏に請うてここに一冊となし、世に公にすることとしたのである。

最初、本書編纂について氏に謀《はか》りたるに、氏は自分の経歴談や実験談などを世に出すを好まぬ、自分は書いたものよりも事業を世に残して行きたいと思っていると固辞されたのであるが、ついに予が(5)微意を(6)諒とせられ、快諾せられたのである。実に氏の(7)閲歴は、一面においては我が実業界の発達史とも見るべく、一面においては後進実業家の(8)羅針盤たるべく、本書を世に公にするに至りしは、実に予の幸栄とするところである。

なお本書の内容の全部については、文書は総て予の負うところであって、あるいは意の至らぬふしもあらば、

1 空拳は、援助などに頼らず、自力で難事に取り組むこと。
2 死生の間は、生きるか死ぬかの瀬戸際。
3 辛酸艱苦は、苦しい経験。
4 吾人は、わたし、わたしたち。
5 微意は、僅かな気持ち。自分の気持を謙遜していう語。
6 諒とせられは、了解しての意。
7 閲歴は、経験、経歴。
8 羅針盤は、磁石を使って方向を知る道具。

そは翁《おう》と読者とに諒恕《りょうじょ》(9)を請わねばならぬ。

予はここに本書編纂につき、多大の教示を垂れられ、かつ多忙中、種々煩わしたる大倉翁及び翁の秘書役田辺浩(10)氏の好意に対して、幾重《いくえ》にも深謝する次第である。

明治四十四年七月

編者　菊池暁汀

9　諒恕は、理解し、許すこと。

10　田辺浩は、履歴・生没年などは不詳。大倉喜八郎の『還暦銀婚之記』（明治三一（一八九八）年）、喜寿祝いの狂歌集『鶴乃とも』（大正五（一九一六）年）の編集発行人。

致富の鍵

序

編者言

目次

第一編　奮闘積富の生涯

第二編　国民致富策

第三編　商戦必勝法

第四編　積富立身策

第五編　立身出世策

第六編　処世の要道

第七編　人物の偉力

第八編　国富と国力

満洲の経営 …… 213
日清合資事業……営口《えいこう》と大連の将来……満洲輸入品と独逸《ドイツ》
製革事業と養牛事業 …… 216
合同の三原因……製革業の華客《とくい》……養牛の奨励
大いに産業を盛んならしめよ …… 219
世界的事業の競争……公債償還を急ぐとともに産業に意を尽くせ
海外事業経営とその人物 …… 221
支那、南洋に向かって活動せよ……なに故に内地にては発展が出来ざるか……気候による人物の豹変《ひょうへん》……人物の欠乏
人口の増殖に伴う資本家の責任 …… 226
人口の増殖は喜ぶべし……人口増殖とその弊害……人物の製造を奨励す……資本、労力、自然の三者……資本家の悪傾向……資本家の尊敬せらるるゆえん

第九編　経済界振興策

付録

第一編　奮闘積富の生涯

夢のごとき過去の五十余年間

過去の五十余年間

私は十八歳のとき、郷里(1)越後新発田《しばた》から東京に出てきて、姉から貰った僅か二十両の金を資本《もとで》にして働いて、今日までに叩き上げるにはずいぶん困難な目にも逢い、生命《いのち》がけでやったことも幾度もあったが、今、過去を思い出すとまるで夢のように思うのである。

五十余年間の(2)座右の銘

それで私はこの五十余年間、どういう主義で事業をやってきたかというと、「名を棄《す》て実《じつ》に就《つ》く」、即ちこれを事業の主義とも、また座右の銘とも守ってきたのである。ずいぶん世間からは非難を受けたり、一時(3)罵詈《ばり》

1　越後新発田は、新発田藩の城下町。現在の新潟県新発田市のほぼ市街地。新発田藩主は溝口氏。
2　座右の銘は、戒めとする言葉。
3　罵詈讒謗は、罵倒、非難。

讒謗《ざんぼう》の的《まと》となってきたのであるが、しかし私は常に「名を棄て実に就く」ということを堅く守り、「世間から何といわれても自分の思うところは一歩も枉《ま》げない。(4)知己《ちき》は百年の後に一人得れば好《よ》い」という考えでやり通してきたのである。実際、人間の(5)毀誉褒貶《きよほうへん》は(6)棺《かん》を蓋《おお》うて定まるもので、決して苦にやむことはないと、こう思っていて、飽くまでも自分の思うところに向かって進み、思うところをやってきたのである。

五十余年間、処世の要点

私の事業の発展したのも、資産を作った原因も、要するに過去において自分の思うところに向かって猛進したのと、五十余年間の悪戦苦闘の結果である。(7)しかして私はこの五十余年の永い間、いかに世に処してきたかというに、

（一）は(8)虚業に手を出さぬことで、即ち株とか(9)相場とかいうことには一度も手を出したこともなく、(10)雨《あめ》敬《けい》君や(11)絲平《いとへい》君などとほとんど同時代に苦闘してきたのであるが、この両君は私の行く道とは異《ちが》って

4　知己は、自分の心を理解してくれる人、友人。
5　毀誉褒貶は、ほめたりけなしたりする世間の評価。
6　棺を蓋うは、死ぬこと。
7　しかしては、そうしての意。
8　虚業は、投機的で、堅実でない事業。
9　相場は、先物取引など、現物の取引をしない売買取引。
10　雨敬は、弘化三（一八四六）〜明治四四（一九一一）年、雨宮《あめみや》敬次郎。鉄道・電車事業などの実業家。投機の相場師で名をはせ、山梨出身者からなるいわゆる甲州財閥の一翼を担う。大倉喜八郎とは東京市街鉄道の設立・再編で関わりが深い。本文の第七編「雨宮敬次郎論」を参照。
11　絲平は、天保五（一八三四）〜明治一七（一八八四）年、田中平八。「天下の糸平」と呼ばれた横浜の大生糸商。東京兜《かぶと》町米《こめ》会所会長のとき、大倉喜八郎は副会長。

いた。株をやるとか相場に手を出すとかいうので、いわゆる世間でいうところの[12]相場《そうば》師であったのである。私は早くから欧米商業界の事情を視察してきたので、相場師は真の実業家ではないという欧米の風習に倣《なら》っていたので、「実に就く」という方を歩んできたのである。

（二）は少なくとも国家を利《り》するところの事業をやろうという考えで、陸軍の[13]御用達《ごようたし》をしてきたのもこの理由《わけ》で、その他私がこれまでやってきた事業は、実際自慢ではないが、多少とも直接、間接に国家に対して利するところがあったのであろうと思うのである。

（三）は自分も利し、社会、ことに実業界にも貢献したいという考えを抱いてきたので、私が事業から得たる金を投じて、[14]東京、大阪、朝鮮などに商業学校を建設して、実業教育の普及を図っているのは、要するに直接に[15]形而上に現われて、実業界を利していることだろうと思うのである。今後幾年かの後には、この学校の出身者にして実業界に重きを致《いた》される人物が出来るだろうと思うのである。さすればたとえ大倉が亡くなっても、幾百の小《しょう》大倉と、幾人かの大《おお》大倉によって、この喜八郎の精神が後世までも伝えられるのである。

（四）は名のために事をしないことで、例えば世には国家事業にせよ、公共事業にせよ、名を得んがために

12　相場師は、株取引・為替相場などで利益を上げる投機家。
13　御用達は、政府・宮中・大名家などに納品することを許された商人。
14　東京、大阪、朝鮮などに商業学校は、創立年が明治三三（一九〇〇）年の大倉商業学校、明治四〇（一九〇七）年の大阪大倉商業学校及び善隣商業学校（韓国ソウル）の三校。後出77～78頁の「大倉商業学校」、「大阪の大倉商業学校」、「京城の善隣商業学校」を参照。
15　形而上は、抽象的、無形の意。

なし、爵位[16]を得んがためにする者がある。しかし私は決して名のためにはしなかったのである。また自らも爵位を欲していないのである。私に向かって、「貴方《あなた》も教育事業やその他公共的事業に貢献したところも多いから、従来の慣例とすれば、爵位を得られてもよいはずだ」という人も多いが、私は夢にもそんな人爵[17]などは得たいとは思っていないのである。

（五）は分限[18]《ぶんげん》を守ることで、貧者には貧者の分限があり、富者《ふしゃ》には富者の分限がある。それで私はこの分限に越えたことはしないので、むしろ分限よりは内輪[19]《うちわ》にしてきたのである。

（六）は活動主義、精力主義を執《と》ることで、現に私は七十五歳であるが、眼を瞑《つぶ》るまではどこまでも働く考えでいるのである。

（七）は事に臨んだら決心を堅め、断行することで、決心が鈍いと死生の間にあっても平気で仕事はやれないのである。決心がチャンとついていると、かえって三倍も四倍も仕事が出来るもので、私は五十余年間の苦闘に、この心をもって当たってきたのである。

大倉家に遺《のこ》す家憲[20]

大体は前記の数箇条で、この他にも意を留《とど》めて守ってきたことは数多くあるのであるが、とにかく以上の数

16 爵位は、華族として与えられる栄誉称号。日本では公爵・侯爵・伯爵・子爵・男爵の五つ。
17 人爵は、世間でいう官位・勲等などのこと。本当の身に備わった徳である天爵との対義語。
18 分限は、身の程。
19 内輪は、控えめの意。
20 家憲は、一家を営んで行くために守るべき根本規定・家訓。大倉家には成文化された家憲はなかったと思われる。

箇条は相続者たる伜《せがれ》、[21]喜七に申し渡して、永く大倉家の家憲とせしむるようにしようと思っているのである。

後継者の教育にいかに苦心せしか

私は今日まで後継者たる伜喜七の教育については、少なからぬ苦心をしたのである。喜七を[22]外国にまでやって、大学教育まで受けさしたのであるから、学問については相当に素養もあるのであろうが、しかし学問ばかりあっても果して親父の私が遺した事業を立派に経営してゆけるかどうかは疑問である。だから帰朝後は私の助手として、万事万端のことについて私の手足のように使って、事業経営、その他総てのことは[23]巨細漏《きょさい》らさず練習せしめているのである。ことにこの頃は私がいつ死んでもシッカリ総てのことを継いで、些《いささ》かの不明の点無く切り廻してゆけるように、関係事業、一家の関係、その他私の代理をさしてやらすることにしているので、要するに喜七も私と同型の人間たらしめたいと思うのである。

それから遺産相続と財産分配は自《おのずか》らその趣きを異にしているのである。私の遺した事業は伜、喜七に相続せしむるのであるが、財産の分配という方は別に方法があるのである。[24]脛《すね》一本、腕一本、ほとんど[25]赤手空拳《せきしゅくうけん》でこれまで叩き上げて財産も出来たのであるが、しかし私は決して自分一人で握ろうとはしないのである。い

21 喜七は、明治一五（一八八二）～昭和三八（一九六三）年、大倉喜七郎。大正元（一九一二）年に喜七郎と改名する前の幼名。大倉喜八郎の嫡男（三番目の男児）。大正一三（一九二四）年に大倉財閥の二代目総帥《そうすい》、昭和二（一九二七）年に男爵となる。
22 外国にまでやっては、明治三三（一九〇〇）年、英国に留学させたこと。喜七はケンブリッジ大学に入学し、英国に七年間滞在した。
23 巨細漏らさずは、余すところなくの意。
24 脛一本、腕一本は、地位・財産もなく、自分のからだ以外に頼るものがないことのたとえ。
25 赤手空拳は、援助などに頼らず、自力で難事に取り組むこと。

わゆる衆とともに楽しむ[26]という方針である。

遺産の分配法

その分配法は、私がかつて米国に行ったときに、ハッチンクソ[27]という富豪が突然避暑地で頓死《とんし》[28]した。するとこの人は私のように一代で叩き上げた人であって、突然の死であるから、遺言というようなものも無く、親戚や縁者の者が頭を鳩《あつ》めて遺産の処分について協議を開いたところが、これといって纏《まと》まった考えも出なかったので、「あのくらいの人であるから、常に異変の場合のために何か書いたものくらいはあるであろう」といって家の中を残る隈《くま》無く[29]探した。するとかねて用いていた鞄の中から、やっと一枚、遺言書のようなものを発見した。

それには、「何某《なにがし》に幾千《いくら》、何某に幾千を予が死後において遺産を分配する。もし予が定めたこの方法に不服をいって裁判沙汰などを起こした者には一厘も与えない[30]。いつ突然死なぬとも限らぬから、そのときのためにこの遺言書を認《したた》めておく」というようなことが書いてあった。それでそれによって分配したのであるが、一人として不足[31]をいう者がなかったそうである。私はこれを聞き、非常に好い方法であると思ったのである。

26　衆とともに楽しむは、多くの人と分かち合うの意。
27　ハッチンクソは、不詳。
28　頓死は、急死。
29　残る隈無くは、隅から隅まで、余すところ無くの意。
30　一厘は、ほんの少しのこと。
31　不足は、不平。

私も死ぬときには遺言もいわず、遺産分配方法もいわずに、一通の(32)遺言書を認《したた》めておいて、私が死んだ後に開いて見るように計らっているのであるが、これも秘密にしてまだ何人《だれ》にもその内容を知らしめないのである。しかしいつ死んでも差し支《つか》えのないように、チャンと遺言書、遺産分配法を認めて持っているので、いずれ近く後継者たる伜に厳封の上、渡しておく考えである。

私が東京にきたりし動機

私の家は新発田《しばた》の町人

私の口からいうのはおかしいが、私の家というのは越後新発田の町人のうちでは格式のある家であった。(33)検断《けんだん》といって刀をさすことを許され、殿様に拝謁《はいえつ》することも出来る格式であった。私の祖父に当たる人は(34)頼山陽《らいさんよう》に交わりもあり、書家の(35)菱湖《りょうこ》さんたちも私の家に永らく(36)食客《しょっかく》していたこともある。私の家の商売は

32 遺言書は、大倉喜八郎の場合、亡くなる二年前の大正一五（一九二六）年九月一五日、愛用の文箱《ふばこ》中に遺言書を入れておき、死後、発見された。

33 検断は、町役人の職名。新発田藩では、町役人の最高位（二名いた）。武家ではなく町人の役職。大倉家が検断であったとする資料は現在のところ見当たらない。

34 頼山陽は、安永九（一七八〇）～天保三（一八三二）年、江戸時代後期の儒学者・歴史家・漢詩人。当代随一の名文家。主著『日本外史』は幕末の尊王攘夷《そんのうじょうい》運動に大きな影響を与えた。大倉喜八郎の祖父、第二代大倉定七の墓銘を書いたが、祖父が頼山陽と直接交わりがあったとする資料は現在のところ見当たらない。

35 菱湖は、安永六（一七七七）～天保一四（一八四三）年、巻《まき》菱湖。江戸時代後期の越後で著名な書家。大倉喜八郎の姉、貞子に書を教えたとされる。

36 食客は、客分として家に迎え、滞在した人。

質屋で、兄弟五人のうち、私は四番目、二人の兄と一人の姉とあり、私の下は妹である。

私の先生は王陽明派[37]の学者

私の藩に丹羽伯孝[38]《にわはくこう》（通称惣介《そうすけ》）という学者があった。王陽明派の学者であったので、幕府[39]の方の気兼《きが》ねもあり、藩ではあまり重く用いられない。で、少年子弟を集めて私塾を開いていたので、家業を手伝うかたわら私もそこへ通って、日に何時間ずつか本を読んで頂いたり、輪講[40]を聴いたりしていた。

土下座[41]のし方が悪《わる》しとて閉門[42]

何でも冬の十月か十一月かと覚えているが、先生からの帰りがけに同じ学友の家の前を通ると、表《おもて》をすっかり閉めていた。何だろうと不思議でならないから、裡《うら》口から入って見ますと、学友がいた。「今日はどうしたか、

37 王陽明派は、中国明代の儒学者、王陽明（一四七二〜一五二九年）の教えを継ぐ学派。「知行合一《ちこうごういつ》」を唱え、儒学主流の朱子学派と厳しく対立。

38 丹羽伯孝（通称惣介）は、正しくは丹羽伯弘（通称惣助）。寛政七（一七九五）〜弘化三（一八四六）年、新発田藩の儒者。名（諱《いみな》）は悳《ちょく》、字《あざな》は伯弘、号は思亭など。大倉喜八郎は数え一二〜一八歳のとき、丹羽が開いた私塾・積善堂に通い、陽明学の影響を受けたとされる。一二歳のときは嘉永元（一八四八）年なので、丹羽から直接教えを受けたわけではない。

39 幕府の方の気兼ねは、大倉喜八郎の思い違いによる。幕府は朱子学でも林羅山系統の京学派、新発田藩は同じ朱子学でも山崎闇斎《あんさい》系統の南学派と異なり、とくに新発田藩は厳格であったため、丹羽伯弘が江戸にいたおり、林の門に一時入ったことによって新発田藩で咎められた。従って陽明学派とは無関係。

40 輪講は、一つの書物を何人かで順番に講義すること、または、グループで内容を話し合うこと。

41 土下座は、土の上に直《じか》に坐り、平伏して礼を行なうこと。

42 閉門は、門・扉・窓を閉ざし、昼夜ともに出入りを許さなかった江戸時代の刑罰。

表を〆《しめ》て」と聞くと、「昨日《きのう》これこれの(43)科《ばち》を蒙《こうむ》ったのだ」と話をされた。

今の若い人には話をしてもなかなか呑み込まれますまいが、その頃の町人というものは実に情けないもので、侍は無上の権力を持っていた。(44)大道《だいどう》で町人が侍に逢うと、土下座というて、地べたに坐って(45)平伏しなければならないのであった。ところで私の学友の父が、昨日町を通っていたが、侍に逢った。その日はあいにく越後名物の(46)みぞれ雪の後で、通りは四、五寸厚さの雪混じりの泥、そこへ平伏しなければならない(47)端目《はめ》に陥ったが、(48)いかに町人でも跣足《はだし》になって平伏は出来ない。が、已《や》むを得ないから袴《はかま》の裾《すそ》を泥に浸《ひた》して両手をついて敬礼をしていた。すると後ろからきて袴の裾を捲《まく》り上ぐる者がある。「こりァなんだ。(49)足駄《あしだ》を穿《は》いたままで下座になるか」と意地悪く(50)糾明《きゅうめい》されましたので、(51)重々《じゅうじゅう》済みませんと色々に謝ったが、とうとう聞き入れられず、閉門の罰に当てられて、かように(52)一月《ひとつき》営業を差し止められたのである。

---

43 科を蒙ったは、罰を受け、咎《とが》めを受けたの意。
44 大道は、大通り・路上。
45 平伏は、頭が地面に着くほどに下げて、礼をすること。
46 みぞれ雪は、溶《と》けて雨に近い状態の雪。
47 端目は、成り行き。羽目と同義。
48 いかには、たとえの意。
49 足駄は、雨の日などに履《は》く高い歯のゲタ。
50 糾明は、事情を明らかにすること。
51 重々は、何度も何度もの意。
52 一月営業を差し止められたは、大倉喜八郎は、本書とは別の口述書などで、一日の営業停止（閉門）と語っている。

私の大憤慨

私はこの話を聞いて、非常に気の毒に思うと同時にたいそう憤慨して、「侍が何だ。泥の上に平伏したらそれで沢山《たくさん》ではないか。その上、(53)毛を吹いて疵《きず》を探すようなことをせずとも好《よ》さそうなものだ。それも(54)目付《めつけ》(55)風情《ふぜい》の奴があれこれというて、大切な商売の妨げをするというは憎い振舞いだ。いつ我々もこのような奴らに頭を抑《おさ》えられるかも知れない。しかし町人が侍に土下座をしなければならないということは昔からの定《さだ》まりだからし方ない。一体こんな所にいさえしなければよいのだ。こんな国にいるのが間違ってるのだ」と、非常に強く感じた。それから翌日、先生に志を告げてお話をすると、先生も同感した。

私の(56)碓氷峠《うすい》上の感興《かんきょう》

私はこのときの憤慨で江戸へ出るという決心を堅めたのである。そこで友人の(57)原宏平《はらこうへい》――ただ今でも親しくしているが、和歌の名人である。あの方に、「お前さんもこんな所にいたところでし方ないから、一緒に往《ゆ》きたまえ。愚人に頭を抑えられるような所にいたってし方ないではないか」と勧めたが、原氏は、「それはもっ

53　毛を吹いて疵を探すは、強《し》いて人の欠点を追及すること。
54　目付は、家臣団の勤務を監察する役職名。
55　風情は、軽んじたいい方の、ごときものの意。
56　碓氷峠は、中山道《なかせんどう》で江戸に入る道筋で一番険しい峠。現在の群馬県安中市と長野県軽井沢町との境にある。
57　原宏平は、天保九（一八三八）～大正一三（一九二四）年、新発田の政治家・歌人。明治二二（一八八九）年に初代新発田町長となり、新潟県会議員・県教育会長などを歴任し、歌人としても著名。幼名は亀吉《かめきち》で、大倉喜八郎の幼名が鶴吉だったので、二人は「鶴亀」と呼ばれ、竹馬の友、生涯の親友。

ともだ。しかし私は養子の身、三男で家のことに関係のない貴方《あなた》と違って心のままにならない。私は往《ゆ》かれないが、貴方の出るのは止めはしない」というてくれて、出発の前夜は小さな所で、二人別れの杯を挙げたのは今でもよく覚えている。

それから、ふうッと江戸へやってきたが、碓氷峠の上にきたとき、故郷の方を振り返って見ると、鼠色の冬の雲が空一面鎖《とざ》していたが、東南、関東の方を見るとすっかり青空で好《よ》く晴れていた。「アア天気までこの通りだ。関東の方は恵み厚く、空までなつかしい色をしているが、越後の方は無情な雲《くも》形が閉ざしてる。どんなことがあっても江戸で[58]一旗《ひとはた》挙げなければ、二度と故郷の土を踏むまい」と、いよいよ決心を堅めたのである。

これが私の十八の年の冬のことである。

江戸に出《い》でての苦難

それから江戸に着いて、私は子供のときから[59]狂歌が好きで、その狂歌の友であった国の者、[60]和風亭国吉《わふうていくによし》という人が[61]日本橋の魚河岸《うおがし》に[62]塩物《しおもの》の商《あきな》いをしていたから、そこに身を寄せて塩物商いに手伝い、また[63]麻布

58 一旗挙げは、成功をめざして事業を起こすこと。
59 狂歌は、社会風刺・滑稽・皮肉などを盛り込んだ五・七・五・七・七の音からなる短歌。
60 和風亭国吉は、姓は木村、名・履歴・生没年など不祥、狂歌師。新発田出身で、日本橋の魚河岸で商いをし、狂歌師の集まりである水魚連の版者。
幽霊・怪談を題材にした狂歌集『狂歌百物語』に多くの狂歌が収められている。
61 日本橋は、現在の東京都中央区の地名。江戸時代の五街道の起点で、江戸で一番盛んな商業・金融街、かつ魚河岸でもあった。
62 塩物は、塩漬けにした食品、とくに魚類。身を干した魚類の干物《ひもの》とともに保存食。
63 麻布飯倉は、現在の東京都港区麻布東部の地名。

飯倉の(64)中川屋という大きな(65)鰹節《かつおぶし》屋にも奉公した。(66)何しろ国から出たばかりの田舎者であるから気も利《き》かず、随分と(67)難儀をした。が、その難儀をしたために、「自分の一身は自分で立てなければならない。決して他人を(68)力にするものでない。他人を当てにしたのでは、いつまでも望みを遂げられるはずはない」と深く(69)発明した。このことは今の青年者《わかいもの》にもくれぐれ申しておきたいのである。難儀をしなければ何事も貫けるものでない。決して依頼心を起こさず、自分の(70)勉強でいかようにも自分の身を向上させるに限るのである。

私が(71)豪家《ごうか》へ養子に入るを肯《がえん》ぜざりし理由

それから(72)上野に小さい乾物店を開いたのが二十歳《はたち》頃だったと思う。そのとき笑止《おかし》な話がある。私が夜昼なしにせっせとやっていると、一日《あるひ》不意に郷里の知り合いの人が三人連れで尋ねてきた。そして、「折り入って貴方《あなた》に相談したいことがあって、わざわざ越後から出かけて参りました」という挨拶。私も何事かと不審に思っ

---

64 中川屋は、飯倉四丁目にあった中川専右衛門《えもん》の駿河《するが》屋。東海道の品川から虎ノ門までの間の唯一の鰹節店といわれた。両替屋の集まりである三田組にも属していた。
65 鰹節は、カツオの肉を加熱してから乾燥させた保存食。削ったものが日本食の代表的な調味料であるカツオブシ。
66 何しろは、何にせよ、とにかくの意。
67 難儀は、苦労。
68 力にするは、頼りとする、よりどころにするの意。
69 発明したは、悟った、心に留めたの意。
70 勉強は、精を出して努めること。
71 豪家は、金持ちの家、その地方で勢力のある家。
72 上野は、現在の東京都台東区の地名。大倉喜八郎の乾物店は、現在のアメヤ横町に当たる摩利支天横町にあった。摩利支天は、江戸初期に上野広小路に創建された日蓮宗妙宣山《みょうせんざん》徳大寺の開運勝利をもたらす守護神。摩利支天横町は同寺の側の通り。

て、まずその用向きを尋ねると、郷里のある豪家で私を是非とも[73]聟《むこ》養子に貰いたいと[74]評議一決して、その相談のため上《のぼ》ってきたという談《はなし》。

一軸《じく》の[75]掛物《かけもの》で決心を示す

これは恐れ入った次第、[76]ご苦労千万《せんばん》なことであるが、もともと私は独立をもって世に立って、飽くまでも奮闘してみたいという願望であって、そのために江戸に出てきたわけであるから、「外《ほか》のことはとにかく、こればかりは[77]真平《まっぴら》御免こうむりたい」といっても、「貴下《あなた》のそのご気性はもとより承知の上で、私ら三人わざわざ出かけてきたわけであるから、承知したとのご返事を受け取るまでは五日でも十日でもここに滞在している覚悟です。是が非でも貴下《あなた》を承知させなければ、私らは国へ帰る面目《めんぼく》がない」という強硬な談判。

私もこれには持てあまし、私はそれを断りながら仕事していた。その人は[78]つくづく私の仕事しているのを見まして、「何という分からない人だろう。そんな汚い仕事をしてずとも、あちらへ往《ゆ》きさえすれば、十五、六人の奉公人を使って旦那様になっていらるるのだに」と、色々と勧めて已《や》まない。その頃の私の家は小さい家

73　聟養子は、結婚と同時に妻の家の養子になる男性。
74　評議一決は、協議して一つに決まること。
75　掛物は、掛け軸。床の間や壁などに掛けるように作った書・画。
76　ご苦労千万は、はなはだご苦労様の意。
77　真平御免は、まったくお断りの意。
78　つくづくは、じっくりの意。

だが、床《とこ》の形があって、私はそこにいつも(79)香川景樹翁《かがわかげきおう》の短冊《たんざく》を(80)表装した掛物をかけ、(81)日夕《にちせき》の座右の銘としておいたので、その掛物を指し示して、「お前さん、これをご覧なさい。私はこれだからとても帰らないのだと、これを写して往《い》って談《はな》して下さい」といった。その短冊というのは景樹翁が窮乏のとき詠《よ》んだ、

(82)わびて世をふるやの軒《のき》の(83)縄すだれ
朽《く》ち果つるまでかかるべしやは

という歌である。その人が見て、「喜八さん、これはどんなことなのです」というから、「死ぬまで縄すだれの(84)破れ屋にはいない、いつか芽を吹き出そうということでしょう」と志のあるところをいって、その人々を返したことなどもある。私はその頃、独身で働いていた。(85)妻を始めて迎えたのは、明治五年のことで、それよりずっと後のことである。

79 香川景樹は、明和五(一七六八)~天保一四(一八四三)年、著名な江戸時代後期の歌人。斬新な歌論を展開し、平易をたっとび、声調を重んじた歌風で知られる。
80 表装は、書画などを紙・布などに張って仕立てること。
81 日夕は、昼と夜、いつもの意。
82 わびては、失意の境遇にいての意。漢字表記は「侘びて」。
83 縄すだれは、縄を並べて簾《すだれ》に仕立てたもの。簾は仕切りや日よけのため、通常は竹・葦《よし》などによる編物。
84 破れ屋は、あばらや、むさ苦しい家。
85 妻を始めて迎えたのは、明治五年のことは、持田トク(徳子、安政五(一八五五)年生まれ)と結婚した明治八(一八七五)年を誤ったものと思われるが、不明。

私が捉《とら》えし一生に一度の(86)商機

商機を捉うるために横浜に赴《おもむ》く

私が五十余年前、(87)下谷《したや》へ(88)初めて店を持ったことは前述の通りであるが、そのときに私は一つ商機を見つけ、大いに活動をしようと心がけておったのである。しかしその商機というものはなかなか捉え難いものであった。それで私はいつまでもこんな小さい店ぐらいを持っているようではし方がない、何か一つ(89)目論見《もくろみ》をつけなければならぬというので、(90)飄然《ひょうぜん》として(91)横浜の地に足を向けたのである。そういうわけであるから、私の横浜行きは特別にこれという考えであったのではなく、ただ漫然として出かけたのである。しかし私の心の底には種々《いろいろ》な計画があったのである。つまり横浜には西洋人もいるし、海外との交通もすることであるから、きっと繁昌もするだろう、また繁昌する段になると何か面白い事業も出来るかと思うたのである。

ところが横浜に往《い》ってみると案に相違している。あたかも漁村に(92)毛が生《は》えたぐらいで、草茫々《ぼうぼう》である。牛

86 商機は、商売上の好機。
87 下谷は、現在の東京都台東区北西部の地名。
88 初めて店を持ったは、安政四（一八五七）年、大倉喜八郎が数え二一歳のとき。前出12頁の「上野」を参照。
89 目論見は、計画。
90 飄然は、何の目的もなく、ふらりとするさま。
91 横浜は、安政六（一八五九）年に開港した貿易港。大倉喜八郎は多分、慶応元〜二（一八六五〜六六）年頃に横浜に行ったと思われる。
92 毛が生えたぐらいは、ほぼ同程度の意。

も放し飼いにされているし、人家といっても所々に三戸、五軒とあるので、西洋人の住んでいる屋敷も数うるばかりでごく僅かであった。私はあまりその有様の殺風景で、かつ淋しいのに驚いたものの、何かまた工夫をすることもあろうと思って海岸通りに出たのである。

汽船は私に何を教えしか

私は、横浜も思うたほどではない、しかし折角《せっかく》こうして横浜へきた以上は何かせねばならぬという考えで、海岸通りに出て種々《いろいろ》思案に暮れておったが、そこに大なるものを見出したのである。それは即ち蒸気船である。沖の方遥かに黒煙を吐《は》いてくる有様は壮快であった。日本人はそれを見て、ヤレ黒船[93]がきたといって物珍しげに騒いで見ているばかりである。[94]とかくするうちに彼《か》の蒸気船は海岸近くへきて錨《いかり》を卸《おろ》したが、その大きなことと、その船の操縦の旨《う》まいことは、見馴《な》れない日本人には非常なる感動を持たしめたのである。私はこの蒸気船について一種異様な感じが起こったのである。何だかある重いものをもって私の胸を圧《お》しつけるというようであった。

私もそのとき[95]覚えず声を出した。「これだ、これだ。こういうものが日本へくるようになっては、きっと天下は一変するに違いない」と囁《ささや》いたのである。そこで、天下が一変するについては必ずや騒動が惹《ひ》き起こさ

93 黒船は、欧米諸国から来航した、船体を黒色に塗った船。
94 とかくするうちには、そのうちにの意。
95 覚えずは、思わず、思いも寄らずの意。

れなければならぬ。騒動が起きれば戦争によって曲直正邪《きょくちょくせいじゃ》[96]を決定するものである。戦役に入用《いりよう》であるところのものは第一に武器類である。そうすればまず鉄砲屋になるがよいと思うたのである。これは今から見ると何でもないようであるが、当時はこの考えは何人《だれ》も思わなかったのである。

善は急いでやるべし

商売は何事によらず、その機先[97]を制さなければならぬのである。それからただちに江戸に帰り、神田区[98]和泉町通りへ鉄砲屋を開業したのである。屋号は魚屋時代のときの名を襲用して大倉屋とつけたのである。しかし資本が少なくして開業したものであるから、もちろん高価のものは陳列することが出来ないのであるから、鉄砲[99]とか楽器のようなものを並べておいて、必要の場合には尻を端折《はしょ》[100]っては横浜に行き、和蘭《オランダ》商館から仕入れて帰ったのであった。要するに私は横浜の海岸に出て、彼《か》の蒸気船を見て、感奮した当時の精神が今日あるを致さしめたのである。

96 曲直正邪は、正しいことと間違ったこと。
97 機先を制さなければは、相手より先に行動して、その計画・気勢をくじかなければの意。
98 神田区和泉町通りは、現在の東京都千代田区神田和泉町にある通り。津（三重）藩主の藤堂和泉守《いずみのかみ》の名に由来し、その上屋敷と神田川にかかる橋をつなぐ通り。
99 鉄砲は、文意からして明らかに誤記。大倉喜八郎の他の口述書では、ラッパや太鼓などの付属具とある。
100 尻を端折っては、身軽になってただちにの意。

事に当たるときの決心と覚悟

敵前に連歌《れんが》[101]を詠《よ》みし名将

[102]いやしくも大事をなさんという人間が、事に当たって慌《あわ》てるような心底《しんてい》[103]ではとうてい駄目だ。平常《ふだん》よりチャント覚悟が出来ておって、どんな変事が眼前に起こってきても、決して驚かず騒がざる胆力[104]がなくては、死地に臨んで勝ちを制することはとうてい出来ない。彼《か》の北条氏康《うじやす》[105]が連歌の会に行って、「古沼の浅きかたより野となりて」[106]という句を出《いだ》された。そこでまた下《しも》の句を一心に考えておらるる最中に、急使が早馬で駆けつけて、「もはや敵の軍は三の砦《とりで》を陥《おとしい》れて二の砦に迫りました。急ぎ御前《ごぜん》[107]の御出陣を願いとう存じます」と申し上げる。氏康は泰然《たいぜん》[108]として、「よろしい。馬の用意を致しておけ」と命じたまま、やはり下の句を考えておらるる。やがて、「薄《すすき》に交《ま》じる蘆《あし》の一本《ひともと》」と付けて、しかる後に悠々出陣されたということである。

101 連歌は、二人以上の詠《よ》み手が、和歌の上《かみ》の句と下《しも》の句とを互いに詠み合って、続けて行く形式の歌。
102 いやしくもは、かりにもの意。
103 心底は、心の奥底、本当の心のうち。
104 胆力は、事に当たって恐れたり尻込みしたりしない精神力、物に動じない気持。
105 北条氏康は、永正一二（一五一五）〜元亀二（一五七一）年、戦国時代の関東の大名・武将。
106 「古沼の浅きかたより野となりて」は、大倉喜八郎の思い違いと思われ、この句の作者は北条氏康ではなく三好長慶《ながよし》。三好は、大永二（一五二二）〜永禄七（一五六四）年、戦国時代の武将。永禄五（一五六二）年に三好が詠んだ連歌のことと思われる。
107 御前は、主君など面前の相手を敬《うやま》って言う、あなた様の意。
108 泰然は、落ち着いて、物事に動じないさま。

平常《ふだん》の覚悟というのはここだ。平常にこの根本の決心が定《き》まってさえおれば、いついかなる変事に出会っても決して慌てることはないはずだ。事に当たるものは平常にこの心がけが肝心だ。私の青年時代より壮年時代にかけての奮闘は、苦しいとか辛いとかの(109)沙汰どころではない、総てが全く命がけであった。

　渡り来しうき世の橋のあと見れば
　　いのちにかけてあやうかりけり

これ、私が(110)懐旧の(111)述懐であるが、実に今日は活《い》きているけれども明日のことはどうなるか測られないという(112)急場《きゅうば》ばかりを潜《くぐ》ってきたものだ。世にはずいぶん不意の危難に接して周章《うろた》え慌《あわ》てたがために殺されなくもいい場合に殺されたり、あるいは種々《いろいろ》の困難に辛抱しきれずして中途で倒れるものがいくらもあるが、私は常に平常《ふだん》に覚悟を保っておることが出来たお蔭で、あらゆる危険と障碍《しょうがい》を潜《くぐ》り潜って、とうとう無事で今日まで通《とお》ってきた。

欲しくば勝手に持ち去れ

二十二、三歳の頃であったと思うが、(113)江戸が大飢饉で貧民の餓死するものも極めて多く、秩序が全く乱れ

109 沙汰どころではないは、そんなものではない、想像を絶しているの意。
110 懐旧は、昔あったことを懐かしく思い出すこと。
111 述懐は、心中の思いを述べること。
112 急場は、せっぱつまった場面。
113 江戸が大飢饉は、安政五（一八五八）年の米価高騰による飢饉のことと思われる。大倉喜八郎はこのとき数え二一歳。

てしまった。不良のものが横行して、ために良民は迷惑を被《こうむ》ることも少なくなかったが、そのとき一人の鞘《さや》(114)師《し》が大勢の店子《たなこ》(115)を連れて大旗を立てて幕府の施米《せまい》(116)を受けに行こうと思い立った。私がかってこの鞘師と取り引きしていた関係があるから、一同が私の店の前へきて、私にも同行せよと迫る。私は、「吾々は人の施しを受けなくても、自ら稼いで食うことの出来る身体《からだ》を持っている。どの顔《つら》があって施米を乞いに行くか」と、断然斥《しりぞ》けた。大勢はがやがや騒いでなかなか承知しない。「一緒に行くならそれで宜《よ》いが、行かないというならお前から施米を受けよう」と強請《きょうせい》する。「宜《よろ》しい。店頭《みせさき》の商品は己《お》れの物だ。欲しければ勝手に持ってゆけ」といえば、大勢はワッと声を揚《あ》げて店先の乾物、塩物を我れ勝ちに持ってゆく。実に乱暴狼藉《ろうぜき》(117)の醜態を極めた。

乱を見込んで軍器商(118)となる

その翌年頃より世間は段々騒がしくなって、幕府は長州の邸《やしき》を焼いた(119)。そのとき私は二十四の歳であったが、考えた。これは幕府の仕打ちがよろしくない。天下は遠からず変乱に陥って大名と大名の争いになってしまうであろう。そうなっては各藩争うて兵制を改むることになり、つまり軍器の争いで勝敗は決することにな

114 鞘師は、売買の仲介などをする人。価格差の一部を収入源とする。大倉喜八郎の別の口述書では、鞘師ではなく喜八郎が借りていた店の大屋とされている。
115 店子は、借家人。
116 施米は、災害時などに困窮者に施される米など。
117 狼藉は、荒々しい振る舞い。
118 軍器商は、武器を扱う商人。
119 幕府は長州の邸を焼いたという箇所は、大倉喜八郎の思い違いと思われる。元治元（一八六四）年の禁門の変で、長州勢が京都の長州藩屋敷に火を放って逃げ、江戸では幕府は長州藩の総ての屋敷を没収、取り壊した。このとき大倉喜八郎は数え二四歳ではなく二八歳。

るであろうという見込みをつけて、すぐ乾物商を止めて軍器商に変った。多少の資本を借りてきて、横浜の外国商館[120]に行って、銃砲、弾薬その他一切、新式の軍器を買い入れた。果してすぐ長州征伐[121]が起こって、各藩は争うて洋式の兵制に改むる。外《ほか》には軍器[122]を取り扱っている商店はどこにもない。私の仕入れた商品は瞬時に売れ尽くしてしまった。実にこの頃は一生懸命に稼いだものだ。

生命《いのち》をかけて引き受けたり

ある夜半《よなか》に店の戸をしきりに叩くものがある。「誰だ」と、戸を開いて見れば立派な武士《さむらい》で、「大至急に折り入って頼みたいことがあって」と奥に上がる。よく聞けば某藩[123]の家老で、実はこういうわけだと声を潜《ひそ》めて、「我が藩が急に軍を繰り出す命《めい》を受けたが、肝腎の鉄砲が用意してなかったので、藩主のご心痛、我々の狼狽は一方《ひとかた》ではない。ここではお前の力による外《ほか》に道はないが、どうか明後日《あさって》の正午までに五百梃《ちょう》の小銃を取り揃えてはくれまいか」との相談、これは大変な御命令。

「今から横浜に仕入れに行かなくてはならず、取り引きは先方の都合によることだから、きっと明後日まで

120 外国商館は、開港場・開市場の外国人居留地に設けられた商業施設。
121 長州征伐は、慶応元（一八六五）年の長州藩追討のいわゆる第一次長州戦争と思われるが、その翌年の第二次長州戦争かもしれない。大倉喜八郎の思い違いで、大倉はこのときまだ軍器商（銃砲商）になっていない。第二次長州戦争が終って休戦協定が結ばれた翌月に小島屋銃砲店に見習いに入り、その翌年二月に銃砲店を開業。
122 外には軍器…どこにもないは、大倉喜八郎の思い違いで、大倉が銃砲商になったのは比較的遅れてであったと思われる。
123 某藩は、不詳。

にお受けいたすことはなにぶん覚束《おぼつか》のうござる」といえば、「そこをお前に頼むのだ。一藩の[124]浮沈、我々の死生に係《かか》る場合だから、是が非でもやり果たせてくれまいか」との、たっての頼み。私もここでは度胸を据《す》えた。「よろしゅうございます。この大倉が生命《いのち》をかけて引き受けました。軍隊は[125]千住《せんじゅ》まで繰り出しておきなさい。どんなことがあっても、正午《ひる》までにはきっと五百梃の小銃を千住に着けます」といって、即座に[126]早籠《かご》を命じて横浜に走らした。

[127]税関長を殺さんと決心す

[128]品川街道を走るときは已《すで》に夜半《よなか》過ぎ。当時この辺は浪人、盗賊の強奪が激しくって、大金を持って[129]夜道の出来るところではない。私は覚悟を定《さだ》めて、籠の中には[130]長脇差《ながわきざし》と短銃《ピストル》を用意している。[131]不法のことをいいかけるものがあれば、[132]二の句も継がず短銃を打ち放つ決心で、四人の籠かきを走らせた。翌日すぐに五百

124 浮沈は、栄えることと衰えること。
125 千住は、現在の東京都足立区南部の地名。通常は日光街道の宿場町の千住宿をさすが、ここでは、荒川の船着場と思われる。
126 早籠は、急いで走らせる駕籠《かご》。
127 税関長は、外国人居留地にいる外国商人から輸入品を購入するときに必ず手続きをしなければならない役所である税関の長官。横浜税関は当時、神奈川運上所と呼ばれていた。
128 品川街道は、東海道の品川の宿場から多摩川に沿って府中まで上流に続く街道。ここでは、品川宿の南側にある鈴が森付近の街道をさす。
129 夜道の出来るは、夜遅くに出歩くことが出来るの意。
130 長脇差は、長刀が使えないときの予備の刀。長さはだいたい二尺五寸（七五センチ）。
131 不法は、人の道に外《はず》れたの意。
132 二の句も継がずは、直ぐに、相手が言い終わる前にの意。

艇の小銃を取り揃えることが出来、税関の(133)検閲を願おうとした。ところが生憎今日《あいにくきょう》は日曜で、検閲は出来ないという次第。

この場合で日曜も何もあるものかと、すぐに税関長の宅を叩いて、「これこれの事情だから、是非特別に扱って下さい」と頼んだ。税関長は、「規則だから出来ない」といって(134)頑《がん》として動かない。そこで私も覚悟した。「宜《よろ》しい。どうせ明日までは待てない場合、これが出来ないとならば私はここで潔《いさぎよ》く(135)責めを引いて割腹《かっぷく》します。しかし独《ひと》りは死なぬ。さあ貴下《あなた》も覚悟なさい」というや否や、懐中より短銃を取り出した。もはや私も決心しているから顔色も目つきも全く変わっている。税関長も震えあがって、「助けてくれ、すぐに済ましてやる」といって即座に手続きが終った。

このくらい愉快を感ぜしことなし

ところで、屈強な船頭を十人あまり雇って船に積み込んだ。「金はいくらでも出すから明日の正午《ひる》までにこの船を千住に着けてくれ」と引き受けさした。ところが(136)羽根田《はねだ》沖にかかって大嵐となった。船頭も労《つか》れきって、「もはやこの大波では船はとても進まない」という。「何でも構わない、乗りきれ」といえば、船頭は、「この上やれば船はひっくりかえる」という。「どうせ死ぬか活《い》きるかだ。船をやらなければ覚悟しろ」と短銃《ピストル》を差

133 検閲は、取調べ。ここでは、品物の内容・価額・税額などについて。
134 頑としては、あくまでも、断固としての意。
135 責めを引いては、責任を負うこと。引責と同義。
136 羽根田は、羽田。現在の東京都大田区南東部の地名。

しつけて、「撃ち殺されるか、もう(137)一骨折《ひとほね》るか、返事一つだ」と自分も決心を定《き》めた。船頭も覚悟して、「それではやってみましょう」と、とうとう荒浪を乗りきって船は千住に着いた。先夜の家老はすでに川辺に出てきて、船の着くのを待っている。私の顔を見るや否や狂気のごとく喜んで、「よくやって下すった、よくやって下すった」と涙を流して感謝した。私もこのときぐらい愉快を感じたことはない。

(138)白刃《はくじん》を睨《にら》んで(139)大気焔《きえん》を吐く

明治元年、故(140)有栖川宮《ありすがわのみや》殿下は(141)鎮守府総督として本営を(142)池上本門寺に進ませられた。私は召されて殿下に拝謁《はいえつ》し、新政府の御用達《ごようたし》を命ぜられて、官軍の兵器、(143)糧食一切の調達を引き受けたが、そのために酷《ひど》く(144)賊軍の妬《ねた》みを受くるに至ったので、いつ危難の身に降りかかるかも測られない。私はあらかじめその場合の覚悟は定《き》めておったが、(145)一夜《いちや》、突然数十騎の兵のために取り囲まれた。ついに捕われて(146)彰義隊《しょうぎたい》の(147)本営に送ら

---

137 一骨折るは、他人のために少々の尽力をするの意。
138 白刃は、鞘《さや》から抜き放った刀、刀身。
139 大気焔は、たいへん威勢がよいこと。
140 有栖川宮殿下は、天保六（一八三五）～明治二八（一八九五）年、有栖川宮熾仁親王《たるひとしんのう》。王政復古で新政府の総裁、戊辰《ぼしん》戦争（慶応四・明治元（一八六八）～明治二（一八六九）年）で東征大総督となった皇族。後に元老院議長・陸軍大将・陸軍参謀総長を歴任。
141 鎮守府総督は、慶応四（一八六八）年五月に設置された江戸鎮台の長官だが、有栖川宮は東征大総督であった。
142 池上本門寺は、現在の東京都大田区池上にある日蓮宗の七大本山の一つ。
143 糧食は、貯蔵・携行する食糧。
144 賊軍は、正当でない軍。ここでは、朝廷に敵対する旧幕府側の軍。
145 一夜は、ある晩。
146 彰義隊は、慶応四（一八六八）年二月、旧幕臣を中心とした勢力が江戸で編成した部隊。上野寛永寺に陣をすえたが敗北。
147 本営は、総大将がいる陣営。

れる。私も今度は殺されるものと覚悟を定めた。

いよいよ[148]詰問の場に引き出《いだ》されると、五、六人の[149]将校は[150]高座《こうざ》の上に列《なら》んでいる。その一人はまず私を睨《にら》みつけて、「その方は永年《ながねん》、幕府の[151]恩顧《おんこ》を蒙《こうむ》りながら、今さら[152]官軍の手先となるとは何らの不心得ぞ。多分その方は官軍の[153]間諜《かんちょう》であろう。取り糺《ただ》して処分するから覚悟しろ」と詰《なじ》る。すでに死を決した以上は何の[154]臆《おく》するところもない。「貴官方《あなたがた》は幕府恩顧の方々であろうが、私は越後から参った商人です。官軍であろうと幕府であろうと、私の目からは区別をしようはずがありません」といえば、将校は、「しからばなに故に官軍には鉄砲を売って彰義隊には売らないか」と詰る。

「我ら商人の眼中にはただ損益あるばかり。[155]官幕《かんばく》の如何《いかん》を問う要《よう》はない。[156]しかるに官軍には鉄砲を売ればすぐに代価を請け下ぐることが出来るが、彰義隊にはこれを売っても代価を請け下ぐることが出来ない。これがために止むを得ず鉄砲を渡すことも出来ません」といえば、将校は憤然として、「黙れ」と大喝《だいかつ》一声、白刃《はくじん》を抜いて差し向けた。私はことさら驚きもせぬ。ただ[157]黙然《もくねん》として白刃を見つめていた。すると他の一将校が、

---

148 詰問は、相手を責め、厳しく問いただすこと。
149 将校は、幹部級の者。
150 高座は、一段高く設けられた席。
151 恩顧は、情《なさ》けを受けること、ひいきにされること。
152 官軍は、政府軍。ここでは、明治新政府の軍隊。
153 間諜は、スパイ。
154 臆するは、気後れし、おどおどするの意。
155 官幕は、官軍側と旧幕府側。
156 しかるには、それなのにの意。
157 黙然は、黙って発言しないこと。

「しからば金を払うが銃砲を納めるかどうか」というから、「無論注文の通りにいたす」といえば、「しからば三日のうちに五百梃、小銃を納めよ」というので、その契約をしてその場は免《ゆるさ》れて帰った。その翌朝から[158]上野戦争となったので、幸いに右の契約履行の[159]奇禍を免《まぬが》れたが、このときが[160]ちょうど三十歳。

[161]三十三歳にして大倉組の設立

[162]奥羽の戦争が鎮《しず》まって初めて維新の[163]宏業《こうぎょう》が着々[164]緒《ちょ》につくことになって、欧米の文明は潮のごとく入ってきた。私はまず洋服の流行を察して、[165]洋服裁縫店を[166]日本橋本町に開き、また一方には内外貿易店を横浜に開いて外国貿易の急先鋒となったのが[167]三十三の歳《とし》。

明治五年に欧米諸国の経済界、実業界の実況を視察に行って、倫敦《ロンドン》市場は世界商業の中心となっていること

---

158 上野戦争は、慶応四（一八六八）年五月一五日（新暦七月四日）、前出12頁の「上野」で新政府軍と彰義隊との間で行なわれた戦争。新政府軍が一日で勝利。

159 奇禍は、思いがけない災難。

160 ちょうど三十歳は、大倉喜八郎の思い違い、あるいは編者の聞き間違いで、三十五歳（数え年）が正しい。大倉喜八郎の生年月日は、明治三八（一九〇五）年に、天保十一（一八四〇）年から同八（一八三七）年に身分登録変更がなされた。変更前の場合は、三十二歳となる。当時、年齢は総て数え年。

161 三十三歳は、三十七歳が正しい。明治六（一八七三）年のこと。

162 奥羽の戦争は、慶応四・明治元（一八六八）〜明治二（一八六九）年、新政府軍と奥羽越《おううえつ》列藩同盟の諸藩との間で行なわれた戦争。

163 宏業は、広く大きな事業。

164 緒につくは、見通しがついて軌道に乗りだすの意。

165 洋服裁縫店は、大倉喜八郎が明治六（一八七三）年、イギリス人裁縫師を雇って本格的な洋服仕立店を大倉組商会に設けたが、その前身のものと思われる。

166 日本橋本町は、現在の東京都中央区の地名。

167 三十三の歳は、三十五歳が正しい。明治四（一八七一）年のこと。

を見て、この地に商店を開かなくては日本の商業を世界的に発達させることは出来ないと思ったから、ただちに[168]倫敦支店を設けて、ドシドシかの地にて商業を営む緒を開いた。また帰朝するや否や、[169]欧米の組合制度にならって自ら経営してきた銃砲店、裁縫店、貿易店などを各々分立せしめて、今日の大倉組を組織したときが[170]ちょうど三十五の歳であった。

その後[171]台湾征伐が起こり、[172]西南戦争が起こるごとに私は軍隊の用達《ようたし》を命ぜられて、常に戦地にあったが、

翌年《よくとし》の[173]春を契《ちぎ》らぬ身ならねば

今年の花に[174]いとまなさばや

知らぬ間に春は過ぎけり梅さくら

見しともなくて聴くほととぎす

前のは台湾征伐に行きがけに詠《よ》んだもの、後のは西南戦争に従軍しておるうちに詠んだもの。いずれも実況をいったのであるが、もって私が事に当たるときの決心及び状態の[175]一斑《いっぱん》を知ることが出来よう。

168 倫敦支店は、大倉組商会が明治七（一八七四）年、ロンドンのジェフレスクエア街に設けた支店。日本企業で初めての海外支店。
169 欧米の組合制度は、資本を出し合う合資制度。
170 ちょうど三十五の歳は、三十七歳が正しい。
171 台湾征伐は、明治七（一八七四）年の台湾出兵。明治政府が初めて行なった対外戦争。その三年前、台湾に漂着した琉球宮古島の漂流民五十四人が台湾原住民によって殺害されたことから発する。
172 西南戦争は、明治一〇（一八七七）年、現在の熊本・宮崎・大分・鹿児島県での西郷隆盛に率いられた士族反乱。明治期の最大かつ最後の内乱。後出31頁の「西郷隆盛」を参照。
173 春を契らぬは、生きていて必ず翌春を迎えるの意。
174 いとまなさばやは、お別れを告げなくてはの意。「いとま」は「暇」。
175 一斑は、わずかの部分、一部分。

虎穴に入らざれば虎児を得ず[176]

総指揮官は我輩

今日《こんにち》となって過ぎ去った青年時代を思い起こすと、実に勇壮なことが多いのである。なかんずく[177]上野の戦争で人《ひと》二倍の活動は無論、今日の青年のとうてい真似の出来ない大冒険の関門を一度パアスした[178]ものであるから、ここに冒険なるものはそう大《たい》した危険のものでないということが分かり、さらにかの有名な函館の戦[179]争を利用して、一つ儲けてみたいという冒険的の商売気《ぎ》が起こり、兵器、弾薬を満載して青森へと出発したのである。

当時、五稜郭《ごりょうかく》[180]には物故した[181]榎本武揚《たけあき》[182]氏が堂々たる本陣を布《し》いて、意気冲天《ちゅうてん》[183]の概を示していたから、うっかりするとトンだ破目に会わざるを得ないのである。なぜなれば青森に航するものにして、函館へ立ち寄るも

176 虎穴に…得ずは、危険を避けていては、大きな成功も無いということのたとえ。
177 なかんずくは、とりわけの意。
178 パアスしたは、うまく通り抜けたの意。パアスは英語の pass。
179 函館の戦争は、明治元（一八六八）年から翌年にかけて、北海道の渡島《おしま》半島一帯で行なわれた新政府軍と旧幕臣との間の戦争。函館は、戦争終結後の明治二（一八六九）年九月、箱館から改称された地名。
180 五稜郭は、江戸幕府が北方警備のため、箱館に安政四（一八五七）年から建設した要塞。
181 物故は、死去。
182 榎本武揚は、天保七（一八三六）～明治四一（一九〇八）年、旧幕府の海軍副総裁。艦隊を率いて蝦夷地《えぞち》（北海道）の一部を占領し、蝦夷共和国とも俗称された疑似《ぎじ》政権を作り、その総裁となったが、敗北・降伏。維新後は、外務大臣・農商務大臣などを歴任。
183 意気冲天の概は、天をつくような勇ましい思い。

のはことごとく厳密の検査がある。もし兵器、弾薬のごとき(184)いやしくも兵事に関するものであれば、ただちに没収された上に、船は焼き払われ、船長以下の死刑はいかにしても免るることが出来ないというときであったのだ。そういう危険の場合であるにかかわらず、函館へは誤っても寄らぬという考えで、横浜から青森行の往復船を一万円で雇いきり、兵器、弾薬を沢山積み込み、船長に独逸人《ドイツ》を雇い、総指揮官は私自らやるということにして、意気揚々として横浜を出発したのである。

まず我が頭《こうべ》を刎《は》ねよ

しかるに青森に接近するに当たり、たちまち暴風雨が起こり、ここに全く船の進退に自由を欠いたので、どうしても函館の危険地へ寄らなければならぬような始末となり、(185)死力を尽くして函館へ寄ることを避けたけれども、自然界の(186)暴威にはとうてい打ち勝つことが出来ずして、とうとう函館へ漂着するの余儀なくなったのである。我らの漂着を発見した(187)検察官は、ただちに船に臨んで検査を遂行しようとした。なれど我らは辞《ことば》巧みに彼らを(188)翻弄《ほんろう》したので、事無く止んだと思う間もなく、第二回の検査がやってきた。事ここに至ってはもはや我らも命のないものと、半ば覚悟を定《さだ》めていると、独逸人たる船長は憤然として甲板上に起立し、我は独逸人である、もし独逸人たる我輩の率いる船中の物品を疑わば、まず我が頭《こうべ》を刎《は》ねて、しかる後、検せよと

184 いやしくもは、かりそめにもの意。
185 死力を尽くしては、全力を尽くしての意。
186 暴威は、荒々しい勢い。
187 検察官は、ここでは、函館港の検査係。
188 翻弄は、思うままにもてあそぶ、手玉にとること。

怒鳴りつけたので、検閲官もそれほどの(189)熱血を注いで弁明するならばあえて検査の必要なかるべしとて、ようやくにして検査の危うきを免れ、まず事無しに済んだので、暴風雨の鎮《しず》まるを待ちて青森へと航したのである。

(190)金襴《きんらん》の打敷《うちしき》で官軍と装う

かくて辛《かろ》うじて(191)大厄《たいやく》を逃れ青森へと着して、兵器、弾薬を売り払う段になったはよけれど、その代金の代りに米を渡すということになったが、さてその米は青森港の一ヶ所において受け取るのではなくして、かの(192)八ノ戸辺りから集めて積むという、実に(193)厄介千万なことであるのだ。さりとて現金で欲しいといったとて、もとより現金など(194)一文《もん》もあるのでないから、ない袖は振られず、さればとて空船《からふね》で帰るのはなおさら出来ず、止むことを得ず、(195)日を夜に継いで人夫を(196)督励《とくれい》し、せっせと積んでいると、ときどき(197)藩から船の徴発にあう

189 熱血を注いでは、血が沸き立つような激しい意気を示しての意。
190 金襴の打敷は、寺院で用いられる、金糸で編んだ敷物。
191 大厄は、大きな災難。
192 八ノ戸辺りから集めて積むは、大倉喜八郎の別の口述書では、米は弘前藩の一カ所の米蔵から受け取り、それを雇い船に運ぶために多くの小船が必要で、それらを野辺地から集めたとある。それが正しいと思われるので、この文章は疑問。八ノ戸は現在の青森県東南部の地名で、後に市となり八戸とされる。
193 厄介千万なは、たいへんわずらわしいの意。
194 一文は、ほんの僅かの金。
195 日を夜に継いでは、昼夜の別なく続けて、昼夜兼行での意。
196 督励は、監督し励ますこと。
197 藩から船の徴発にあうは、大倉喜八郎の別の口述書では、弘前藩以外の新政府軍によって小船を取られ、それへの対応で弘前藩の協力を得たとされる。

ようなことがあるので、もし永い間徴発せらるる場合の起こるあらば、それこそ我が事業の一大(198)蹉跌《さてつ》であるから、ここは一(199)奇計を案出し、寺院の前机《まえつくえ》などにかけてある金襴の打敷《うちしき》を買い、それをほど良く切って肩章《けんしょう》となし、(200)陣屋から陣笠を借りてことごとく(201)人足《にんそく》にかぶらせ、もって人足をして一見官軍のごとく仮装して、辛《かろ》うじて船の徴発に応じない工夫をして、ようやく所定の米を積み、とにかく無事に横浜へ帰りホッと溜め息をついたこともあった。それにしても今の青年などは、実に意気地《いくじ》のないものではあるまいか。これが私の三大冒険の第二回目である。

(202)玉浦丸《たまうらまる》に乗りて朝鮮行き

さらに第三回目の冒険的商売を語るならば、ことは明治十年の出来事で、彼《か》の(203)西郷隆盛が(204)江《え》の岳《だけ》へ逃げ込んだという大騒乱の真っ最中とて、誰一人、九州の沿岸を経由して外国と通商する者がなくなった。時あた

198 蹉跌は、つまずくこと、失敗すること。
199 奇計を案出しは、普通には思いつかないような巧みな計略・奇策を考え出すこと。
200 陣屋は、ここでは、津軽藩の藩庁が置かれた屋敷。
201 人足は、力仕事に従事する労働者。
202 玉浦丸は、正しくは瓊《たま》浦丸という名の汽船。日本政府が輸入し、大倉喜八郎が乗船したときは郵便汽船三菱会社に移籍され、ちょうど西南戦争のために政府に徴用されていた。瓊浦は長崎の古称。
203 西郷隆盛は、文政一〇（一八二八）～明治一〇（一八七七）年、薩摩藩士。戊辰戦争、維新後の廃藩置県などを主導し、岩倉使節団の海外派遣中（明治四～六（一八七一～七三）年）に留守政府の中心となったが、使節団帰国後の征韓論争に敗れて鹿児島に帰郷、西南戦争に敗れて自刃。
204 江の岳は、正しくは可愛《えの》岳《だけ》。宮崎県北東部にある険しい山。

かも朝鮮が大飢饉で[205]上下ともに非常な難儀、しきりにどうか貴国の米を我が国に廻して貰いたいと、朝鮮政府から我が国の政府へ歎願に及んできた。ところが日本では鼎《かなえ》の沸《わ》くようで[207]、政府では上を下への大騒動、他の国のことなど思っていられない場合である。しかし隣邦の好《よしみ》としても[208]、もとより黙しているわけにはゆかない。何とか処置をつけなければならぬ場合となった。

当時、我が政府の花役《はなやく》は[209]いうまでもなく大久保内務卿[210]。朝鮮の歎願など耳にも入れないだろうと思っていると、何ぞ図《はか》らん[211]、大久保公は二つ返事で委細承知と[212]引き受けたのである。さア引き受けたがその米を持ってゆく者がない。当局者も種々苦心熟考の末、大倉なる大冒険的商人があるから、あれにやらしたらよかろうというので、一日《あるひ》大久保内務卿から私に出頭せよ[213]という命令がきた。畏《かしこ》まって[214]出頭してみると、朝鮮へ米を廻す一件だ。内務卿は極めて沈重《ちんちょう》なる[215]態度をもってこういわれた。「戦争最中ではあるが、これは内輪《うちわ》の

205　朝鮮が大飢饉は、一八七六年に起きた未曾有の飢饉。朝鮮はしばしば飢饉に襲われていた。京機・忠清・全羅・慶尚の諸道で旱魃《かんばつ》・早霜による被害が甚大。
206　上下ともには、社会全体での意。
207　鼎の沸くは、議論や混乱がはなはだしいさま。
208　隣邦の好は、隣国としての親しい付き合い。
209　花役は、最もめだち、力がある者。
210　大久保内務卿は、文政一三（一八三〇）～明治一一（一八七八）年、大久保利通《としみち》。戊辰戦争、維新後の廃藩置県などを主導した後、副使として岩倉使節団に加わり、帰国後は内治派として征韓論に反対し、内務卿となって殖産興業政策を展開。西南戦争の翌年に暗殺される。西郷隆盛・木戸孝允と並んで「維新の三傑」と称された。
211　何ぞ図らんは、全く思いがけなくの意。
212　委細承知は、事情がどうあろうとも了解するの意。
213　出頭は、役所などに出向くこと。
214　畏まっては、おそれ多いと思っての意。
215　沈重なるは、重々《おもおも》しくの意。

ことだ。国と国との交際上、たとえ朝鮮のごとき国であっても飢饉で困るから米を廻してくれというのに、これに応じないというのは義を知る国ではない」と。私はこの大度量[216]に感心してしまった。

西南戦争などほとんど眼中にない。かく感心はしたものの、しかしこれはとても実行が出来ないことであろう。なるほど米は自分の手で出来る、しかし船をどうする。およそ日本国中、船という船は皆、陸海軍の御用船[217]になっている。大倉いかに冒険的勇気に富んでおればとて、船なくして焉《いず》[218]くんぞよく米をかの地に輸出し得べきやだ。そこで私は、「米は出来ますが、しかし船はどうしましょう」と心配顔に尋ねると、内務卿は落ち着き払って、「船は都合する、いつ出発《たつ》か」という話であった。私はまだ何だか信じられなかったが、「そういうことならば、いつでも船次第で出発します」というと、たいそう喜ばれて、「それでは船が出来次第に通知するから」ということで別れた。

私もこれには驚かされたり

私はまだ信ずることが出来ないで、帰り途《みち》にも船はとても出来ないだろうと思っていたが、その翌日になり再び内務卿から使いがあって、出頭せよというのである。さっそく御召しによって行ってみると、「船は出来たからさっそく米を積み込んで行って貰いたい」といわれた。この場合、どうして船の都合が出来たものかと怪しんで、船は何船ですかというと、玉浦丸という御用船中一番によい船を廻してあるといわれた。実際私も

216 大度量は、心が広いこと。
217 御用船は、戦時などに政府や軍が徴発して軍事目的に使用した民間の船舶。
218 焉んぞは、どうしての意。

これには全く驚かされた。どうも大久保という人の勢力は大したものだと感心したのである。そこで、「宜《よろ》しい。すぐ出発しますが、どなたが監督としてお乗りになるのですか」といって聞いた。この時代には総てこういう場合には、役人が一緒に乗って厳《やかま》しく監督するやら指図《さしず》をするものであった。ところが大久保内務卿は、「お前を信じた以上は誰も乗せる必要はないから、いっさいお前に任せるから宜《よろ》しくやってくれ」といわれたのである。それですぐ米を満載して朝鮮へと出発したのである。

鰹《かつお》釣り船[219]に乗り、命がけにて帰る

さて朝鮮に着《ちゃく》して、さっそく米を当局者に渡しているうちに、どうしたものか、私の乗ってきた玉浦丸が私の知らぬ間に私を朝鮮に置き去りにして帰ってしまった。まるで体《てい》のよい島流しにあったようなものだ。不都合とも何ともいえない。私は今さら憤慨したものの、如何《いかん》ともすることが出来ない。事ここに至っては何とかして帰る工夫をしなければならない。陸《おか》ならば徒歩でも帰れるが、何しろ海を渡るのだから、どうしても船がなければならない。この場合新たに船を雇って帰るより他に名案がないのだ。それで二、三の船乗りに相談すると、行こうというのである。けれども船は鰹釣り船で、屈強の船乗り五人、賃銀[220]五十両の定めで、やっと朝鮮を出発することが出来た。その出発したのは夜中であったから、そよ吹く風は肌身を洗い、明月《めいげつ》は高く

219 鰹釣り船は、烏賊《いか》釣り船の誤りと思われる。大倉喜八郎の正伝『大倉鶴彦翁』（鶴友会編・刊、大正十三（一九二四）年）などには鰞《いか》釣船とある。
220 賃銀は、雇い賃。

(221)天心にかかって、その快譬《かいたと》うるにもなかった。実に自然の美はかくまでも優しきものかと、今までの(222)齷齪《あくせく》せる考えはからりといずれへか消えて、独《ひと》り心ゆくばかり海上の美を賞《め》でながら、独り口吟《ずさ》みして、一夜《ひとよ》をそこに明かし、(223)時ならぬ快を求めたのであった。

一夜《いちや》明けて正午頃《ひる》になると、一天(224)墨を流せしごとく、見る見る(225)滔々《とうとう》として遠く響く大波とともに、暴風雨にわかに起こり、その(226)悽愴《せいそう》の光景は何物にも譬《たと》えようがない有様となった。鬼をも殴り殺すような船乗りも、もうこうなった上は生命《いのち》はないものと諦めてくれといったような心細いことをいい出し、旦那《だんな》、泳ぎは出来ますかというから、泳ぎなど出来るものかというと、それは困った、それでは裸体《はだか》になって麻縄で五体を船の舷《ふなべり》に結びつけ、食料の米だけはどんなことをしても流さないことにという、実に(227)危急一髪《いっぱつ》の破目となった。それに激浪は荒れに任せて(228)奔放し、風は吹くにつれていよいよ強く、船の動揺は動くに非《あら》ずして飛ばさるるという有様。ひょいと高波に打ち上げられたる途端……すっと下に引き降ろさるるときは、今度は沈没してしまうだろうと幾度思ったか知れない。

221 天心は、空の真ん中。
222 齷齪は、心が狭く、小さな事にこだわったりすること。
223 時ならぬは、思いがけないの意。
224 墨を流せしごとくは、真っ暗なさま。
225 滔々は、海水が盛んに流れるさま。
226 悽愴は、すさまじく痛ましいさま。
227 危急一髪は、ひとつ間違えば、非常な危険に陥ろうとする瀬戸際。
228 奔放は、自由気ままに振舞うこと。

もう今は別に策もないから、浪の(229)奔馳《ほんち》に任せ、ひたすら顛覆《てんぷく》することなきようにと祈っていると、遥か先方《むこう》に(230)謨糊《もこ》として雲か山か、はなはだ不明瞭の一大塊物《かいぶつ》が見えるから、あれは何かと聞くと、船乗りどもは一斉《いっせい》にいまだかつて見たことのない山だという。何でもよい、陸《おか》さえ発見すればまず安心と、必死の力を尽くして進んでみると、(231)対州《たいしゅう》の(232)敷原《しきはら》の岬であった。やれ嬉しやと一同上陸してホッと溜め息を吐き、風鎮《しず》まり波穏《おだ》やかなるを待ちて再び出帆し、命からがらでやっとのこと、目的を達したことがある。もし私に三十年の少なき寿命を貸してくれるならば、あのようなことをもう二、三度やってみたいと思う。今日の青年のように、机上《きじょう》の空論を叩《たた》くことばかり達者では何もやれない。諺に曰く、「虎穴に入らざれば虎児を得ず」。これは実に(233)千古の名言である。

229 奔馳は、荒れ狂うこと。
230 謨糊は、はっきりしない、ぼんやりとしたさま。
231 対州は、対馬国《つしまのくに》の別称。
232 敷原は、正しくは厳原《いずはら》。かつての対馬宗《そう》氏の城下町。現在の長崎県対馬市厳原町。
233 千古は、遠い昔、大昔。

失敗切り抜けの秘訣

逆運[234]、失敗、踵《きびす》[235]を接してきたる

私が年少のとき、奮然志を立て郷里を出《い》でて上京以来、ここに数十年の歳月を閲《けみ》[236]したが、この長き年月の間には、幾多の失敗もあれば困難もあるのである。はなはだしきに至りては、幾度か生死の間にも出入《しゅつにゅう》したことは前にも述べたが、しかしいかにしてこれらの難関を踏み破ってきたったかということについていささか述べてみよう。

生死の境は御維新前のことである。かの尊王攘夷《そんのうじょうい》[237]の論が喧《やかま》しくなって、腥《なまぐさ》き風[238]が吹き荒《すさ》んだ際、私は横浜の外国商館に出入して銃器を買い入れ、これを大名諸侯方に売り込んでおったのである。ところがたちまちいわゆる尊王攘夷党のために発見するところとなって、大倉は怪《け》しからぬ奴であるという評判がパッと立って、私は彼らのためにつけ狙われたのである。いかさま[239]人を斬ることを何とも思わなかった当時のことであるか

234 逆運は、不幸、不運。
235 踵を接しては、物事が続けさまに起こることのたとえ。
236 閲したは、経過したの意。
237 尊王攘夷は、王である天皇を尊び、外敵をしりぞけようとする思想。倒幕の政治スローガン。
238 腥き風は、戦争などで流血を見るような雰囲気。
239 いかさまは、きっと、たしかにの意。

ら、サアそうなると私の生命《いのち》は(240)風前の灯《ともしび》のごとく危険至極の有様であった。

その次は(241)山林事業の失敗である。明治二十年頃のことであったが、私は山林事業の(242)忽諸《こっちょ》に付すべからざることを思うて、これに手を染めたところが、不幸にして失敗して少なからざる損害を蒙《こうむ》ったのである。その次は土木事業の危険である。私が今日なお着手している土木事業には幾多の失敗の歴史がある。元来この事業には成功もあれば、また失敗も伴うものであって、すこぶる浮沈波瀾《はらん》の多き事業である。今日といえどもなお浮沈を免れぬのである。以上列挙したるもののほか、私の長い実業的生涯において幾多の失敗がある。しかし私は失敗は日常一般の(243)茶飯事《さはんじ》であると思っているのである。

失敗の原因

さて私の幾多の失敗について原因を(244)講究してみると、およそ左の点に帰するようである。調査の(245)疎漏《そろう》もその一つである。即ち山林事業なり、土木事業なり、その他の事業などに私が時々失敗をなすことのあったのは、全く調査が疎漏であったというより外《ほか》にないのである。山林事業のごとき、私が(246)徒《いたずら》に学者や技師の言《げん》

240 風前の灯は、危険にさらされて、今にも滅びそうなさま。
241 山林事業の失敗は、明治二一（一八八八）年、大倉喜八郎が久次米《くじめ》庄三郎と共に設立した林産商会の失敗のことと思われる。山林伐採、木材の販売・輸出、茶箱の製造・輸出などを目的に資本金一〇万円で設立し、明治二三年恐慌で解散。
242 忽諸は、おろそかにする、軽んじるの意。
243 茶飯事は、ごくありふれたこと。
244 講究は、深く調べること。
245 疎漏は、いい加減で、ぬけ落ちたところがあること。
246 徒には、無駄に、むなしくの意。

を(247)一概に信じて、さらに(248)一段の詳密なる調査をあえてせなかったからである。果せるかな着手してみると、事実は学者や技師の言とは大いに相違しておるのである。これがためについに失敗の已《や》むなきに至ったのである。土木事業でも同じことで、天災地変は別として、普通なら調査さえ(249)遺憾《いかん》なく、また疎漏がなくて完全でさえあれば、いわゆる見込み違いということがないから、自然に儲かるわけであるが、いかにせん調査に疎漏があったために、時々《じじ》失敗をなしたのは是非もない次第である。その他日常の失敗も、多くはまた調査の不完全から(250)胚胎《はいたい》するようである。

私が様々の事業に失敗した原因にはもう一つある。それはその事業を経営するに適切なる人材を得なかったということである。(251)換言すれば、(252)明敏達識《めいびんたっしき》で忠実勤勉なる人を得なかったのである。事業の成否は多く人にあるので、適材を適所に用うれば必ず成功は期して待つべきものであるが、私は不幸にして適材を得なかったために、ついに山林事業なり、その他の事業において、ときどき失敗を招いたのである。

失敗に処する道

尊王攘夷党からつけ狙われるので、一時ははなはだ薄気味が悪かったが、翻《ひるがえ》って思えば、外人に接近し、

247 一概には、おしなべての意。
248 一段のは、一層のの意。
249 遺憾なくは、申し分なく、十分にの意。
250 胚胎は、原因などがそこにあること。
251 換言は、言い換えること。
252 明敏達識は、聡明で物事を広く深く見通す、確かな考え・意見。

もしくは銃器を売買するということがどうして悪いのか。私は(253)寸毫《すこし》も(254)疚《やま》しいところがなかったから、自ら信ずるところに従って進んでゆくより外はないと思うて、かえって勇気が百倍して、(255)眼中敵を空《むな》しうするの慨があった。さりながら空しく犬死にをするのも愚かなる話であるから、私は常にピストルを携帯して、イザといえばこれを打ち放して敵を殺し、(256)万免《ばんのが》るるの道なきにおいて初めて私の命を敵に献《ささ》げようと、こう決心をしたのである。人間には決心ほど強いものはないのである。私はこの決心をなすと同時に、(257)従容《しょうよう》敵中に出入《しゅつにゅう》して、思う存分、外人から銃器を買い入れて大名諸侯に売り込んだのである。

山林事業や土木その他の事業で失敗したところで、私は(258)毫《ごう》も失望や落胆はしなかったのである。勝敗は(259)兵家《へいか》の常、人類の歴史はいわゆる奮闘の歴史であるから、初めてこの世に生存して以来、何万年という長い月日の間、あるいは獣類と戦い、あるいは異人種と戦い、一刻も戦争は休止しないのである。ついに今日のごとき発達をきたしたのである。その間にあって失敗もあれば、また成功もある。失敗があったたびごとに失望するようでは、とうてい(260)凱歌《がいか》は挙げられぬのである。故に私は失敗したところで毫も心配はしないので、

253 寸毫は、きわめて僅かなこと。すんごう。
254 疚しいは、良心がとがめる、後ろめたいさま。
255 眼中敵を空しうするは、敵をまったく気にしないこと。
256 万は、万一の意。
257 従容は、ゆったりと落ち着いているさま。
258 毫もは、いささかも、わずかでもの意。
259 兵家の常は、勝つことばかりでなく、負けることもまたあるの意。
260 凱歌は、勝利を祝う歌。

(261)おもむろに失敗の原因を探究してこれに処するのである。即ち失敗の原因は前に述べたように、調査の疎漏と人材を得なかったということに帰することが発見さるれば、次のときには事業に着手するに先立ちて、調査は出来得るだけ精細遺憾なきを期し、また人材は機に乗じ、時に応じて、これを得んことに努めているようにしている。

失敗の結果はいかになりゆくか

私は自己の信ずるところに従って従容《しょうよう》死地に出入したので、これがためにかえって生命《いのち》を保ったのみならず、少なからず利益を捉《とら》えた。頼むべきは自信である。自ら信ずるところに従って(262)邁往《まいおう》直進すれば、天下何物かならざらんやである。世の(263)粉々たる毀誉褒貶《きよほうへん》によって、自己の信念を二、三にするもののごときは、とうてい大事をなすことが出来ないのである。私が生死の境に出入して初めて自己の信念を確かめたので、自分の信ずるところは必ずこれを行ない、粉々たる毀誉《きよ》によってこれを二、三にしない決心を得ることが出来たのである。(264)爾来今日《じらい》に至るまでこの主義を(265)励行《れいこう》しておるのである。

失敗は経験である。私は幾多の失敗によって多大の経験を得たのである。この経験によりて失敗に処し、また次いで着手すべき事業経営に処したのである。その結果はすこぶる良好なる成績を得たのである。即ち私の

261 おもむろには、落ち着いて、ゆっくりとの意。
262 邁往は、勇んでひたすら進むこと。
263 粉々たるは、入り混じって乱れるさま。
264 爾来は、そのとき以来の意。
265 励行は、決められたことを、その通り実行すること。

従来の失敗は、調査の疎漏と適材を得なかったのに帰することを知ることが出来たために、私はこの経験によりて、土木事業のごときもこれを請け負うに当たりて、ときに調査の完全を期し、合わせて担当者の適材を得ることに力《つと》めたために、従来に比すれば良好なる成績を挙げている。故に私は全く失敗の良師たるを信じて疑わないものである。終りに臨んで、とくに青年諸君のために一言《ごん》したいことがある。それは幾多の失敗と逆運に遭遇し、しかも(266)天涯地角《ちかく》、頼るべきの人なきに当たりて、(267)沈思黙考、「我は自ら自己の運命を開拓せん。断じて他人に依頼せず」という決心が(268)湧然《ゆうぜん》として心の底から起こったならば、モウそれで占《し》めたもので、その人は必ず成功するに相違ないのである。失敗にその志を屈して、他人に憐みを乞うような(269)薄志弱行の徒《と》は、とうてい大事をなすことが出来ないのである。

266 天涯地角は、きわめて遠く、へだたっている土地。
267 沈思黙考は、静かに深く考え込むこと。
268 湧然は、盛んにわき起こるさま。
269 薄志弱行は、意志が弱く、実行力に乏しいこと。

私は何を最も嗜好《しこう》(270)するか

文人墨客《ぼっかく》(271)との交際

私の平生《へいぜい》(272)、嗜好とするところのものはなかなか数多いのである。それに私は人のごとくこれは嫌《いや》だとか、何とかが詰《つ》まらない、毛嫌い(273)をせないから、従って嗜好とするものも数え切れぬほど沢山あるのである。しかし私の平素最も愉快であると感じていることは、文士(274)であるとか、または書家、画家との交際が最も愉快と思われるのである。それらの人はいずれも淡白(275)であるから談話が常に淀《よど》みがなく、かつは誠実であるから宜《よ》いのである。そして私の嗜好はと申せば、かの一中節《いっちゅうぶし》(276)、狂歌、書画、骨董《こっとう》、美術であるが、これらは独《ひと》り趣味ばかりでなく、精神の修養にもなり、または慰安にもなるから、酒食や遊楽のごとき楽しみとは大いに違って、精神上にも、また肉体上にも悪影響はきたさないのである。

---

270 嗜好は、とくに好み、親しむこと。
271 文人墨客は、詩文・書画などの風流に親しむ人。
272 平生は、ふだん、常日ごろの意。
273 毛嫌いは、わけもなく嫌うこと。
274 文士は、文筆を職業とする人。
275 淡白は、性格や態度がさっぱりしており、こだわりやしつこさがないこと。
276 一中節は、浄瑠璃の一流派。初代都太夫《みやこだゆう》一中（慶安三（一六五〇）～享保九（一七二四）年）が創始。温雅、重厚さが特徴。

狂歌と一中節

私の狂歌はなかなか古いもので、今より五十五、六年前[277]、まだ私が郷里の田舎におったときから、ボツボツとやり始めたので、その楽しみというものは他人に知られぬ妙味《みょうみ》がある。美術館の方の道楽は明治十一年頃からで、諸種の仏像を集むるのも面白いものである。また一中節は維新後、一時廃滅[278]しようとしたが、これは極めて面白く、かつは人の心を何となく感動せしむるものであるから、私はこれをして再び盛んにさせようと思って稽古をしたこともあるが、世の人はいまだに能《よ》くこれを知らないものが多いのである。少し頭を痛めたり、ないしは商売上で心配したときなどは、この一中節を唄っておると心機[279]を一転することが出来て、いわば一種の衛生法ともいい得るのである。

277 今より五十五、六年前は、嘉永三（一八五〇）年、大倉喜八郎が新発田の狂歌師、大極円柱《だいごくえんはしら》の門に入って狂歌を学び始めたことをさす。そのとき和歌廼門《のと》鶴彦と号し、数年後には江戸へ投稿。

278 廃滅は、すたれ滅びること。

279 心機を一転は、何かをきっかけにして、気持ちがすっかり変わること。

私が半生の趣味的生活

仏を救うために仏像を集む

私は沢山の仏像を集めておく。それを支那の唐紹儀《とうしょうぎ》(280)という人が私の宅を訪ねられて、私方《かた》の美術館を見たことがある。そのとき唐紹儀君は大いに驚かれた。それは私が数多くの仏像を安置しているからである。唐紹儀君は私に向かって種々な話をされたが、中にもこんなことをいわれた。「支那の諺に仏を愛してこれを安置する人の家には、運の神が走り込んでくるということがあるが、大倉君は非常に多くの仏を金殿楼閣《きんでんろうかく》(281)の中に安置しておかれる。こういう立派な家に安置されているのは、かの汚い寺の中に塵芥《じんかい》(282)を被《かぶ》っているより、仏はどれほど仕合《しあわ》せであるかも知れない。定めし仏も大いに悦《よろこ》んでいることであろうし、また当人たる大倉君の幸福となることも非常なものであろう」との話をされたのである。しかし私はもとよりそんな考えではなかった。しからば一体どんな動機から、かように仏像を多く集めるようになったかというに、それは次のごとき理由である。

私は元来、彫刻が大いに好きであった。なお一つには御維新前までは神仏は一緒で、伊勢の大神宮様(283)の神《かん》

280 唐紹儀は、一八六〇～一九三八年、清朝末期・民国初期の政治家。清朝の高官でありながら革命派を支持。明治四一（一九〇八）年一〇月、訪米の途次、来日した際に大倉美術館（後の大倉集古館）を訪問し、大倉喜八郎と会談。
281 金殿楼閣は、麗《うるわ》しい殿舎。
282 塵芥は、ごみ。
283 伊勢の大神宮は、現在の三重県伊勢市にある神宮。伊勢神宮と通称され、総ての神社の上に格付けされた。

主《ぬし》の方々《かたがた》でも、生きて神に仕《つか》える間は神徒であるが、死ねば仏になるというわけであって、即ち葬式なども仏葬で行なうものもあったのである。それであるから神主《かんぬし》の家には仏もあれば仏像もある。そのほか(284)鎌倉の八《はち》幡宮《まんぐう》、(285)熱田《あつた》の一の宮、(286)多賀の大社など、たいていの神社には沢山の仏像も仏画も安置せられてあったのである。それが明治の御維新になって以来、(287)神仏を分離することになって、そのときに仏像や仏が神社から取り離されたのである。その結果、仏の居所《きょしょ》がなくなって、全くの宿無しの仏が沢山に出来たのである。それを気の毒だと思うた私が、その仏の中にてその彫刻が宜《よ》い仏を吟味して、その彫刻の善《よ》いのを取り寄せたのが事の始まりである。それ故に、私が仏を多く安置しているのは有り難いというのではなくて、私が仏を救うたような次第である。

仏像を見たる(288)福沢先生

私が仏像を沢山に安置しているので、多くの学者や名士も種々な話をされるが、福沢先生もやはりこんなことをいわれた。「いったい仏像はお寺にある方が工合《ぐあい》が良いように思われる。(289)俗人の宅には不釣合のように見えるから、やはり寺へ寄付したら宜《よ》かろう」と。しかし私はそのときこう答えた。この仏像はかつて神社や

284 鎌倉の八幡宮は、現在の神奈川県鎌倉市にある鶴岡八幡宮。鎌倉幕府の宗社。
285 熱田の一の宮は、現在の愛知県名古屋市にある熱田神宮。伊勢神宮に次いで権威ある神社とされた。
286 多賀の大社は、現在の滋賀県犬上郡多賀町にある多賀大社。全国に二百数十社ある多賀神社の総本社。
287 神仏を分離は、明治初頭、政府が神道と仏教を区分したこと。これを機に全国各地で廃仏毀釈《きしゃく》運動が起こった。
288 福沢先生は、天保五（一八三五）～明治三四（一九〇一）年、福沢諭吉。中津藩士（大分）で後に幕臣となった洋学者、慶応義塾の創設者。
289 俗人は、僧に対して、世間一般の人をいう。

仏閣にあったものが、時勢の変遷につれて憐れむべし、(290)俗間《ぞくかん》に売られて、ついに古道具屋の手に入りて塵芥《ごみ》だらけになっておったものや、あるいはまさに外国人の手に買われて、遠く骨董品として渡ろうとしたものを私が買い取ったものであるから、この総ての仏像を寺に寄付したとても、またもや仏像は古道具として担《かつ》がれて二度の(291)浮き目をみるかも計《はか》り知れないから、やはり救っておいて、私の手元に安置するがよかろうといったら、流石《さすが》の福沢先生も大笑いをされたことがある。

仏像を眺めて休養す

何でも趣味は人によって違うが、その趣味からして何ものかの利益を受けるものである。私がこうして沢山の仏像を取り蒐《あつ》めてみると、なかなかの面白味が出来てくるのである。それから支那、印度、朝鮮、さては南洋とか(292)西蔵《チベット》の方面からも仏像を取り寄せたのである。そこで東洋の仏像はたいてい揃っている。西蔵の方も、かの有名な(293)河口慧《え》海《かい》師から送って貰うたのである。画像の方も善いものは、総て取り蒐めた(294)心算《しんさん》である。有名な画家の手になった仏像や仏画は、いつ見ても実に心持ちがよいものである。仏像、仏画は即ちあまりに利口そうな顔もしないし、また他に求むることがなくて、皆、善を奨《すす》め、悪を懲《こ》らす威厳と慈悲の相を備えて、

290 俗間は、俗人の世界。
291 浮き目は、つらいこと、苦しい体験。憂き目と同義。
292 西蔵は、チベット。現在の中国チベット自治区のこと。
293 河口慧海は、慶応二（一八六六）～昭和二〇（一九四五）年、黄檗《おうばく》宗の僧侶。サンスクリット語・チベット語の仏典を求めて密かにチベットへ入国。大倉喜八郎から経済的支援を受けていた。
294 心算は、前から考えていた心積《づ》もり。

何ともいえない味わいがあるものである。それのみか、何となく心の教訓にもなることがある。それ故に、私は忙《せわ》しい身体でも、暇があったときはたとえ僅かの時間でも美術館に這入《はい》って仏を見るが、一種私の精神に崇高の感が湧くのである。そしてこれによって連日連夜の(295)劇務に服して俗化した精神を復活せしむるのである。これが私の精神修養で、また一つは精力と元気とを養う次第である。

仏像の趣味、心機を転換す

私に限らず、日夜《にちや》人に超えた劇務に服するものは、時々《じじ》眼先《めさき》の変わった風景のよい地方に出かけるとか、または自己の職業以外、または職業に縁の遠い仕事をやってみては心を楽しましめ、または心機を転換せしめて、苦痛とか(296)煩悶とか空想とかいうものから離れなければならぬ。それは精神上のみではなくして、人の健康を保全する上にも最も必要なことである。書画とか美術、音楽などが世人から注目せられているのも、つまりはこういう理由である。しかして趣味はこの精神休養、及び精力と元気を養うものであるから、世間何人《なにびと》も趣味の(297)鼓吹《こすい》をしている。また何人もきっと何か趣味を持っているものである。私は私の趣味として最も仏像を蒐めている。

いったい仏とは何であるか。男であるか女であるか、老翁《ろうおう》であるか老婆であるか若い者であるか、馬鹿か悧《り》

295 劇務は、非常に忙しい仕事。激務。
296 煩悶は、苦しみ、もだえること。
297 鼓吹は、元気づけ。

怜《こう》か、機敏か頓馬《とんま》[298]かというに、以上いずれでもないのだ。元来仏というものを造るには広い意味の博愛、慈善というような精神と、一種侵すべからざる威厳とを形に現わしたものである。例えば不動明王《ふどうみょうおう》[299]にしても、右の手に剣を握り、左の手に縄を取り、歯を食い出し、眼を怒らし、仏法[300]を妨げようとする悪魔外道《げどう》[301]を征服しようとして突っ立っている恐ろしい姿をしたものであるが、あれなども決してあんな姿のものがあるものではない。またどこの世界にそんなものがいるものか。

あれはその容貌を仏法守護の形に作って、体をば不動知[302]という故事に取ったのである。この不動知というのは石か木のように無性《むしょう》のものでなくして、向こうにも後《うしろ》にも、左にも右にも、十方面に心を働かせながら、ちっとも凝滞《ぎょうたい》[303]せぬ心をいうたものである。人間がこの不動知を明らかに悟って、この心法[304]をよく心得たならば、悪魔は決して害をなし得ないものである。このことを形で示したものが即ち不動明王の仏像である。なお千《せん》[305]手観音《じゅかんのん》も実際、千の手が備わった仏があるものではないのである。人間が不動知の悟りが開けてくれば、千の手があっても皆それぞれの用をなすことが出来るということを示したものである。

この他、仏像については私がいうまでもなく、相応の教訓というようなものを備えているのである。それで

298 頓馬は、間が抜けていること。
299 不動明王は、動かざる尊者。明王は密教における尊格・称号で、仏教の信仰対象。
300 仏法は、仏の説いた法、仏道。
301 悪魔外道は、真理に反し、人に災厄をもたらす説。
302 不動知は、心を四方八方に自由に動かし、一つの事には決してとらわれないこと。
303 凝滞は、物事の流れがとどこおって通じないこと。
304 心法は、心に備わった諸法。
305 千手観音は、千本の手と、各々の手に目を持ち、総ての人達を救済しようとする広大無限の慈悲の心を持つ観自在菩薩。

昔の(306)名工が仏像を刻むのには、一刀三拝というて、一つ削っては三たび礼拝《らいはい》し、(307)斎戒沐浴《さいかいもくよく》して精神を(308)清浄にして彫刻したものである。それ故に名工の彫刻した仏像であれば、必ず仏像の精神がそこに備わってある。あるいは慈悲の(309)瑞相《ずいそう》を備えて、犯すことが出来ない仏の威厳を持ったものである。もしもその慈悲とその心得を欠いて作ったなれば、仏の感化力がないばかりか仏像としての真正の価値はないのである。この精神の欠乏した彫刻工によりて作られた仏像は、拙作というべきものである。それが即ち私の仏像に対する趣味である。この趣味からして、私は仏教の感化をも受け、美術上の愉快をも得ているのである。

私の元気増進的(310)養生法《ようじょうほう》

物質的の養生法

私は先年、(311)古希の寿莚《じゅえん》を開いたのである。ご覧の通りに身体も肥満しており、それに血色も極めて善《よ》く、極めて壮健で、数十年来いまだかつて病気のために家族に厄介をかけたことのないくらいに壮健である。さて

306 名工は、すぐれた工芸品などを作る職人。
307 斎戒沐浴は、飲食や行動を慎み、水を浴びて心身を清めること。
308 清浄は、清らかで、けがれのないさま。
309 瑞相は、めでたいしるし、吉兆。
310 養生は、健康に気をくばること。
311 古希の寿莚は、数え七〇歳を祝う儀式。大倉喜八郎の古希祝賀園遊会は、明治三九（一九〇六）年一〇月二三～二五日、大倉の赤坂本邸で開催。

いかにして私の身体がかくも壮健であるのか、それについて語れば以下のごとくである。私は少年のとき、奮然志を立て、上京して以来、ほとんど(312)静座する余暇のなかったくらいに(313)稼業のために奮闘したのである。私は独力をもって自己の運命を開拓せなければならぬと思うたために、それはそれは非常に奮闘したものである。かくのごとくに私の身体は絶えず活動をしておったために、これが自《みずか》ら運動となって今日の強壮となったのであろうと信ずるのである。

習慣的朝風呂

それから私の強壮を助長するに与《あずか》って力あると思うのは、私は毎朝起きるや否や必ず入浴するのである。それは私の習慣となっておるのである。私は別段に時間を定《さだ》めて運動というものをせないが、この入湯《にゅうとう》が自ら運動となって、これがために血液の循環を助け、(314)悪気《あっき》をも払い、皮膚を清潔にすると同時に、その強壮を促すにおいて多大の効果があるのである。のみならず入湯の精神上に及ぼす効能はまた驚くべきものがあって、毎朝床《とこ》を蹴って起きて、入浴一番すれば、心気たちまち(315)爽然《そうぜん》として、天地皆、春のごとき感が起こるのである。とにかく私の健康は朝風呂のために多大の貢献を得ているのである。

312 静座は、心を落ち着けて静かに座ること。
313 稼業は、生計を維持するための職業。
314 悪気は、災《わざわ》いをおこす気。
315 爽然は、心身がさわやかなさま。

七時間の睡眠と飲食

睡眠時間の長短は大いに健康に関係するもので、睡眠の不足は多くの場合において身体の健康を害するものである。私はたいてい七時間は睡眠時間に充《あ》てておくのであるが、この頃は年齢《とし》も老《と》っているのであるから、七時間を眠らない間は、[316]万已《ばんや》むを得ざる場合の他は決して起きないことにしているのである。また私は若い時代《とき》から酒は少量であるが飲んでおったのであるから、今日といえども、なおこれを継続している。ただし暴飲は若い時代から断じて避けているので、もしも私は年少時代において多量の酒を呑んだならば、とうてい今日の健康は保たなかったと信ずるのである。酒も少量であると、血液の循環を助長するに効能があると思うのである。それに私は常に暴食を戒めておった。いかなる珍味があっても、腹一杯食うようなことをせなかったのである。これまた私の健康上、顕著なる効能があったと思うのである。[317]少壮の元気に任《ま》かして暴食すると、年齢《とし》が老《ふ》けてからたちまち影響を被《こうむ》るのであるから、これは大いに慎しまなければならぬのである。

また私は習慣になっている平素の行動はなるべくこれを破らぬようにしているので、[318]ベルツ博士たちも起居進退に関する行動はなるべく習慣を破らぬ方が善《よ》いというておらるるのである。習慣を破るとドウモ身体に無理が出来るから、つまり悪いのであろうと思う。それから私は昔から食物《しょくもつ》はなるべく消化し易いものを選んだのである。昨今は年も老《と》っているから、ことに食物は柔らかで消化し易いものを取っているのである。

316 万已むを得ざるは、いたし方がないの意。
317 少壮は、若くて意気盛んなさま。
318 ベルツ博士は、エルヴィン・フォン・ベルツ Ervin von Bälz、一八四九～一九一三年、ドイツ人医師。明治時代にお雇い外国人として日本に招かれ、二九年間、日本に滞在し、医学界の発展に尽力。

精神的の養生法

私は総てのものを苦にせず、たちまち過ぎ去ったことを忘るる性癖《くせ》があるので、この性癖のあるために心配もなければ、また不平もなく、夜分《やぶん》は熟睡が出来るのである。私は人力を尽くして(319)天命を待つの主義を採《と》っているので、出来得るだけ力を尽くして、それで失敗をするのは天なり命《めい》なりで、人力のもって如何《いかん》ともする能《あた》わざることであると信じているのである。失敗したところで何もクヨクヨするには当たらぬのである。しかるに世間には失敗や困難に遭遇するとたちまち意気が(320)沮喪《そそう》するものがある。しかしこれははなはだ(321)愚の極である。何でも物を忘れるということが大切である。過去は過去として葬むり去らしめよである。さらに新たなる生面《せいめん》を開拓することが(322)肝要である。この忘れるという性癖《くせ》が私の健康を保つにおいて多大の貢献があったということは争うべからざる事実である。

奮闘的精神

また私は奮闘的精神と反発的気力とを有《も》っているのである。故に一難を経《ふ》れば勇気はさらに一倍しきたるので、この旺盛なる気力のために、(323)ひっきょう病魔などに襲われぬのであると信ずるのである。私は病気には

319 天命は、天から与えられた命令。
320 沮喪は、元気がくじけ、勢いがなくなるさま。
321 愚の極は、もっとも愚かしいこと。
322 肝要は、もっとも必要なこと。
323 ひっきょうは、つまるところ、結局の意。

決して敗けぬのである。必ず打ち勝つという覚悟を有《も》っているのである。私が(324)強壮で(325)無病息災であるのは、この精神的作用が大いに助けていると思うのである。しかしてこの奮闘的精神は私の天性であろうが、また王陽明の学派を汲んでいることも、またその一原因であろうと信ずるのである。

(326)聖旨《せいし》を(327)奉戴《ほうたい》して百万円を寄付す

(328)大御心《おおみごころ》に感泣す

(329)允文允武《いんぶんいんぶ》の(330)聖上《せいじょう》陛下が常に(331)下万民《しもばんみん》を慈《いつく》しみ給《たま》うは、申すも畏《おそ》れ多いことである。それに過ぐる(332)紀元節

324 強壮は、身体が丈夫で元気なさま。
325 無病息災は、病気をすることなく、健康で元気に暮らすこと。
326 聖旨は、天子の考え、命令。
327 奉戴は、慎んでいただくこと。
328 大御心は、天皇のお考え。
329 允文允武は、文武ともに優れていること。天子の徳をたたえる語。
330 聖上陛下は、現在、在位している天皇。ここでは、明治天皇をさす。
331 下万民は、臣民、臣下。天皇に対比する語。
332 紀元節は、古事記・日本書紀で最初の天皇とされる神武天皇の即位日から決めた祭日で、二月一一日とされた。明治六（一八七三）年に定められ、昭和二三（一九四八）年に占領軍の意向で廃止。その後、昭和四一（一九六六）年に同日は建国記念の日とされた。

の当日は、(333)御内帑《ごないど》よりとくに一百五十万円を(334)御下賜《おんかし》になって、(335)施療の資《せりょうし》となせよとの有り難い(336)思し召《おぼめ》しを下されたことは、国民の斎《ひと》しく感泣するところで、私は陛下の大御心を(337)拝承したときは、(338)感涙に咽《むせ》んだのである。歴代の(339)聖《せい》天子、皆(340)臣下を愛撫せらるることの厚きは申すまでもないが、(341)今上陛下《きんじょう》が始終万民のために(342)叡慮《えいりょ》を煩わし給わることが、かくまでに(343)御優渥《ごゆうあく》であることを承わりし以上は、我々臣下たるものはさらに進んで叡慮の万分の一にも報ゆることをせなければならぬ。そこで内閣諸公を始めとして(344)渋沢氏、その他実業界の有志は率先して、聖旨奉戴について協議している次第で、これ国民としての分《ぶん》としては当然のことである。私もその一員となってその協議を賛じて、微力ながらも尽力しているのである。

333 御内帑は、皇室・君主が所蔵する財産。
334 御下賜は、高貴の人が下の人に物を与えること。
335 施療の資は、貧しい病人などを無料で治療する財源。
336 思し召しは、考える、思うの尊敬語。
337 拝承は、慎んで、うけたまわること。
338 感涙に咽んだは、感動のため息を詰まらせながら泣いたの意。
339 聖天子は、前出54頁の「聖上陛下」と同じ。
340 臣下は、君主につかえる者、家来。
341 今上陛下は、前出54頁の「聖上陛下」と同じ。たとえば、明治天皇の生存中は今上天皇と呼び、薨去《こうきょ》（死去）後に明治天皇と呼ぶ。
342 叡慮は、天子・天皇のお考え。
343 御優渥は、ねんごろで手厚いさま。
344 渋沢氏は、天保一一（一八四〇）～昭和六（一九三一）年、渋沢栄一。埼玉の豪農出身、後に一橋家家臣、維新後に政府官吏をへて第一国立銀行の初代頭取。五百余の会社設立に関わり、近代日本経済の父と呼ばれ、大倉喜八郎の盟友とされる。

十ヶ年に百万円

私が、聖旨の有り難きに感泣して出来得る限りの力を揮《ふる》って、聖旨奉戴のことについて奔走をしようと思う矢先き、突然にも病気に罹《かか》ったのである。三月上旬から悪くなって病勢は急に募って、一時は家人や知人も心配したそうだが、平素の健康は難なくその病魔を斥《しりぞ》けて、今日では全く快方に向いておる。その病中、常に私は陛下の大御心に報い奉《たてまつ》ることについて考えておったが、何分にも(345)臥床《がしょう》中であるから、協議会へも出席することが出来ず、また会の委員の方々の意見を知ることが出来なかったものであるから、私は分相応の出金をして誠意を表しようと思って、百万円を十ヶ年賦で出すことに定《さだ》めた。これを(346)桂首相まで申し上げたのである。私は(347)微力相応のつもりであるから、一年に十万円ずつは確かに実行が出来る心算である。

真の慈善は教育にあり

私が百万円を寄付して貧民の救済に充てたのはもちろん、陛下の大御心の厚きに感じて、臣民としての本分を尽くすにあるが、なお一つは慈善に対する私の方針である。私は従来、慈善事業について種々相談をかけられ、出金を促されたことが数多くあるが、概して慈善を食い物にする輩《やから》が多いように見受けられたのである。故に私はいわゆる乞食を養うような慈善事業には、いっさいその相談に乗らぬことにしている。私はまた独立

345 臥床は、病気で床《とこ》につくこと。
346 桂首相は、弘化四（一八四八）～大正二（一九一三）年、桂太郎。長州藩士で、陸軍軍人・政治家。台湾総督・陸軍大臣、三度におよぶ内閣総理大臣などを歴任。
347 微力相応は、自分の力の限りの意。

をして飯が食えるような人を養成するのが最も大なる慈善事業であると信じているから、今より十年前に今の大倉商業学校を創設して、次いで大阪にも、また朝鮮にも商業学校を設立して青年子弟を教育し、もって青年学生の生涯に差し支《つか》えないようにしているのである。

子孫のために(348)牛馬とならず

私は銀座の事務所にこういう額《がく》を掲げておく。「子孫は自ら子孫の計あり、子孫のために牛馬とならず」。この額の意味は、金を貯める一方で、それを子孫に遺《のこ》す考えのみに一生懸命になっている世の金持ちを誓《いまし》め、また自から省《かえり》みるためである。私は飽くまでも奮闘して、しかもこの老軀《ろうく》を提《ひっさ》げていまだに商界に立っているが、金を貯めて死ぬる気は少しもないのである。私は一代の奮闘をした結果、どれだけの富を作っても、それは私の一代限りだと思うのである。私は世の金持ちの人とは違うて、私が一代で儲けた金は、みな国家、社会のために投じ、奇麗サッパリの身体《からだ》となってこの世を辞したいのである。

私の子孫に対しては、子孫が働いて食うてゆけるだけの教育を施していけば、それで充分である。それ以上、子孫のためなどを計ると、つまり子孫の牛馬となって働くということになるのであるから、それは否《い》けないのみならず、子孫は親の保護のために(349)放縦《ほうじゅう》で(350)懶惰《らいだ》の人となって、自から奮闘してゆく精神、(351)気魂《きこん》が薄くなって、

348 牛馬は、ここでは、下僕・召し使いの比喩《ゆ》的な表現。
349 放縦は、気まま、わがままなさま。
350 懶惰は、面倒くさがり、怠けること。
351 気魂は、たましい、精神。

結果は愛撫の情がかえって子孫を滅ぼすこととなるから、あまりに子孫の計をなすと、お互いに知らず知らずの裡《うち》に不測の損失を招くものである。

国家の恩を感謝せよ

私が考えるには、富というものはいかにも各人の力量や才能、努力の多少によるが、単に個人の力のみでは奈河《いかん》ともすることが出来ないと思うのである。即ち時勢の恩、社会の恩、国家の恩の三恩というものが必ず個人の力の背後に伴っているのである。今日いずれの方面にある成功者たるを問わず、その人の勤勉、力行で誠実である点は、必ずや常人より卓越しているのであるから、人の成功は運にばかりに関係するものでないが、しかし人の実力というものには限りがあることを忘れてはならぬのである。世には、「なあに、己《おお》れの(352)身代《しんだい》は己れの働きで出来たのだ」とよくいう人があるが、それは大なる己惚《うぬぼれ》である、間違いである。

例えていわば、昔、地価の安いとき十円で一坪買うておいた、その地所が時代の進歩に伴って騰貴をして一坪百円以上にもなったので、その地所を売ったために大金持ちになった人もある。家屋にもせよ、株式にもせよ、その他あらゆる物貨でも、その物の価《あたい》が高くなれば、従って意外の利益を受けるものである。そこを思わなければならぬ。なに故に地所も家屋も株式も物貨も著しく騰貴したかを。これは個人の一己《こ》の力ではなくして、社会的趨勢のしからしむるところであって、何人《なにびと》も人力をもって騰貴せしめたものではないのである。これ即ち自然に我が富を増殖してくれたもので、国運の力ということも出来るのである。ここにおいて国家の恩

352　身代は、財産。

ということを感謝せねばならぬ。時勢の恩も社会の恩も詮《せん》じ詰むれば国家の恩といわなければならぬのである。

隗《かい》より始めん[353]

それについて一例を挙げてみれば、かの[354]日清、日露の二大戦役において個人の富を自然的に膨張せしめたのはそれである。この二大戦役によって我が日本は急激の進歩、発展をなした。国運は発展して社会の情態《じょうたい》は著しく[355]開明の域に進んだのである。この有形無形の進歩、発展に伴《ともの》うて、各個人の富もはなはだしく増加したのである。それ個人の富はその人の力量如何《いかん》と国家社会の力と相合《あいがっ》して、ここに初めて出来上がるものである。故に「己《おの》れ一人の力でこの身代を作ったのだ」などと自己の才力、勤勉を自慢することは出来ないものである。こういうように思うと、個人が自己の財産だからというても、国家、社会の自然的援助に酬《むく》ゆるところがなくてはならぬ。

それであるから国家、社会のためには、あるいは全財産でも、ないしは一部たりとも、分相応《ぶんそうおう》にその富を割《さ》いてやらねばならぬ。即ち公共のために[356]義捐《ぎえん》するのもその一方法である。私は思うに、総ての人の寄付行為はかかる見地からして行なわせたいものである。私が今回、百万円の金を割いて施療費のうちへ差し加えたの

---

353 隗より始めんは、大事業をするには、まず身近なことから始めよ、自分から始めよという意の中国の故事。隗は中国の戦国時代の燕《えん》国の有能な士。
354 日清、日露の二大戦役は、日本と清国との間の主に朝鮮半島の支配権をめぐる明治二七～二八（一八九四～九五）年の戦争と、日本とロシアとの間の主に朝鮮半島と中国東北部の支配権をめぐる明治三七～三八（一九〇四～〇五）年の戦争。
355 開明は、人間の知識が進み、文化が発展するさま。
356 義捐は、慈善・公益のための寄付。

も、平生《へいぜい》の(357)素志《そし》を実行したいのである。故に私は、「富の永久的独占は不当である」と信じているが、世の富者はよくこの辺を考えなければならないのである。

357 素志は、常に抱いている志。

第二編　国民致富策

国民の元気

惰気《だき》(1)に満ちたる現今の青年

近年、個人の修養とか元気とかいうことがしきりに論ぜられるようだが、私はさらに一歩を進めて、「国家の修養」もしくは「国民の元気」ということをしきりに考えている。個人の修養が自《みずか》ら国家の修養となり、個人の元気が随《したが》って国家の元気となるので、問題はかれこれ自然相《あい》連絡しているが、観察の地点は自《おの》ずから違う。もし我が国の現在に元気がないというたら、これを否定する人が幾らも出るだろう。しかしながら現在の青年に惰気、慢気(2)が横溢《おういつ》(3)していると断言しても、これを不思議がらぬ人は沢山あるだろうと思う。ここが問題である。私は今日の青年が意気振るわずして意気地のないことを弱々しき生活難の嘆声裡《たんせいり》(4)に認むるので、

1　惰気は、なまけ心。
2　慢気は、思い上がった気持ち。
3　横溢は、みなぎり、溢《あふ》れるさま。
4　嘆声裡には、なげき、ため息をしての意。

心外千万に思っているが、こういう有様では将来の我が国民の元気をドウするか。(5)

近頃は英国辺《あた》りでもこういう問題が識者の口に上《のぼ》るようになり、しきりに英国の元気ということが論ぜられている。英国の何とかいう学者が、ことに国家に元気がなくなったという点を強く主張して、英国も今においてこういう体《てい》たらくでは仕方がないと警鐘を乱打し始めた。大英国民が個人としては勤勉で、かつ大々的気力に満ちているにもかかわらず、その一般社会がもはや老い込んだとは、よく人々の視察して帰るところであるが、とにかく英帝国のごときは、かつては真っ黒になって働いた元気の国である。私が最初の洋行に(7)アデンに立ち寄って感心したことは、アンナ所にも英人が勇を揮《ふる》って出かけている元気を見た一事《いちじ》であった。この他ある者は印度に大活動を試み、ある者は(8)南阿《なんあ》に出かけて、(9)遊逸《ゆういつ》の生活を棄て、奮闘をする。

国民は一人として弱々しい音《ね》を吐いていた者がない。英国が今日の大をなしたのはこの元気によったのである。無一物の壮者が真っ黒になって汗を流して働き続けた結果である。かつてはこういう時代もあったのに、今のように老《お》い込んでは国家の前途をドウすると、ここに気づいた識者がこの問題に注目し出したのである。これはすこぶる有用の警鐘といわねばならぬ。進歩、発達の一日も止《とど》まらぬ大英帝国すでに(10)しかりとせば、

(6) 体

5 心外千万は、思いもよらないことで、遺憾に思うこと。
6 体たらくは、好ましくなく、ほめられない状態。
7 アデンは、アラビア半島南端の港湾都市。インド洋から紅海に入るところにある。明治五～六（一八七二～七三）年の最初の洋行にアデンに立ち寄ったというのは大倉喜八郎の思い違いで、明治一七～一八（一八八四～八五）年の二度目の洋行のときと思われる。
8 南阿は、南アフリカ。
9 遊逸は、やるべきことをせず、遊んで暮らすこと。
10 しかりは、その通りの意。

後進の我が国がいかに元気をもって奮進せざるべからざるやは明白である。我々が活気に充ちて働かねばならぬのは吾々個人のためのみならず、国家をしてますます強《きょう》、かつ大ならしむるゆえんである。

なに故にかくまでも意気地《いくじ》無きか

働くことについて、私はこういう考えを持っている。元来、吾々人間も動物であるからには、ジッとしていることを許されぬ。そこで活動に継ぐに活動をもってし、日々《にちにち》働き続けることが健康上にも可《い》いのである。私もこの見解をもって今日に至るまで働き続けたが、今日の青年にはこの働くという第一義が全然[(11)]没却されているようだ。いわゆる生活難の弱々しい嘆声もこの働くことを避けたがる結果である。人間は働くべく約束されて出来ているものを、体裁《ていさい》とか横着《おうちゃく》とか無情《ぶしょう》とかいう下《くだ》らぬ見得《みえ》、または精神的の堕落によって、この約束を破滅せんとするのははなはだ心得ぬ次第だ。

人間は働きさえすれば食うだけのものはチャンと与えられるように出来ている。労働は極めて神聖であるというが、この点ははなはだ動物的である。国家は伸長し個人は活動すべきときに当たって、青年が徒《いたずら》に[(12)]引っ込み思案《じあん》となり、奉公口の奔走に[(13)]日《ひ》もこれ足らず、俸給の多少に全身の喜憂《きゆう》をかけるようでは、現今の時勢に一歩は愚か、二歩も三歩も遅れている始末となる。私が今、国家の元気という一事《いちじ》をもって青年を[(14)]警醒《けいせい》せ

11　没却は、捨て去って、念頭におかないこと。
12　引っ込み思案は、積極的に人前に出たり、自分から行動を起こすことができないこと。
13　日もこれ足らずは、朝から夜まで一日中かかってもなお時間が足りないさま。
14　警醒は、警告を発して、人の迷いをさますこと。

んとするものは、彼らの現状が自身の苦悶たるに止《とど》まらず、時勢の要求に二歩も三歩も遅れているが故である。喜八郎が今日、我が国の社会に提供せんとする問題はまずもってこの一要件である。

なに故に日本人は血色が悪いか

これはただに青年のみならず老人にもまたしかりとする。私は自体《じたい》の利《き》く間は、イツまでもこの通りに働くつもりである。今の時勢はそうノンキに浮々《うかうか》していられる時勢ではない。各国の形勢を見ても、決して浮々していることは出来ぬ。働けるだけは働けというのが私の主義とも理想ともいえる。この主義から、この老齢でも先頃は満洲まで出かけた[15]次第である。同じ日本人でも朝鮮などにおける殖民地では第一、元気からして違う。私は当時、安東県[16]で土地在住の人々から、まず小学校でも見物してくれといわれたので出かけてみたが、アノ辺の小学校では子供の顔色からして違う。これは大いに意を強うするに足るわいと思ってよく見ると、総ての子供がどれもこれも北海道の林檎《りんご》のような頬《ほお》をしているのに驚いた。日本の内地[17]では子供まで血色が衰えて元気がなく、蒼《あお》白く萎《な》えているが、殖民地に出かけるほどの人々は全身活気に充ち、身体もまた強壮であるから、随《したが》ってその子供などもかくのごとく好《よ》い血色をして、見るからに元気が充満しているのだなと考えた。もちろんよく聞くとそればかりでもなく、食物なども大いに関係しているということであった。なにぶん朝

15　満洲まで出かけたは、明治四〇（一九〇七）年六月、中国東北部（満洲）への訪問をさす。
16　安東県は、鴨緑江《おうりょくこう》（後出86頁）をはさんで朝鮮に接する中国の河口都市。現在は丹東と改称。
17　日本の内地は、ここでは、現在の日本の領域をさす。北海道に対し、本州などを内地と称する場合があるが、ここでは、そうではない。

鮮などでは支那人[18]と同様、始終豚肉などの滋養物をコテコテ[19]と料理して食膳《しょくぜん》に上《のぼ》しているから、生活に追われて野菜などを主食としている内地の青白い子供とは天地雲泥《うんでい》[20]の差の子供が出来たのだろうと思う。ここに至っても、やはり動物的にやるのが可《よ》いのである。大いに働いて大いに食えだ。国家の元気はこういう要素から成り立つのである。隠居とか何とか体裁のよいことも各国の形勢上、当分止めるがよい。小成《しょうせい》[21]に安んずる国ならば汗を流す人々が出なくとも宜《よろ》しいが、いやしくも大成[22]を希《こいねが》う国ならば真っ黒になって汗を流す人々が出なければならぬ。そうでなくとも人間は生まれてから死ぬまで働くように出来てあるのである。これ吾々に元気がなくてはならぬゆえんである。

18　支那人は、中国人。支那の語源は中国古代の秦《しん》王朝の秦の音に由来し、江戸時代から中国に対する呼称として次第に普及。辛亥《しんがい》革命後に正式国号が中華民国になった後も、日本政府は支那（共和国）と呼ぶことに決め、日中両国間で紛議が続いたが、日本国内では第二次世界大戦後まで一般に通用。
19　コテコテは、度をこえて濃厚なさま。
20　天地雲泥の差は、たいへん大きな違い。
21　小成に安んずるは、わずかばかりの成果に満足するの意。
22　大成は、立派に作り上げること。

真の幸福は富と人爵の以外にあり

金と幸福とは全く別物

およそ人間の(23)器量というものには自《おの》ずから一定の限度があって、いかに君子でも豪傑でも、ないし富豪でも、この限度を超えては何事をもなすことは出来ない。換言すれば各人、各自の力以上のことは出来ないものである。だから人間界の幸福とか仕合《しあわ》せとかいうことも、自分の力一杯のうちで自《みずか》らこれを作ればよし、さもなければ決して外物《がいぶつ》からこれを得ることは出来ないのである。「巨万の富を積んだ人生の幸福は自《おの》ずからそれに伴なうだろう」とは自分のしばしば耳にする質問である。ならば、富と幸福とは全然別物であるように思う。いかに巨万の富を積んだところで自《みずか》らその境地に満足し、常に心底《しんてい》から天命を楽しまなかったならば、富は何らの幸福をもたらすものではない。

これに反して、衣《ころも》は僅かに寒暑を凌《しの》ぐに足り、食は僅かに口腹《こうふく》を充《み》たすに足るくらいの程度の人でも、その境遇に満足し天命を楽しむにおいては、たとえ富の方面には不足を告《つ》げても、幸福を感ずることはこの上もないと思う。「人生は(24)朝露《ちょうろ》のごとく、(25)電光のごとし」と古人もいったが、実にこの世の中は今日あって明日を知らぬ習《なら》いである。今の今まで健《すこや》かでいても、次の瞬間には死んでしまっているかも知れぬ。かく頼みなき世

---

23 器量は、才能、能力。
24 朝露は、はかないさま。日が出るとたちまち消えてしまうことによる。
25 電光は、はかないさま。稲妻《いなずま》のように一瞬であることによる。電光朝露は、稲妻や朝露のごとく、人生のはかないことの形容。

の中に生を享《う》けていながら、限りなく不平不満を鳴らしてみたところで仕方がない。何でも短い世の中であるから、この貴ぶべき時間をなるべく楽しみ過ごすようにする。即ちその時々の境遇に満足して心から楽しんでゆけば、それが人生の最大幸福である。

諸行無常[26]は宇宙の大法《たいほう》[27]

宇宙における森羅万象[28]の一時《いちじ》も小止《こや》みなく変化しつつあることは、例えば車輪の回転するようなもので、お互いにこう相対して話し合っている間にも、この変化は時々刻々に行なわれている。これが宇宙の動かすべからざる大法で、印度哲学のいわゆる「諸行無常」とは、即ちここを指したものである。この広大無辺[29]の大勢力は人間の力では如何《いかん》ともすることが出来ない。老《とし》って死ぬる者があるかと思えば、一方では孩児《あかご》が生まれる。今日何事か発明して社会を驚かしたかと思えば、明日はそれに代るべきいっそうの大発明が現われる。かくのごとくにして千変万化[30]、ほとんど止むときなき社会現象のうちに吾々は生きているのである。社会の背景がすでにそうした次第であるから、ひとり吾々ばかりがこの変化を受けずにおるわけにはいかない。

自分の富を万代《ばんだい》に伝えたいと希《こいねが》わぬ者は一人もなかろうが、それが万代に伝わった例《ためし》のないのは、手っ取り

26　諸行無常は、この世のすべてのものは常に変化し、少しの間も同じでないという仏教の根本思想。
27　大法は、厳重な定め。
28　森羅万象は、天地に存在する総てのもの。
29　広大無辺は、果てしなく広く大きいさま。
30　千変万化は、さまざまに変化すること。

早くこの変化の事実を証明するものではないか。三井[31]でも、岩崎[32]でも、今後幾十代の後まであのままに持続され得るかということは、ちょっと疑問で、かく申す吾々を始め、この資産がどんなことで明日にも亡《ほろ》びぬとは限らぬ。もし富のごとき外物《がいぶつ》を幸福の根源としているような人あらば、そうした場合に際会[33]すれば、たちまちその幸福を奪い去られてしまわなければならぬ。かかる場合に当たっても、ただ「有」が「無」に帰したくらいにしか思わないから、心には依然として満足がある。「有」が「無」に帰し、「無」が「有」に変ずるのは世の常で、あえて不思議でも何でもない。もしそれについて一々喜怒哀楽の情を起こしていたならば、ほとんど際限がないのである。

真の幸福はここにあり

自分の見るところをもってすれば、幸福の第一は、健康である。いかに巨万の富を積めばとて、いかに位人臣《くらいじんしん》[34]を極むればとて、第一の要素たる健康がなかったならば、何でこの世の中が幸福であろう。身体が健全なればこそ富も位も幸福の補助となるのである。第二に、自分は日本人に生まれたのが何よりの幸福であると思う。もしこれが朝鮮か支那にでも生まれたらどうであろう、考えただけでも厭になる。日本は健全なる帝

31 三井は、三井財閥の三井家。一一家からなり、江戸時代から大きな両替商・呉服屋、明治末期に財閥資本に発展。
32 岩崎は、三菱財閥の岩崎家。土佐藩出身の岩崎弥太郎（天保五（一八三四）〜明治一八（一八八五）年）が創業者。明治政府の保護を得て海運業を独占した後、三井に次ぐ規模の財閥資本となる。
33 際会は、思いがけずに出合うこと。
34 位人臣を極むればは、臣下として最高の位につけばの意。

国で、しかも世界無比の連綿たる皇統(35)を上《かみ》に頂き、地味(36)は豊沃(37)《ほうよく》、天産は富裕、歳《とし》に四季の序《じょ》あり、春夏秋冬それぞれにいうべからざる楽しみがある。こう考えてみると、吾々が幸いにしてこの日本に生まるることを得たのは、実に天の非常なる寵遇(38)《ちょうぐう》といわなければならぬ。もしこれが外《そと》には祖先以来の国土を侵蝕《しんしょく》され、内には文明の空気を思い切って呼吸することも出来ず、蠢爾(39)《しゅんじ》として世界の嘲弄(40)《ちょうろう》に甘んじなければならぬという国に生まれたならば、その不幸はいかばかりであろうか。

額《ひたい》の汗を口に食う主義(41)

若いときから今日までのことを回想してみると、自分の一身には随分幾多の波瀾《はらん》があった。極貧の味も随分嘗《な》めてみたが、しかしそういう境遇に処しても自分はかつて悲観したことがない。常にその境遇に満足し、かつ楽しんでいた。即ち天が何らかの意志あって自分をこうして下さるのだから、人間たる凡俗(42)の吾々風情《ふぜい》がどう思ったところが仕方がない。ただ現在の境遇を楽しみつつ奮闘するに限るとのみ考えていた。それ故どん

35 皇統は、天皇の血統。
36 地味は、土地の生産力からみた質のよしあし。
37 豊沃は、土地が良く肥《こ》えているさま。
38 寵遇は、目をかけて特別にあつかうこと。
39 蠢爾は、取るに足りない者たちが、うようよと集まり騒ぐさま。小さな虫がうごめくさまから転じて。
40 嘲弄は、あざけり、からかうこと。
41 額の汗を口に食うは、懸命に努力して生活するの意。
42 凡俗は、ありふれて、取りえのないこと。

な貧乏時代に処しても、自分の(43)胸底《きょうてい》には常に春風《しゅんぷう》が吹いていた。

およそ人間として生をこの世に享《う》けてきた以上、日々の衣食住くらいの出来ないはずはない。昆虫鳥魚のごときものすらも何とかして生きて行くことを思えば、万物の霊長と自ら高慢ぶる人間が、食うに困るということを口にされた義理ではあるまいと思う。こう考えると人間は大いに働かねばならなくなる。その働く結果として富は自然に向こうからやってくるので、真の幸福はその働くうちにある。幸福を得てしまった渣滓《かす》、楽しんでしまった渣滓が富なので、富があるから幸福がくるというわけではない。総《そう》じて人間は自分の額の汗を口に食うというのが動かすべからざるこの世の中の原則だろうと思う。しかるに今の青年にはややもすれば、自分の額の汗を食わずに、居《い》ながらにして他人の額《ひたい》の汗を嘗《な》めようと考えている者が多いようである。心得違いもはなはだしいといわなければならぬ。

世人より受くる誤解を意とするなかれ

人の真価値は(44)蓋棺《がいかん》の後にあり

世間には、私が資本家として、また企業家として、出来得る力を挙げて一部の人々のために生活の途《みち》を授け

43　胸底は、心・胸の奥。
44　蓋棺は、人の死。棺《ひつぎ》にふたをすることから。

て、飯を食うのに差し支《つか》えがない相当の職業を持たしているのにもかかわらず、私の真意を知っているものが少ないのである。イヤ恐らくは知っていないのであろう。知っていないから時としてはずいぶん酷《ひど》く私の(45)心事を誤解して、私に向かって攻撃の矢を向けたものもあったのである。しかしながら私は資本家として、または企業家として世に立つ以上は、ずいぶんと非難もされ誤解を受けるものであるということを覚悟しているから、いつでも、「人間の真価は棺を蓋《おお》うた後でなければとうてい解《わ》かるものではない」と済ましているのである。なお私は、「百年の後に真個《ほんとう》の知己《ちき》を得れば宜《よろ》しい」と覚悟して、世間の毀誉褒貶《きよほうへん》にはいっさい頓着せないことにしている。

ただ私は、自己の良心の指図《さしず》するところに基づいて、自ら警《いまし》め、自ら(46)督励《とくれい》するとともに、高遠なところに一つの目標を選定しておいて、(47)一意専心もってその目標に向かって邁往勇進《まいおうゆうしん》することにしているのである。そしてこの目的に向かって進むことを怠らないように心がけて、今日に至るまで、なお一秒時《じ》たりとも(48)閑却したことはない。これあるが故に自己の確信を断行すべく、この七十五歳の老軀を駆《か》って、壮年のものと一緒になって日々活動をしているのである。誰が見ても七十歳以上の高齢でありながら、自ら陣頭に立っていわゆ

45 心事は、心に思っていることがら。
46 督励は、監督し励ますこと。
47 一意専心は、一つのことに心を集中させること。
48 閑却は、いい加減にほうっておくこと。

る経済戦争の裡《うち》に(49)馳駆《ちく》し、(50)千軍万馬の間を来往するのは不思議なようである。それであるから(51)世間不明の徒輩は、私を称して「ヤァ余計な世話を焼いている」とか、あるいは「欲張り過ぎている」とか、詰《つま》らぬ非難をしているが、それはこんな批評をする人は真に情けない人達といわねばならぬ。

それかくのごとく、他人の批評とか、非難というものは皆、詰らぬものであるから、それに一々(52)頓着するようでは決して何事も出来ないし、かつ自己の所信を断行することが出来ぬものである。しかしこれらの非難とか、世人の有する誤解というのは独《ひと》り利害関係上のみでなく、各人の主義とか(53)処世上の(54)所信によって相《あい》異なるものであるから、実に仕方がないものといわねばならぬのである。だからこれら世人のいうた言葉などには頓着せず、単に自己の良心の指図に従うということにせなければならぬのである。非難はいずれのとき、いずれの人もとうてい免るることは出来ない。

誤解を受けたる(55)シーザー

この世人の批評や攻撃を受けた人は古来、幾人もある。ただそのうちの一つ二つを挙げてみようか。昔時《むかし》、

49 馳駆は、あれこれと力を尽くすこと。
50 千軍万馬は、たくさんの兵と馬、多くの戦場。
51 世間不明のは、世の中を知らない、見抜けないの意。
52 頓着は、気にすること。
53 処世上は、生きて行く上での意。
54 所信は、考え、信念。
55 シーザーは、紀元前一〇〇頃～四四年、古代ローマの政治家・軍人。カエサル Caesar の英語読み。終身独裁官となるが共和主義者に暗殺される。

羅馬人《ローマ》は(56)プルタークのシーザーを非難する言葉を聞いて、軽率にもこの非難を実際のことと信じ、羅馬人は口を揃えてシーザーを攻撃したのである。曰く、「シーザーは何たる横暴極まる圧制王であろう」と、一斉にシーザーを憎んだのである。(57)啻《ただ》にシーザーを憎悪したばかりでなく、機会だにあらば彼を排斥しようとまで思ったではないか。ところがシーザーの死後、(58)ムーク・アントニーの遺言《いげん》が発表せらるるや、そのシーザーの政策の真相が分明になって、以前シーザーを憎んだ羅馬人が、排斥しようとまで思うたものはいかがであったか。

後の今日に至りてもなお、人々の頭脳に刻まれてある通り、羅馬人は皆、(59)前日の(60)不心得《ふこころえ》であったことを後悔したのではないか。その(61)懺悔《ざんげ》も普通の懺悔でなくして、羅馬人は、「嗚呼《ああ》、シーザーはかかる(62)寛仁《かんじん》、慈悲の心に富んでおった人であったか。それとは知らないで今日まで悪いように誤解したのは誠に済まなかった」と、いずれもその生前のことをば追懐して感慨の涙に咽《むせ》んだというではないか。さればかの有名な(63)シェクスピアも、かつて彼の遺言を評して、「シーザーは生前その国家に貢献したるところはなはだ莫大なるにもかかわらず、死後またその所有財産いっさいを挙げて悉《ことごと》くこれを公共の用に供したるは、実に(64)嘆賞するに余りが

56 プルタークは、紀元四六あるいは四八頃～一二七年頃、古代ローマのギリシャ人の著述家。プルタルコス Plutarchus の英語名。著書『対比列伝』（英雄伝）が著名。
57 啻には、単にの意。
58 ムーク・アントニーは、紀元前八二または八三～三〇年、古代ローマの政治家・軍人。マルクス・アントニウス Marcus Antonius のこと。
59 前日は、以前のある日。
60 不心得は、心がけが良くないこと。
61 懺悔は、罪をくいて、許しを請うの意。仏教用語。
62 寛仁は、心が広く、情け深いこと。
63 シェクスピアは、一五六四～一六一六年、ウィリアム・シェイクスピア Wiliam Shakespeare。イギリスの著名な詩人・劇作家。
64 嘆賞は、感心してほめること。

ある」と讃美しているのである。

誤解に対しては超然たれ

シーザーは、その誤解を受けた人のうちの一人である。かように誤解された人士は、古今東西その例に乏しくないのである。それで私が世間の人々から種々様々と非難をされたり、誤解を招くからというて、すぐシーザーのごとき偉人と一様にすることは出来ないが、ともかくも世間から受くる誤解は自信をもって打ち消さなければならぬ。私は元来の凡骨《ぼんこつ》(65)であるが、誤解をこうむるときはいつでもかような決心をもってその誤解に接しているのである。今日の青年諸君もまた、かような心がけを持っておらねばならぬ。なおかつ英国の(66)セシル・ローズのような牢《ろう》(67)として動かすことの出来ぬ堅い強固な意思を手本として、世に処さなければならぬ。もしも世人の誤解と非難を恐れてその誤解を解《と》いたり、非難を受けぬようにと思うたならば、それこそ自己を没却してゆかなければならぬ。いやしくも自己を覚《さと》り、自己の主義に則《のっと》りて世に処していこうとするには、是非とも世人からくる毀誉褒貶《きよほうへん》に(68)超然として自己の所信に向かって突進すべきものである。

65 凡骨は、平凡でとりえのない人。
66 セシル・ローズは、一八五三～一九〇二年、セシル・ジョン・ローズ Cecil John Rhodes、イギリスの植民地政治家。ダイヤモンド採掘で莫大な富を得て、南アフリカの政治・経済の実験をにぎり、後にケープ植民地の首相となる。
67 牢としては、固く、しっかりしての意。
68 超然は、平然として、自分の独自の立場をとるさま。

惰民を救うが慈善に非ず

貧民、即ち(69)惰民

名は忘れたが仏蘭西《フランス》のある富豪が慈善事業に志を起こし、まず貧民社会の事情を知らんがために、自ら乞食《こじき》に扮装してその一群に身を投じた。ところが意外にも乞食の生活はたいがい裕福で、貰うては食い、食うては眠り、一つとして不幸というものは見当たらない。ことに中には多大の貯金をしておる者もあり、それを資本に金貸しをして大いに裕福を誇っている(70)輩《はい》もあるというので、その富豪もことの外驚き、これはとんでもないことだ、彼らを恤《あわ》れむなどということはかえって惰民を養成するようなものであるといって、ついに慈善の念を絶ち、貧民慈善の代りに教育事業に金を投じたということである。

慈善には大反対

実は私もかねて思っていることである。(71)全体、慈善慈善というて貧民を(72)賑《にぎ》わそうということは悪いことではないけれども、それがかえって惰民を養うことになるからはなはだ心許《もと》ない。私が維新前、下谷《したや》上野町に

69 惰民は、なまけが原因となった貧困者。
70 輩は、連中。
71 全体は、もともと、もとよりの意。
72 賑わそうは、施して豊かにするの意。

小さな魚屋を開いたころ、飢饉で[73]お救米《すくいまい》を下さるという沙汰があったが、私は貧乏はしてもまだこの腕がある以上は断じてお救米などを貰うようではないといってキッパリ断った。ところが長屋中の[74]甲乙《だれかれ》は[75]赤貧《せきひん》でもない身分をしながら、貰わぬが損といって貧民の中に交わり、笊《ざる》や嚢《ふくろ》を提《ひっさ》げて貰いに行ったのを見て、私は人情の浅ましさを歎じたことがある。慈善ということもやり方次第では人を益し、世を利することになるが、まあたいていこんなお施米同様、人に依頼心を起こさせ、独立して飯を食う精神を鈍らせるようになるから、私はそういう慈善主義には昔から反対しているのである。

独立心を鈍らす慈善

もし人の独立心を鈍らすような金の使い方をしたなら、その金は人を毒するものであって、その慈善行為は人を禍《わざわい》に導くに外ならぬ。仏国の富豪が乞食の不幸を救わんと欲して、まずその群《むれ》に投じ、彼らがいかなることを訴えているかを見んとしたところが、何ぞ図らん、彼らは他人の汗を絞った金で衣食し、贅沢な生活を営んでいるのを見たではないか。故に私は真個《まこと》の慈善は貧者に金を与うるにあらずして、独立の生活を与うるにありと信じている。独立の生活を与うるには独立の職業を与うるにありと信じている。独立の職業を与うるにはまず彼らを教育するにありと信じている。即ち青年を教育するということは国内の惰民《だみん》を減少し、一国の繁栄を来たすべき最大の慈善事業と信じているのである。

73　お救米は、火災・飢饉などのさいに、罹災《りさい》民に与えられる米など。
74　甲乙は、誰と限らず総ての人。
75　赤貧は、ひどい貧乏。

慈善事業の種類

慈善事業にも消極的と積極的との二つがある。真《まこと》に不幸なる境遇にいる貧民に金品を与えるということは消極的の慈善事業であるが、打ち棄てておけば貧民となるべきものを貧民にならぬよう、新しき教育を施してやるということは、即ち積極的慈善事業ではあるまいか。私の慈善主義は即ちこの積極的にあるのである。この主義からして、私は明治三十一年、私の還暦祝いと私夫妻の(76)銀婚祝いとを紀念に(77)大倉商業学校を創立することになった。

そのとき私はこう思った。自分も十八のとき郷里を出て、六十一になるまで随分苦労して金を作ったが、世間の例を見るに、子孫のために(78)美田を買うておくと、その子孫は父祖の(79)恩沢《おんたく》に狃《な》れて(80)遊蕩三昧《ゆうとうざんまい》に耽《ふけ》り、碌《ろく》なものにはならぬ。これは要するに子孫が独立して飯を食うということを知らぬからである。その罪もとより子孫にもあるが、主として資産をただで渡す父祖なるものが悪い。子孫にして、もし富を欲しくば自分で働いて取るがよい。私はこの財産を子孫に譲ろうとは思わない。生きているうちに、思う存分、事業に投じて国運の発展に資し、余力を公共事業に注いで元の(81)赤裸《あかはだか》で死ぬる覚悟であると思うたから、幸い還暦にも中《あた》るし、

76 銀婚祝いは、結婚後、二五年たった祝い。
77 大倉商業学校は、大倉喜八郎が明治三一（一八九八）年に発意し、二年後に開校した学校。大倉高等商業学校、大倉経済専門学校をへて、現在の東京経済大学。
78 美田は、地味のよく肥えた田地。
79 恩沢に狃れては、おかげ・めぐみに慣れ親しんでの意。
80 遊蕩三昧は、酒や女遊びにふけること。
81 赤裸は、家財などがないさま。すっぱだかから転じて。せきら。

銀婚にも当たっているから、そこで第一着手として大倉商業学校を開いたのである。

開校当時は資金一年に十万円ずつ、六十五歳まで五十万円を支出することとし、これを実行したが、今では(82)大阪の大倉商業学校、(83)京城《けいじょう》の善隣商業学校を合わせて約百万円の資産が投ぜられている。私の教育方針は理論に巧みな人を作るよりも、実際に長ずる人を養うにある。故に教科目も教師も出来る限り実際主義を主とし、各般の設備も(84)斬新を追うて後《おく》れないようにしている。先頃、開校十年記念式を挙行したときの現在生徒が八百六十四名で、十年間の卒業生合計七百八十九名に達している。(85)端《はし》から端を旅行すると、私の学校出身者が尋《たず》ねてくれるのを見るごとに、自分の微力で養成した子供が四方に散在して、独立の生活をなし、国家の役に立っているかと思うと誠に愉快に堪えないのである。

82 大阪の大倉商業学校は、大倉喜八郎が明治四〇（一九〇七）年に創立した学校。後の昭和二三（一九四八）年、関西商工学校と合併して関西大倉学園となり、現存。

83 京城の善隣商業学校は、大倉喜八郎が明治四〇（一九〇七）年、韓国の漢城（現ソウル）に創立した学校。一八九九年に設立された官立商工学校が前身ともされる。第二次大戦後、私立からソウル市立学校に変わり、後に善隣インターネット高校に改称し、現存。京城は、現在の韓国ソウルのことで、日本による朝鮮併合後に、漢城から改称された地名。

84 斬新を追うは、きわだって新しい趣向・発想などを追い求めるの意。

85 端から端は、至る所。

実業教育の弊《へい》

学校教師の態度にあり

空理空論を説いているのは何のためにもならぬのだ。そこで即ち実際における諸般の活動は、今日の商業学校もしくは他の学校より出身せる人々について、私はこれに重きをおかぬ所以《ゆえん》である。私は彼らは確かに学あり識《しき》あることはこれを認めている。しかしながら商戦場裡《じょうり》に出馬して成算ありや。私は口の人[86]よりも手の人[87]を出《いだ》さんことを願うのである。しばらく学校出の人々について私の見るところをいおうか。

その第一は、広いけれども浅しであって、少しも深遠の特長あるものがない。故に議論をさせれば、人一人《ひといちにん》前《まえ》は語るが、さてそれをやってみせよというと少しも出来ないのである。かつ進取の気象に乏しく、独立独歩の気概がない。これ即ち頭脳の片々たる年少時代において、猥《みだ》りに[88]叱咤《しった》[89]苦学せしめたるによるであろう。これを例《れい》せば、過度の食物を胃に下《くだ》したようなもので、胃もこれを消化することが出来ず、ついに胃を害し、腸を傷つけたと等しいのである。で、学校も私はあまりに科目が多くして、まるで学者を造るような組織制度であると思う。

86 口の人は、弁のたつ人、話すのがうまい人。
87 手の人は、実際に行なうことが出来る人。
88 猥りには、度を越しての意。
89 叱咤は、大声をあげてしかりつける、しかりつけるように励ますこと。

空想家多き弊あり

第二は、私が先ごろ(90)熊沢蕃山《くまざわばんざん》の著書を読んだが、中にこういうことをいっている。「屋内に兎《うさぎ》の足跡を認む。即ちこれを尋《たず》ねて兎を獲《え》んことを計《はか》る」云々《うんぬん》。これ今の教育の弊を指したものであるまいか。兎を獲んとせば必ず山に行かねばならぬ。屋内にその足跡を尋ねて得るところあるだろうか。しかるに今の教育なるものはかえってこれを奨励するの風がある。ここにおいてか、空想に馳《は》せ、実用に遠ざかるというようになるのである。

第三には、(91)文弱に流るるの弊がある。思うに我が国の現状は屋内に兎を獲《え》ざるばかりでなく、山に尋ぬるも、恐らくこれを獲ざる有様である。故にこれを獲んと欲すれば、ただ海外あるのみである。試みに我が人口を数えてみよ。非常の速力をもって増加し、年々四、五十万を下らざるの有様である。これ即ち大いに海外に食を求むべきゆえんである。けれども海外にもまた人があるので、勢いこれと競争をしなければならぬ。ここにおいてか忍耐と能力との必要をみるのである。しかるに学校出身の人は果してこれに耐ゆることを得《う》るか。私は先に台湾、(92)八重山並びに南洋諸島にこれら出身者をして幾多の事業を経営せしめたが、不幸にして悉《ことごと》く失敗したのである。しかしてその原因について見るに、

(イ) 身体(93)羸弱《るいじゃく》にして海外の風土に堪えざること。

(ロ) 困難に耐ゆるの勇気なくして徒《いたずら》に懐土《かいど》望郷の念あること。

---

90 熊沢蕃山は、元和五（一六一九）～元禄四（一六九一）年、江戸時代初期の陽明学者。

91 文弱は、学問・芸事にばかりふけっていて弱々しいさま。

92 八重山は、沖縄県の八重山諸島。明治三二（一八九九）年、大倉組が八重山諸島の中で最大の西表島《いりおもて》で、前年に廃坑となった炭鉱の再採掘に取り組んだ。

93 羸弱は、からだが弱いさま。

(ハ)　持久忍耐の力に乏しきこと。

などである。

異境に威力を振う醜業婦《しゅうぎょうふ》[94]

風土の変化、たちまち健康を損するがごときは果して何の理由であるか。しかして些少《さしょう》の困難あっても、たちまち故郷のことを思って事業の失敗を意に介せないというのは何のためであるか。これ確かに事業に忠実なる思想乏しくして、虚利虚栄[95]を夢見ているためではあるまいか。しかもこれらの原因たるや、皆、教育の不良に基づくのであって、過度の難科目を鵜呑《うのみ》的に嚥下《えんげ》[96]せしめて、その消化と否とを問わざるがごときは、ついにその身体をして衰弱ならしめ、果ては風土の変化に堪《た》うるの力なきに至らしむるのである。すでに身体が虚弱である以上はどうして勇気のあるわけがあろうか。しかるに神経のみ徒《いたづら》に過敏であって空想に耽《ふけ》ることを楽しみ、しかして手は一握《ひとつかみ》の土を培《つちか》うに足らず、ついに内地居住の快楽を羨《うらや》みて乞食[97]となるも内地にいることを望むに至るのである。

諸君、我が民族は果してかかる羸弱《るいじゃく》なる体質を持っているのであろうか。我が民族は果してかかる勇気なき遺伝を帯びているのであろうか。もし先天的であるとすれば致し方ないが、しかも祖先は遠く暹羅《しゃむ》[98]に

94　醜業婦は、売春婦。
95　虚利虚栄は、外見を飾って、働きもないのに、自分を実際以上に見せようとすること。
96　嚥下は、食べ物を飲み込むことだが、ここでは、理解もせずに取り入れる意。
97　乞食は、他人に物乞いをして生活する者。
98　暹羅は、タイ王国の前名であるシャムに当てた漢字表記。

(99)国王たることがあったではないか。(100)東亜大陸を震動せしめたことがあったではないか。否、過去の歴史のみならず、目下(101)醜業婦の遠征は果してどうか。その業の正否はしばらくこれを論じない。とにかく彼らは新嘉坡《シンガポール》、亜丁《アデン》より(102)スエズを超えて、遠く異風土の地にその(103)驕暴《きょうぼう》を逞《たくま》しゅうしているではないか。ことにはなはだしきは三年に一回の降雨もなき地方に入りてよく健康を保っているではないか。(104)繊弱《せんじゃく》(105)巾幗《きんこく》の身をもって(106)仇《あだ》し(107)仇波《あだなみ》(108)緑眼《りょくがん》(109)髯児《ぜんじ》の(110)敵手となり、あるいは(111)黒奴《こくど》(112)厚唇《こうしん》の輩《はい》にも恐怖せずに、その妖術を逞《たくま》しゅうするがごときは、その体格と勇気、あえて我が民族の(113)怯懦《きょうだ》ならざるを示すものではないか。巾幗《きんこく》の身すらすでにしかり。我が学校出身のものにおいて、羸弱怯懦なるを見るはどういうわけであろう。私は教育の不良に存するものとせざるを得ないのである。

---

99 国王たることは、山田長政《ながまさ》（天正一八（一五九〇）頃～寛永七年（一六三〇年））のことと思われる。シャムの高官になり、王女と結婚したとの伝説があるが、国王になったことはない。

100 東亜大陸を震動せしめたは、東アジアで活動した倭寇《わこう》などをさしているものと思われる。

101 醜業婦の遠征は、売春婦として遠くへ行くこと。

102 スエズは、エジプトの運河のある場所。

103 驕暴を逞しゅうは、この場合は、逞しく業に当たっている、働いていること。

104 繊弱は、弱々しいこと。

105 巾幗は、女性。

106 仇しは、危険なの意。

107 仇波は、思慮深くなく、騒ぎ立てるの意。

108 緑眼は、青い目をした人。

109 髯児は、ヒゲの多い人。

110 敵手は、ここでは、相手の意。

111 黒奴は、黒い肌色の人。

112 厚唇は、くちびるの厚い人。

113 怯濡は、おくびょうなこと。

次男、三男は大いに海外に行け

この点の見地より今日の教育の根本的治療を加えなければならぬと思う。教育の方針を一変し、その課目をなるべく省減《しょうげん》して、もって消化を容易ならしめ、一面には身体の栄養を充分にして、その体健と勇気とを養ない、もって健全快活なる新人物を養成しなければならぬ。ことに(114)優勝劣敗の原則はすでに(115)生産界にも侵入して、今やまさに革命の機運に向かっているのであるから、男子たるもの、長男はしばらく措《お》くとするも、次男、三男のごときは、宜《よろ》しく速やかに海外に出でて衣食の途《みち》を求むるようにしなければならぬ。かくして外は日本民族の勢力発展に供し、内は生産経済の法に適《かな》うを得るのである。

しかるに現今、学校出身者の多くが(116)民吏《みんり》たるを希望するのはどういうわけか。民吏とは近来の熟語であるが、会社もしくは銀行の使用人たるを希望するもの多くして、独力独行、自ら(117)天秤棒《てんびんぼう》を肩にするものなきはなぜであるか。あえて(118)鶏口《けいこう》となるも牛尾となるなかれと(119)唱道するわけではないが、今日の場合においてこ

114 優勝劣敗は、すぐれた者が勝ち、劣っている者が負けること。
115 生産界は、製造業。さらには、経済界のことと思われる。
116 民吏は、安定した職場に勤める人。官吏のような民間人であることから。
117 天秤棒を肩にするものは、両端に重いものをぶら下げて運ぶ棒を担《かつ》いで商売する人。大倉喜八郎は青年時代、天秤棒を担《かつ》ぎ、乾物商売に精を出したことを想起して述べている。
118 鶏口となるも牛尾となるなかれとは、小さい集団でも一番になるほうが、大きな集団の中で下にいるよりも良いという意のことわざ。牛尾ではなく牛後が正しい。なかれは、してはいけないの意。
119 唱道は、人に先立って唱《とな》えること。

の語は最も適当なる警語[120]である。今日において多少成功したる浅野[121]といい、安田[122]といい、及ばずながら私といい、官吏、民吏を希望したことはなかった。官吏、民吏これ老人無能の輩《はい》のなすべきことであって、青春有識の士の強いてなすべきことではない。あるいは官吏、民吏となれば、衣食は目下においてあるいは可ならんも、その将来は果たしてどうか。即ち五年、十年と空しく老いて、ついに活躍の機を失するに至るではないか。すでにここに至っては悔《く》ゆても及ばないのである。しかもこれらの人物の多きは小成に安んずるによるのであるから、私はこの際、すべからく矯正すべきことであろうと思う。

120 警語は、短い巧みな表現で、真理を言い当てている言葉。
121 浅野は、嘉永元(一八四八)~昭和五(一九三〇)年、浅野総一郎。越中(富山)出身で、セメント・鉄鋼・海運業などに関わる浅野財閥の創立者。大倉喜八郎・渋沢栄一との三人で札幌麦酒会社を共同経営。
122 安田は、天保九(一八三八)~大正一〇(一九二一)年、安田善次郎。越中出身で、金融業中心の安田財閥の創立者。大倉喜八郎とは共に丁稚奉公時代からの友人で、安田銀行は大倉組への主要な融資銀行。

第三編　商戦必勝法

臆病と卑怯とは商戦の悪敵なり

一千人の理想が二万七千

私が朝鮮貿易を思い立ち、雑貨を携《たずさ》えて初めて(1)釜山《プサン》に上陸したのは明治九年頃であった。これを路傍に陳列して朝鮮人を相手に売ったものだが、回顧すればそれが三十五年の昔である。その頃の釜山は(2)寂寞《せきばく》たる一(3)寒村で、日本人といえば対州《たいしゅう》人が老幼男女合わせて九十人ばかりであった。そこで私はどうかしてここに一千人くらいの日本人を移住させたいものだと思ったことがあった。しかして(4)先頃(5)満韓漫遊をした際、同地に立ち寄り、居留民が二万七千人、戸籍面に記されていると聞いて、私は予期以上に達したのを大いに喜んだのである。私が明治九年に上陸をした時分、挽臼《ひきうす》より大きな松の大木が数株あって、いずれも三百年以上

1　釜山は、朝鮮南部の最大の港湾都市。近世には対馬宗氏との交易を行なう倭館《わかん》がおかれていた。プサン。
2　寂莫は、ひっそりして、さびしいさま。
3　寒村は、貧しく、さびれた村。
4　先頃は、明治四〇（一九〇七）年六月、あるいは、四三（一九一〇）年四～五月のことと思われる。
5　満韓は、満洲地域（中国東北部）と朝鮮半島のこと。

のもので、定めし松の霊は豊太閤《ほうたいこう》(6)朝鮮征伐(7)の陣立《じんだて》(8)や、加藤(9)、小西(10)らの勇将の俤《おもかげ》を知ってるのであろうと思い、何となく床《ゆか》(11)しく感じたが、今度聞けばその松が電鉄敷設のために伐採せらるるということで、私はヨシ迂回するとも保存をしておいて貰いたいと懇願した次第である。

古人の夢想にだも思わざる壮図《そうと》

安東県へ行っても大いに愉快を感じたのは、世界有数の大河たる鴨緑江《おうりょくこう》(12)に蜿蜒《えんえん》(13)たる大鉄橋(14)が横たわっている。それが日本人の手によりて架設せられたかと思うと、古人の夢想にだも思い及ばざるこの壮図《そうと》(15)が、今日現実にせられ、何ともいい様のない愉快を感じたのである。とりわけて愉快であったのは、安東県の小学生徒の福々と肥《ふと》って色艶《つや》も林檎《りんご》のように良くて、誠に良く発育していることであった。日本内地の小学生徒でさ

6 豊太閤は、天文六（一五三七）～慶長三（一五九八）年、豊臣秀吉。戦国時代から安土桃山時代にかけての武将・大名で、天下統一をなしとげた。
7 朝鮮征伐は、豊臣秀吉による朝鮮出兵。文禄元（一五九二）年に始まり、翌年に休戦した文禄の役と、慶長二（一五九七）年の講和交渉決裂によって再開され、翌年、豊臣秀吉の死をもって終結した慶長の役とを合わせた戦役。文禄・慶長の役とも呼ばれた。戦前は朝鮮征伐と総称されたが、戦後は用いられず、朝鮮出兵が一般的。
8 陣立は、軍勢の配置・編制。
9 加藤は、永禄五（一五六二）～慶長一六（一六一一）年、加藤清正。朝鮮出兵で活躍した肥後熊本藩の初代藩主。
10 小西は、永禄元（一五五八）～慶長五（一六〇〇）年、小西行長。朝鮮出兵で活躍した肥後宇土《うと》城の城主。
11 床しくは、懐かしくの意。
12 鴨緑江は、中国と朝鮮の国境となっている川。
13 蜿蜒は、うねり曲がって長く続くさま。
14 大鉄橋は、明治四二（一九〇九）年に竣工。
15 壮図は、壮大な計画・くわだて。

え、青ざめた顔色をしているのが少なからぬから、[16]まして海外新殖民地の児童は如何《いか》あらんと思うたのは、全く[17]杞憂《きゆう》であったのである。ことにその学校の設備から教育法まで行き届いているところは嬉しく感じた。私はかくありてこそ大和《やまと》民族の海外発展は得《え》て期《き》すべしであると思うて、大いに喜んだのである。

誠《せい》の一字より外《ほか》に無し

さて私の満韓漫遊をしたのは、主として[18]本渓湖炭坑問題解決のためであった。該《がい》問題も永らく懸案《けんあん》となって片づかず、要するに清国側に一種の誤解があるので、ついに七十余の老軀《ろうく》を提《ひっさ》げて出かけたのである。何事も誠意をもって応酬すれば、到《いた》る処において敵はないものである。長い間の押問答も僅かに一週間で落着をし、清国側もすこぶる満足をもって解決を告げたのである。もっとも私もずいぶん譲歩もしたが、先方も私の主張に耳を傾けてくれ、爾後《じご》相互において疑うことなく、相互に誠《せい》の一字を[19]守本尊《まもりほんぞん》として共同、事に当たろうではないかと語り合い、資本を二百万元とし、[20]清国の代表者張氏と折半し、役員も両方より同数に出《いだ》すことにして、だいたいの約束を取り纏めたのであった。全体、本渓湖はよほど以前に採掘した形跡はあるが、私が手

16 ましては、なおさら、いわんやの意。
17 杞憂は、取り越し苦労。
18 本渓湖炭坑問題は、大倉組が日露戦争時に軍用炭として採掘した後、その継続と清国側との合弁事業化をめぐる紛議・交渉。大倉喜八郎は明治四三（一九一〇）年春、満洲に行って交渉し、紆余曲折をへて商弁本渓湖煤礦公司が設立され、翌年に同煤鉄公司に変わる。
19 守本尊は、身体の安全を祈願して信仰する仏。
20 清国の代表者張氏は、張は大倉喜八郎の思い違いで、錫良のことと思われる。錫良（一八五四～一九一七年）は、徐世昌の後をうけて一九〇九～一一年に東三省総督になったモンゴル人政治家。明治四三（一九一〇）年五月二二日、大倉喜八郎と合弁契約に調印。

を入れたのは明治三十七年であった。以来採掘してみると、すこぶる炭質がよくて、[21]撫順炭《むじゅんたん》[22]百噸《トン》に対し七十噸の割に当たり、その蓄蔵量も一日五百噸ずつ採掘して二百年の命数がある見込みであるから、[23]安奉線《あんぽうせん》改築になれば、安東県を積立場とする考えである。

[24]猜疑心《さいぎしん》を捨てよ

その交渉が意外に早く終結したことについて忘るることの出来ないのは、[25]小池奉天総領事並びに[26]西田書記官両氏の骨折り一方ならざりしによることである。両氏は日清両国国交のためのみならず、[27]彼我《ひが》実業上[28]協益のために、[29]真面目《しんめんもく》に[30]尽瘁《じんすい》せられ、便宜を与えられたるは深く謝さなければならぬのである。清国側には[31]利権回収熱が盛んであるから、始めはなかなか困難の色が見えたが、一個日本商人が自家の立場として意

---

21 撫順は、中国遼寧省の都市。当時は満鉄経営の巨大な炭鉱の所在地。後出215頁の「南満鉄道」参照。
22 百噸に対し七十噸の割に当たりは、ここでは、撫順炭の百噸と本渓湖炭の七十噸とが同じ火力をもつの意。
23 安奉線は、安東と奉天を結ぶ鉄道。日本が日露戦争中、軍用鉄道として清国に無断で敷設した狭軌の軽便鉄道。後に南満鉄道の一部となる。安東は前出64頁の「安東県」（現在は丹東）。奉天は中国東北部の内陸部の都市、清朝初期に奉天府と名づけられ、現在の瀋陽市に当たる。鉄道は現在の瀋丹《しんたん》線。
24 猜疑心は、ねたんだり、疑ったりする気持ち。
25 小池は、明治六（一八七三）～大正一〇（一九二一）年、小池張造《ちょうぞう》。明治・大正時代の外交官、清国・イギリス・ニューヨーク・ロサンゼルスに在勤。明治四一（一九〇八）年一月～四四（一九一一）年八月に奉天総領事。
26 西田書記官は、不詳。
27 彼我は、相手と自分。
28 協益は、協同の利益。
29 真面目には、手を抜かず、真剣にの意。
30 尽瘁は、自分の労苦をかえりみることなく、全力をかたむけること。
31 利権回収熱は、外国に奪われた国内の権利・権益を取り戻そうとする機運・運動。

見を主張するのほか、何ら背後に政治上の意味がないということが明らかになったのも、小池総領事たちの仲介や説明が私の弁解をいっそう広く、かつ深く註釈して下されたので、その疑惑もたちまちにして氷解[32]されたのである。この談判[33]によって見るも、私は清国人を相手にするのには、必ずまずその猜疑心を除くを第一の務めと信ずるものである。猜疑心を除くのには、奥歯に物が挟まった[34]ようなやり方をせずに、大竹を打ち割った[35]ような態度で、この方の精神を見せるに限る。「私はこれは支那流、日本流と区別をつけるのは大禁物である。どこまでも同心一体[36]で勉強せねばならぬ」と申したら、清国側も大いに喜んで一点の曇りも見えなかったのである。

独逸《ドイツ》商人の機敏

かくて本渓湖はいよいよこれから日清共同の事業が開始せられたが、翻《ひるが》って満洲地方の情勢を見ると、満洲大豆はすでに世界的商品となって昨年の産額が百万噸《トン》と算定せられている。しかしてその輸出は日本及び欧米へ各四十万噸ずつ、支那内地の費消額が二十万噸と概算せらるるが、一噸六十円とすれば六千万円の巨額に達し、三、四年前に比するとその倍額に上《のぼ》り、満洲の購買力を高めたことに注目すべきである。ここに注目した独逸人のごときは清国に深く入り込みて、支那人の食物に満足して、最も機敏に立ち廻って購買力の許す嗜好

32 氷解は、疑いがすっかりなくなること。
33 談判は、交渉・話し合い。
34 奥歯に物が挟まったようなは、思っていること、言いたいことをはっきりと言わずに、なんとなくぼかしているさま。
35 大竹を打ち割ったようなは、たいへん素直で、わだかまりがないさま。
36 同心一体では、心を合わせ、一つにまとまっての意。

の品物を綿密に調べている。その動作はすこぶる(37)賛嘆に価《あたい》するが、我国の商人に至りては即ち如何《いかん》というに、(38)手代などは取調べに行っても旅館に(39)安居して、酒食の贅《ぜい》を尽くして雇人《やといにん》をして調査せしめて、(40)得たり賢しとしているのではないか。独逸人の戦争的であるやり方に比較すれば、誠《まこと》に雲泥《うんでい》の相違がある。これでは釜山がいかに繁昌をし、安東県の殖民がいかに発達し、本渓湖の事業が清国人の協力によりて進歩するとも、我国はとうてい(41)算盤玉《そろばんたま》で世界の市場で雌雄を争うことが出来ないのではないか。

武力は世界的にして商業は島国的《ようち》

武力においては、日本は非常に秀でていることは、世界も認めているが、商業にはなお幼稚であることは同じく世界の(42)公評である。即ち鉄砲玉は強いが、算盤《そろばん》玉では零以下で、まだ桁《けた》にならぬとは、欧米人よりしばしば聞くところの声ではないか。実に(43)慨嘆に堪えない次第である。なぜに武において強い国民が商売においてかくも弱いか。同一国民としてこの大差あるははなはだ不思議ではないか。ひっきょう商戦に勇ならざるためであると思う。独逸人は千里の遠きを意とせずして東洋にきたるはまだしも、生活に不自由なる支那内地に

37　賛嘆は、非常に感心してほめること。
38　手代は、店員。
39　安居は、一ヵ所にとどまって外出しないこと。
40　得たり賢しは、しめた、うまくいったと思うこと。
41　算盤玉では、損得計算では、経済的にはの意。
42　公評は、広く認められた評価。
43　慨嘆は、うれい、なげくこと。

入りて、欧州人の堪え難き(44)粗野不潔なる支那人とともに衣食して、多々益々励んでいるのは商戦に勇敢なるにあらずんば能《あた》わざるところである。

先頃我が日本において(45)大会社が破産したのも、やはり商戦に勇ならざる一例である。利益の無いものを、株主の怒りを恐れて、あるがごとくに装い、沢山の借金を負いながら、これを隠蔽《いんぺい》して上辺《うわべ》を飾るからである。ひっきょう卑怯の振舞《ふるまい》といわねばならぬ。私どもは損をしたとき、これを明白に告げるのである。思うに臆病と卑怯は商戦の悪敵である。鉄砲玉に強くとも算盤玉に弱い国民は、常にこの二つの病気に犯されているのである。実業青年たるものの大いに思うところ無かるべからざるところであると思う。

実業家は商機を逸すべからず

まず商機を捉《とら》えよ

現時における劇烈なる商業戦争場裡《じょうり》にて勝利者たらんには、是非とも商機というものを捉えることが必要である。その商機というものはどんなものであるかと申すと、ちょうど大海に動いている大波小波のようなもので、常にいかなる形かをもって実業界の裡《うち》に流れている。しかしてその実業界に流れている(46)波濤《はとう》がいかに成

44 粗野は、下品で荒っぽく、洗練されていないこと。
45 大会社が破産は、明治四〇～四一（一九〇七～〇八）年、いわゆる日露戦後恐慌によって起こったこと。
46 波濤は、大波。

り行くか、何方《いずかた》に流れて行くかを知る人は少ないのである。それを看破して、これに対して機宜《チャンス》を捕えて行く人が、いわゆる商界の(47)達見家である。この達見家は常人の見ることの出来ない、この商機を捉えることが出来、それから精力を(48)傾注して進んで行くから、ここにおいてか成功して実業界に立って(49)頭角《とうかく》を顕《あらわ》すことが出来るのである。

商機を捉えしときの愉快

私は平常《ふだん》からこの商機ということに苦心しているが、私の今日あるに至らしめたるのも、主としてこの商機を甘《うま》く捉え得たからである。そこで私の商機を得た数は二度や三度ではない。前に述べた通り、一番私のためになったのは明治維新のときであった。このときは人の知るごとく百事ことごとく混乱しておって、実業界などの消息はとても今日の青年などの想像することの出来ないくらいで、従って思想界も民心もその(50)適帰《てっき》するところを知らずという有様であった。

そこで私は考えたのである。かように上下が混沌として(51)麻のごとく紊《みだ》れている以上は、一度はきっと戦争をせなければこの乱れた状態が治まらないと信じたのである。戦争をするには鉄砲や弾薬が必要である。一生の運命の定むるのは、ノルカソルカの綱渡りのときにあるものだ。私はさっそく、鉄砲弾薬類を沢山に仕入れ

47 達見家は、先々まで見通す、すぐれた識見の持ち主。
48 傾注しては、一つのことに集中しての意。
49 頭角を顕すは、人よりめだってすぐれているの意。
50 適帰するは、落ちつくの意。
51 麻のごとく紊れているは、世の中の状態などが乱れているの意。

たのである。この機会が私に対しては今日《こんにち》あらしめた商機であって、千載《せんざい》(52)再び逢うことが出来るか出来ないか分からない、とにかく絶好の商機を捉えたのである。すると私の想像した通り戦争が始まったのではないか。日本の天地は戦国時代のごとく、アッチコッチと戦争があって、修羅《しゅら》(53)の巷《ちまた》ともいうべき有様となったのである。そのうちに有名な上野の戦争となってきたので、私が仕入れてあった鉄砲や弾薬がたちまちにして売り切れとなるような次第、私の商売は目の廻るほど繁昌して、その儲けたことは非常である。それは今から考えても実に愉快で、予が終世(54)忘るることは出来ない。

今日の商機は世界的なり

明治維新当時は総ての取引きは日本国内ばかりであったから、商機というものも単調であったが、今日となってはすでに世界的の商業であるから、商機を見るにもよほど緻密《ちみつ》で、とくに数理的の頭脳をもってかからなければならぬ。そうでなければとうてい商界の状態を察し、時勢に投じ、人より先に儲けるというわけにはいかないものである。今例えていえば、銀が支那において安いということになると、その銀の価《あたい》によって世界の貿易上、商売上に非常なる悪影響を与えるのである。また米国における銅が高くなったというと、たちまち世界の商業界に動揺を与えるのである。そこで銀の相場が安くなったということになると、商売人はその取引きを手締《てし》めにする、そうすると物価がたちまちにして下落をする。すると今度は需要がまた増してくるから、銀の

52　千載は、長い年月。千年の意から転じて。
53　修羅の巷は、激しい戦争や死闘が行なわれる場所。
54　終世は、一生と同義。

相場が再び暴騰するということになるのである。

それであるから今日の商人は、よくこの商機というものについて注意せねばならぬ。商機は人気《じんき》(55)であるなどという連中は、とてもお話にならないのである。今日の商界を研究し、その真相を研究してみると、ますます複雑となって、これほど面倒なものはないと考える。およそ百の事物が進み行く今日、時世後れの考えをもって商機を捉えようと思うても、それは至難のことで、ちょうど盲人《めくら》(56)が針の穴を見出すのと同一であるといわなければならないのである。世界的の商業界に立つ以上は、商機も世界的であるから、その覚悟と努力をもって進まねば、とうてい商機を捉えて頭角を現わすほどの実業家たることは出来ないのである。

日本商人の大欠点

なに故命がけでやらぬか

日本人は戦争にかけては世界第一(57)であることはすでに明らかであるが、商売の方はまだまだ二流、三流のところである。その腕前は世界一流の商人と立ち向かってはどうしても比較にならぬ。戦争はこれほど上手であるが、商売の手腕はなぜにもう少し進歩しないのだろうか。その原因について考えてみるに、事情が幾らも

55　人気は、世間の評判。
56　盲人が針の穴を見出すは、非常に困難なことのたとえ。
57　日本人は戦争にかけては世界第一は、日清、日露の両戦争に勝利したことをさす。

ある。けれども根本の理由は、ひっきょう精神が足りないためである。実に日本人は妙な国民ではないか。鉄砲担《ひっかつ》げば命がけで本気になるが、珠盤《そろばん》を握れば仕事を軽蔑してかかる。これが日本人が戦争は巧みであるが、商売には下手である第一の理由であると思う。

総て人間が命がけでかかればどんなことでも出来ないことはない。現に、あれ程の大戦争[58]に成功したのも、つまり国民が挙《こぞ》って命がけでかかったから出来たのである。商売でも同じことで、商人が皆命がけでかかりさえすれば、すぐに第一流の商業国になるのは何でもないことである。これは私が経験してきた道だからここに断言することが出来る。真面目《まじめ》に国家という考えを頭脳に持って、国家のためだという一念[59]で命がけに働いたならば、商売の方でもすぐに世界の第一流となることは疑いない。この念慮《ねんりょ》[60]とこの精神とがないために、日本人の商売上の手腕はいつまでたっても二、三流より上に出ることが出来ないのだ。

世界的商人の態度無し

いったい欧米人と日本人とは根本的にそのやり方が違うのである。およそ日本人は品物を外国人に売り込むときには、こっちが儲けさえすれば先方は損しようとどうしようとそんなことはさらに構わないのである。こっちも目一杯[61]なれば先方も目一杯、先方が損するのは馬鹿だからし方がないという腹でいるから、日本人の商

58 あれ程の大戦争は、日露戦争のこと。
59 一念では、一筋に思っての意。
60 念慮は、思い、思慮。
61 目一杯は、限度まで達しているさま。

売は[62]手を拍《う》ったときが地獄である。

この点に至っては、多年世界相手に商売をしてきただけに、欧米人のやり方はさすがに[63]一頭地を抜いている。「この値《ね》で契約しまして貴方《あなた》はどうです。それで儲けがありますか」と、こう念を押してくれる。「ハイ、この値ならば私にも多少[64]口銭《こうせん》がありましょう」といえば非常に満足して、「それは結構です」といってそこで握手をする。こうして取引をすれば、[65]よしやこっちが後で多少損をしても、先方に対して決して不愉快を感ずることはない。いつまでも愉快に取引きすることが出来る。

この点よりいえば、日本人のは全く商売の道を知らぬやり方で、全く世界的商人の態度を欠いている。それが日本人が商人として成功することの出来ない一大原因だと思う。

商売は活《い》きたもの相手

さらに教育がなお不完全であるため、商人の手腕、品格などにおいて少なからぬ欠点を生じて、いまだ充分に成功の位置に至り得ない事情があると思うのである。それから学校で教育を受けてきたものは、多少の年月の間、実地に仕込まなくてはいかにも[66]迂遠《うえん》で仕方がない。機敏に立ち働く点からいえば、多年見慣れ、聞き慣れた小僧上がりの者が善《よ》く間に合う。けれども全く学校教育のない者は、商業道徳の観念が乏しいために

62 手を拍ったは、折り合いをつけた、まとめたの意。
63 一頭地を抜いているは、他のものよりひときわすぐれているの意。
64 口銭は、売買の仲介をした手数料。
65 よしやは、たとえ、かりにの意。
66 迂遠は、まわりくどいさま。

往々[67]にして道を踏み迷う恐れがある。あるいは利益のためには姑息《こそく》[68]のことをやるとか、破廉恥なこともしかねぬ恐れがあるから、一方面の仕事を担任させるにはどうしても学校教育を受けたものを選ばなければ駄目だと思うのである。

ところが学校教育を受けたものの実務上の手腕はどうかといえば、概[69]してすぐには間に合わない。学校では頭脳に詰め込んできたことをすぐに実地に働きの出来るように思ってくるから大間違いである。簡単にいえば学校では実務に当たる手続き方法を理論の上より教えるに過ぎない。けれども実際に仕事に当たってみれば、仕事には相手があるから、どうしても書物で読んだ通りにゆくわけのものではない。しかもその相手が活きているから、千変万化《せんぺんばんか》して臨機応変の処置を取らなくてはならぬ。その働きは幾度か失敗し、苦悶して、経験に経験を重ねた結果でなくては十分なことは出来ない。これが学校出のものが実務に当たって迂遠なるゆえんであって、日本人に本統[70]の商人の少ない理由もここにある。故にもし今日の日本の実業教育をなるべく実務に接近せしむるように務めたならば、もう少しは教育が直接に活きて働くことになって、間に合う人材も段々多くなることが出来るかと思う。どうしても教育があって鍛練を積んだところの、品格あり手腕ある本統の商人を続々養成しなくては、日本の実業を進めることは出来ないと思うのである。

67　往々にしては、常ではないが時々はの意。
68　姑息は、その場しのぎ。
69　概しては、だいたいはの意。
70　本統は、本当と同義。

使用人監督の困難と呼吸

博士にも英雄にも出来ぬ芸当

一口にいえば何でもないことで、支店の監督くらいは誰にも出来そうであるが、実際やってみると、こればかりは博士であろうが英雄であろうが、容易にその実績を挙ぐることはなかなか困難である。支店監督上の要点は支店に過失のなきよう、本店との連絡を円満にするよう、(71)両々相まってその効果を挙げるようにするのであるから、よほど監督を厳重にしないと、もし支店のなすままに放任しておいたならば、たちまちとんでもない大失態を生じてくるのである。しからばその監督者にはいかなる人物が適当であるかといえば、これまた大なる苦心を要する問題であると思うのである。私の経験したところによってみれば、第一、数字に対して最も明晰な頭脳を有し、帳簿を一見してただちに(72)是非曲直を判別するだけの経験と(73)活眼のあるものでなければならぬのである。でなければ(74)狡猾《こうかつ》なる支店長や(75)老獪《ろうかい》なる事務員などに翻弄《ほんろう》せらるるようなことになるのである。

71 両々は、あれとこれと双方、二つとものの意。
72 是非曲直は、物事の善悪、正不正。
73 活眼は、物事を見抜く能力。
74 狡猾は、ずるく、悪賢いこと。
75 老獪は、いろいろ経験を積んでいて、悪賢《わるがしこ》いこと。

事業家の資格

いったい事業家として最も必要なる資格といえば、数字的の頭脳と帳簿検閲の活眼のあることであろうと思うのである。この二つが欠けていたならば、(76)しょせん事業家とか商人とかの資格はないと思うのである。であるから私は常にこの点に注意して、比較的理想に近いものを求めているのである。そうして監督の難局に当たらしめ、世界中に散在している五十有余の支店や代理店の監督に当たらしめておるのである。

支店長の人格問題

次にこの問題とともに生じてくる問題は、支店長の人格問題であると思うのである。もし支店長がその(77)当を得たものでなかったならば、いかに監督を厳重にしても、とうてい効果を挙げることが出来ないと思うのである。なぜなれば、監督者がいかに明敏なる人であっても、神でない以上は、悪辣《あくらつ》な支店長によって巧みに施された悪事をたやすく発見することは困難なことであると思うのである。一度や二度の帳簿検査くらいでウカウカ発見さるるようなヘマなことはやらぬから困るのである。そこで支店長の人格問題であるが、総ておいて人格は必要であるが、とくにいやしくも一部の長となるべきものには、いっそうこの必要を痛切に感じているのである。が、この点よりいうときは、所詮《しょせん》成り上がりものよりは、やはり相当の教育のあるものの方が、大いに安心していられると思うのである。無教育な成り上がりのものは、どうも自己の本分以外のことをやり

76　しょせんは、言ってみれば、結局の意。
77　当を得たは、道理にかなったの意。

たがって困るのである。そこになると教育のある者は、推理力と反省力が進んでいるだけ、もし自己の職責以外のことをやって失敗しては、社会に対しても申しわけがないという(78)廉恥心《れんちしん》と、一生浮かぶことが出来なくなるという(79)自重心《じちょうしん》があるから、無教育のもののように悪いことはしないと思うのである。

元来、監督ということは、監督さるるべき支店長などが悪いことをするから、余儀なくそういう方法を設けてあるのであって、もし支店長などが(80)秋毫《しゅうごう》も悪いことはしないということになれば、監督などは(81)毫も必要がなくなるわけであると思うのである。けれども人間を使っている限りは、時と場合によって人情と義理との二道《ふたみち》より余儀なくされて、本心にないようなことを往々現出するものであるから、止むを得ず監督者をおかねばならぬこととなるのである。まず私の現在、監督を(82)督励《とくれい》しているのはこの方針から出《い》でているのである。

誠《せい》の一字は総てを成就《じょうじゅ》せしむ

まずこの点が必要なり

人を使うことは容易なことでないと思うのである。さて使用主として何が最も必要な資格であるかというに、

78　廉恥心は、恥を知る心のあること。
79　自重心は、自分の行ないを慎み、軽々しく振舞わないこと。
80　秋毫は、きわめて少ない、わずかなこと。
81　毫もは、少しもの意。
82　督励は、監督し、励ますこと。

私が先頃、本渓湖《ほんけいこ》炭坑問題で(83)錫奉天《しゃくほうてん》総督と会話したときも、解決に臨み、「誠の一字、守本尊《まもりほんぞん》」の歌を残してきたごとく、誠の一字を欠いてならぬことはいうまでもない。いやしくも主人の誠意の一片が使用人の赤《せき》(84)心《しん》のドコカに入っていなければ、人は決して主人のことを自分のことのように思い、また主人のためを思って働いてくれるものではないのである。次には、いやしくも人を使う位置に立つ者には、広く社会のことを知る必要があると思うのである。見るところ狭く、触《さ》わるところ浅きようでは、決して使われる人の心情を酌《く》んでやることも出来なければ、(85)寛宕《かんとう》、(86)雅量の徳も出てこないのみならず、その人の特色、長所短所も判らないのである。かくのごときは全く人を使う資格のないものであると、私は深く感じているのである。いかなることでも広く知っていなければ、旨《うま》く人を使う場合に種々と思わぬ不便が伴うものである。

自信力の必要

第二には、自分の力を信ずることが、また肝要であると思うのである。自信力の必要なることは総ての人に同様であって、必ずしも使用主たる者に限らるるわけのものではないけれども、使用主からこの信念を取り去ることは、ことに出来ないのである。自分の力を信じて、信ずるところまでのことを人にやらせるのである。ここに初めて総ての事業の基礎が据《す》わる。この点がグラついてくると、人心の統一を失い、とうてい使用人は

83 錫奉天総督は、錫良。前出87頁の「清国の代表者張氏」を参照。大倉喜八郎の思い違いで、奉天総督ではなく東三省総督が正しい。奉天総督は後の一九一二年に設置。
84 赤心は、嘘いつわりのない、ありのままの心。
85 寛宕は、心が広く、思いやりがあること。
86 雅量は、心が広く、度量が大きいこと。

規律を立てて働くものではないのである。人を使用する場合には、手加減とか何とか色々面倒なことを伴うけれども、私はまずこれらのことを根本的に必要な資格と考えるのである。また今後の使用主たるものは、頭からドウしても対世界的でなければならぬ。社会のことは何でも広く知っておく必要はここにあるのである。第三に、私は万事まず自ら始めよという流儀である。人々にもこのことを勧めるが、ことに使用主として多数の人々を導くには、この自ら始めるという努力が必要の一大資格である。私は今日に至るまで、ただ自信力と実行との二要素をもって推しきたったので、ことにこの点の必要なることを私の従来の経験上より断言し得るのである。

私はここにも出世の秘訣を発見せり

反対の損害

明治[87]四十三年の水害については、各種の諸会社がそれぞれ非常の損害を受けたが、その損害の跡《あと》を静思熟考してみると、古人の[88]金言を実例に示した二つの有益なる教訓と出世の秘訣が、そのうちに含まれているように思うのである。第一の教訓は何であるかというに、そのとき被害の各会社を通じて低い所にあるべきはず

87　四十三年の水害は、八月八日、東海・関東・東北地方一帯の大豪雨によるもの。鉄道・通信は不通、浸水は四四万三〇〇〇戸におよんだ。
88　金言は、処世上の手本とすべきすぐれた言葉。

の物が、その被害が割合に少なかったにもかかわらず、かえって高い所にある物が、多大の損害を蒙っていることである。これはどういうわけかと調べてみると、各会社ともこれ以前の水害、即ち明治[89]四十年の水害に鑑《かんが》みて、そのときの浸水を標準に応急の準備が行き届いていたものとみえ、低い所にあるべきはずの物はかねての覚悟で、[90]イザ鎌倉という場合に応急の処置を施したから、こういう物は割合に損害が少なかったが、四十年の浸水のときに浸水せぬ高所の建物で、ここまでは水が届くまいと油断していたほどの高所で、応急の準備のない所にあった物が、比較的多大の損害を蒙ったことである。これは取りも直さず、「油断大敵」という古人の金言を実際に示した教訓であって、これが出世の一大秘訣だろうと思うのである。

重役の処置宜《よろ》しきを得《う》

第二の教訓は何であるかというに、同じ水害を蒙った諸会社中でも、その重役が平素事業に熱心、忠実で、よく落ちついて臨機の処置と前後の策を講じた会社は損害高が極めて少ないが、重役が平素不熱心で、不時の災害に[91]周章狼狽《しゅうしょうろうばい》を極めた会社は損害が案外に多い。現に吾々が関係している諸会社についてみても、大変に損害の多かるべきはずの会社が、重役の処置その宜《よろ》しきを得たために、[92]存外《ぞんがい》損害の少なかったのがある。これに反して、この会社には[93]さほど損害があるまいと思っていた会社が、重役の処置その宜《よろ》しきを得なかっ

89 四十年の水害は、八月二四日、関東を中心におきた大暴風雨によるもの。死者四五九人、全壊一四五〇戸、流出一八万七四九九戸におよんだ。
90 イザ鎌倉は、一大事が起こった場合の意。
91 周章狼狽は、あわてふためくさま。
92 存外は、予想と異なっての意。
93 さほどは、それほど、そんなにの意。

たために非常の大損害を蒙っていながら、重役自身が愚かにも不可抗力の天災と心得、自分の処置がその当を得なかったことをさほどに感じていない人達もあった。しかしこれは、彼ら重役、平素の熱心不熱心と研究不研究の結果が、この(94)不時の天災で試験せられて、その成績が一々(95)歴然と事業の上に顕われ出たのである。

群雄割拠の暗黒時代

これについて私はこういう感想を起こしたのである。かの(96)足利《あしかが》の末《すえ》に、(97)山名《やまな》、(98)細川らの群雄が鎬《しのぎ》を削って相《あい》争うた暗黒時代には、この世は当然、弱肉強食の世で、隣国を攻め滅ぼし、その城を乗り取って自分の(99)版図《はんと》を広めるがため、盛《さか》んに夜襲を行なった。昔の武士道で夜襲をかけられても、平素用意ある大将は鍛練の思慮と手腕を不時の夜襲防禦《ぼうぎょ》に応用して、落ちついて敵を防いだから、落城の憂いなくして美事《みごと》にこれを食い止め得た。(100)ある大将のごときは、上《かみ》の句を作って下《しも》の句をまだ考え中に敵陣から襲撃されたとき、悠然《ゆうぜん》下の句を付けてから出陣したという譚《ものがたり》さえ残っているが、平素において用意と手腕のない大将は、不意の夜襲に周章狼狽してその城を敵の手に渡し、己《おの》れもむざむざ討死したものも多い。

94 不時のは、思いがけないときのの意。
95 歴然は、まぎれもなく、はっきりとしたさま。
96 足利の末は、室町幕府の末期、戦国時代のこと。
97 山名は、応永一一（一四〇四）～文明五（一四七三）年、山名宗全。室町時代の武将・守護大名で、応仁の乱で西軍の総大将。
98 細川は、永享二（一四三〇）～文明五（一四七三）年、細川勝元。室町幕府の武将・守護大名で、応仁の乱で東軍の総大将。
99 版図は、一国の領域・領土。
100 ある大将は、前出18頁の北条氏康のこと。

各会社の重役に対する(101)先年夏の水害は、あたかも戦国時代のこの夜襲と同然、平素熱心で手腕があって精神を入れている重役は、落ちつき払って応急の処置と善後策とを講じたため、その損害は比較的に少ないが、平素不熱心で手腕がなく、充分事業に精神を注いでいない重役は、かかるときに(102)まごついてなすべき策をも施し得ないで、少なくなし得る損害を多くしてしまった傾きがある。平和の戦争にもこのときのごとき水害の夜襲があるから、かかる夜襲に狼狽して、本城を奪われないように充分に防禦の術を尽くし得るよう、平素の鍛練と覚悟と熱心と手腕が最も必要である。常に何もしないで、(103)安閑としていて、夜襲をかけられたときに本丸《ほんまる》を渡して裸体で逃げ廻るようでは、末代までの物笑いで、(104)「治にいて乱を忘れず」という古人の金言は真《しん》に我を欺かないと思うのである。平和の戦士たる商工業者でも、この心がけのある人なれば安心して城を任しておけるが、この心がけのない人には決して城を任しておくことが出来ない。青年の立身出世の秘訣は平素のこの心がけの有無によって岐《わか》れるのである。

---

101 先年夏の水害は、前出103頁の明治四〇年、あるいは、102頁の明治四三年の水害のどちらか、あるいは、両方をさす。
102 まごついては、うろたえての意。
103 安閑は、何もせずにのんびりと、気楽に生活を送ること。晏閑と同義。
104 治にいて乱を忘れずは、平和な時代であっても、常に戦乱が起きるかもしれないと思い、準備を怠らない意の諺《ことわざ》。

第四編　積富立身策

富は働く者の前にきたるべし

怠惰《たいだ》なるべからず、大いに働け

我が日本人は実にこの一句を忘れている傾向がある。遊惰《ゆうだ》(1)にして甘き汁を吸わんと欲するは、何人《なにびと》といえども望むところであるけれども、世にかかる不合理の存することはない。富まざるは働かないためである。貧苦に苦しむは遊惰の民である。

人あるいはいわん、知恵なきをもって貧苦に苦しむと。私は信ずる、人間は二つのものよりなる、一は身体《しんたい》、一は知識である。身体は天然のものであって、その健不健はもとより人為の如何《いかん》ともすることが出来ない。しかも知識は経験によりて生ずるものである。例えばある事業において常に失敗するも、その失敗に戦って、ただ直路猛進して奮励するところあらば、ついにはいかなる失敗にも打ち勝つの知識を得るに至るのである。

故に事業――ことに商売上において――知識のないことは嘆ずるに足らない。自ら元気をもって奮闘すれば、

1　遊惰は、仕事をせずぶらぶらしていること。

その間、自ら経験的に知識を生ずるものである。世人の成功せざるものは、皆その意志の薄弱よりきたるものである。

まず自ら信用を造れ

もしその人にして、ある事業についてすでに社会の重視するところとなり、彼《かれ》なれば彼《か》の事業は成し遂《と》ぐることが出来る、彼のごとく長く勤め、困苦し、彼のごとく知識を有するが故に、彼に資本を貸せば資本の活用が大なるだろうということを認められるようであれば、資本主も資本を出《い》ださないようなことはないのだ。しかれども多く世の事業を企つるもの、もしくは青年の野心に富めるものは、自己の信用とか実力とかいうものがないのに、徒《いたずら》に資本主に依頼しようという空想に駆られるが故に、信用を造ることを忘れてしまうのである。これ事業を企てんとする青年の、大いに⑵鑑《かんが》みざるべからざることである。

元来、人の信用は一朝一夕に得らるるものではない。一つの仕事についての一つの信用は長年月の間、その事業に従事して、その事業の⑶瑣末《さまつ》なる部分に至るまでも一々成功し、その成功が積み積まれて、しかして初めて信用が生ずるものである。見よ、歴史は⑷好箇の教訓を与う。豊臣秀吉の成功のごときは最も好実例では

2 鑑みざるは、過去の例・手本などに照らして考えることをしないの意。
3 瑣末は、取るに足らない小さなこと。
4 好箇は、ちょうどよいの意。

ないか。彼は最初より[5]太閤《たいこう》ではない、将軍ではない。また彼は[6]羽柴筑前守《はしばちくぜんのかみ》としてのみ豪《えら》かったのではない。[7]木下藤吉としてもまた豪かったのである。[8]信長の臣として[9]馬の履《くつ》を取りしときも、[10]足軽たりしときも、皆よく成功したのである。即ち小なるときにも悉《ことごと》く成功した。この成功が積りに積りて、もって初めて豊臣秀吉となり、それが天下の認むるところとなり、信長の知るところとなりて、かの偉大なる成功を全うしたではないか。世人ややもすれば眼前に与えられたる事物を[11]閑却し、対岸のあるものを得んとするは、秀吉が草履《ぞうり》取りをせずしてただちに羽柴筑前守たらんとするに同じである。かくのごとくにして果して資本主も信用を払うことが出来ようか。

[12]孤児院より人傑の出《い》でし例は無し

慈善は悪事である。人を助けんとする金は焼け石に水を注ぐようなもので、何らの効力もないのだ、一度、人に救われるとすでに依頼心を起こすは人情の常であって、これが増長するに従ってますます意志は弱く、自

5 太閤は、摂政《せっしょう》または関白の職を子弟に譲った人物。ここでは、前出86頁の「豊太閤」。
6 羽柴筑前守は、天下統一を目指していた織田信長が、将来の九州討伐を目論み、羽柴秀吉に筑前守の官位を与えて、筑前（福岡県西部）の守護職であるイメージを持たせたことによる。
7 木下藤吉は、木下藤吉郎。羽柴秀吉の前名、豊臣秀吉の前々名。
8 信長は、天文三（一五三四）～天正一〇（一五八二）年、織田信長。戦国時代から安土桃山時代にかけての武将・戦国大名で、天下統一の事業を進めた。
9 馬の履は、ひずめに装着する馬蹄。大倉喜八郎の思い違いと思われ、信長の履（草履《ぞうり》）であろう。
10 足軽は、歩兵。
11 閑却は、なおざりにすること。
12 孤児院は、親や世話してくれる近親者のない子供を収容・養護する施設。

ら力《つと》むるを知らざるに至るのだ。ここにおいて私は大いにいわねばならぬ。慈善的成功ははなはだよろしくない。これを実例に見るに、孤児院に養われたるものの中より人傑の出てたるを聞かないのは、欧州において事実の証明するところである。故に私は人に助けられず、自ら奮闘努力するをもって最も善《い》いことであると思う。かくすれば富は決してこないことはない。富は必ず働くものの前にのみくるのである。

私が当今[13]、多少の富をなせるのも、初めよりかくのごとく富まんことを予期したのではない。私が、「今日に対して遊ぶべからず。今日は即ち働くための今日なり」という考えを実行したる結果、その報酬として今日の富を得たものと思う。

貧苦は怠惰者の頭上に落ちかかる一個の天罰である。人は死するまで一生懸命に働けば、相当の生活をしていけないことはないのである。

独立の意義を誤解するなかれ

青年の独立と誤解

近頃、独立独立という声が方々に聞こえてきて、世の先輩が青年に教えるのに、皆独立せねばならぬ、銀行、

13 当今は、この頃。

会社などで使われるのは意気地なしの骨頂[14]だという風になってきたが、この声が非常に盛んになったなら、それだけ非常な弊害があると思うのである。何となれば、かように叫ばれている間に、世の有為《ゆうい》[15]なる青年はいずれも大資本家または大会社の下に使われるのを嫌がってくる。そうすると大資本家や大会社ほど有為な人物が必要であるのに、人物がこないということになって、資本が活用せられず、従って日本の実業界の発展を害することになるのである。これは国家の大なる不利益であると思うのである。

社会は一人にては行《ゆ》けぬ

しかしこれも独立の意味次第で、独立とは人と事を一緒にやらぬことで、しかしてそれが社会最上の道徳であるとすれば、なるほど有為の人材が独立して、その結果、実業の不振をきたすのも止むを得ぬことであろうが、全体、社会は共同生活体で、自分一人で行けるものでない。また一人で行けるものなら社会がないはずである。だからこの間に処して他人と一緒にことをやらぬ、独立で行くというのは根本から間違っているのであると思うのである。何もそう堅苦しく独立を解釈して、徒《いたずら》に独立したがるにも及ぶまいと思うのである。なるほど人に使われると思えば厭になるかも知れじ、また独立したいと思うかも知れぬが、自分は大倉と一緒に仕事をやっている、むしろ助けてやっているのだという観念でやれば、いっこう[16]差し支えないではないか。こ

14 骨頂は、極まれるもの。
15 有為は、才能があって、役に立つこと。
16 いっこうは、全然、まったくの意。

れが共同生活の[17]本義だと思うのである。

社会における独立の意義

ところが、人に使われると、いいたいことがいえない、思うことが出来ない、上の者のいうことが癪《しゃく》に障《さわ》る、人として自由を失うから是非独立せねばならぬ、使われるのは厭だという者がある。なるほどこれでは独立したいのも無理ではないが、独立したと同じようにいいたいことがいえ、思うことが出来、なお上の者にも信頼せられたらどんなものであろう。即ちその人の[18]材能《さいのう》はある限り用いられ、いやしくも事の可なる企画《くわだて》は総て事業に採用されるという風であったら、他人と一緒にやっていても、やがてこれは独立――少なくとも意思の独立――ではあるまいか。共同生活における独立の真義はこれであろうと思うのである。世の青年がこの道理を良く弁《わきま》えて社会に処さねば、自ら身を誤り、ひいて社会をも誤る怖れがある。これらはよくよく注意せねばならぬことと思うのである。

人を使う根本の心得

ところで問題になってくるのは、青年ばかりが資本家と一緒にやり、助けている積りでいても、実際、先輩資本家の方でその気にならなければ何にもならぬのである。権力も与えず自由も与えず、やはり手足同様の使

17 本義は、言葉の本来の意味。
18 材能は、うでまえ、才能。

用人の気で青年を使えば、青年は先輩資本家の(19)旗下《きか》に属するを嫌い、いわゆる勢い独立を叫ぶことになるのである。その結果は同じく実業界の(20)萎微《いび》になるのであるから、先輩や資本家もまた、社会は共同生活なることをよく(21)意に体して青年に接し、独立の声をあまりに盛んならしめぬように勤めねばならぬのである。これがまた先輩資本家の社会に対する義務だと思うのである。

社会は相持ち、財産は共有

それであるから、今後の社会において人を使うに最も必要なることは、使用人をして、独立したと同じように自由を与え権力を与えて仕事をさせるように努めねばならぬことである。これを過まったら決して(22)碌《ろく》な仕事が出来ないのである。商店でも、(23)番頭、小僧を大切にしてその材能を適所に用いないならば、ついにその店は破壊してしまうことになるのである。主人は番頭、小僧があって始めて、自分の財産である――財産はほとんど共有――という観念を持たねばならぬのである。この観念が総ての使用人に対する動機となるのである。即ち使用人は一つの仕事を主人とともにやる気、主人はそれを使用人とともにやる気でいれば、数年を出でずして日本の実業社会は大繁昌をすると思うのである。今後の実業家は是非これを心得ておかねばならぬと思うのである。

19　旗下に属するは、その下で働くという意。
20　萎微は、活気がなく、しぼんでいるさま。
21　意に体しては、考えを受け止め、理解しての意。
22　碌なは、まともなの意。
23　番頭、小僧は、番頭と小僧で、ともに商家の使用人。小僧、手代、番頭の順に上がっていく。

青年独立自営策

独立自営の愉快

独立自営は当時の青年が考えるように、そう六ヶ敷《むつかし》いものではなく、ただ自分の独立をもってその事業を経営し、そしてその事業上についいては、何人《なにびと》の束縛も、また何らの干渉をも受けなくて、自由自在にやってゆくことで、しかも自己の生活についいては何人の補助も受けず、自己の収入をもって支出を弁じて、絶対に他人の世話や厄介にならないことである。言葉を換えていえば、自分で稼いで自分で食ってゆくことである。しかしてその事業から得た利益は当然の結果として、自己の(24)財嚢《ざいのう》に収め得らるるものであるから、多く儲かったときの愉快は一通りではないばかりか、さらに多く儲けようと思う心が出来て、その愉快と向上心はとうてい人に使わるる者の想像し得られないのである。

全能力を発揮せよ

そこでひとたび独立して事業に取りかかった以上は、飽くまでも精力を傾注せねばならぬ。暫時《すこし》の油断もしてはならぬ。油断をすれば、たちまちにして利益を得ないのみか、かえって食い込んでくる。食い込んでくるとソコで信用も薄らいでくるから、そうなると大変である。何でも食い込むのは容易《たやす》いけれども、これを恢復《かいふく》

24　財嚢は、財布。

することは実際に徴《ちょう》してなかなかの困難である。それであるから独立した上は全能力を発揮して縦横無尽(26)に活動して、たとえ僅かの損失をもしないように、平常から心がけて十分に働かなければならぬ。平たくい(27)えばあるだけの智能(28)を絞り出し、あらん限りの勇気と腕前を揮《ふる》ってその事業に当たらなければならぬ。これが独立自営をする第一の要件である。もしかようにしないならば、とても事業の発展を期することが出来ず、利益も収むることが出来ないのである。従って独立自営を永続してゆくことが難しくなり、結局は失敗の悲境に陥ることになるのである。

(25)は徴の位置に付す。

資本は克己心《こっきしん》(29)の結晶なり

独立自営は人として必ずやらなければならぬ。しかし独立して事業を経営し、この事業に向かって活動するの能力が無いものは事実上已《や》むを得ないが、現に高等教育を受け、学術技芸上、立派な資格を備えていながらも、やはり他人の手先に使われているのみか、全然自己を信じ、後日独立して大いに事をなさんとするの気力、希望が無いというのは、何と情ないではないか。資本が無いから已《や》むを得ないというならば、すべからく(30)資本を作り出す工夫をせねばならぬ。資本が無ければ独立、独立といったところで仕方がない。これ資本は事業

25　徴しては、照らし合わせての意。
26　縦横無尽は、思う存分にの意。
27　平たくいえばは、分かりやすくいえばの意。
28　智能は、知識と才能。
29　克己心は、自分の欲望をおさえる自制心。
30　すべからくは、当然、ぜひとものの意。

経営の基礎をなすものであるから、資本ということと活動ということの二つを弁《わきま》え、かつこれを実行せなければならぬ。

世間には、「資本さえあったらこんなにマゴマゴしているのではない。が、資本が無いばかりにこんなに拱手傍観《きょうしゅ》(31)しているのだ」という人がある。けれども私にいわすれば、こんなことをいう人は、いわゆる薄志弱行(32)の徒輩(33)であって、たとえ相当な資本があっても、いつも何事も出来ない人であると思う。なぜかというに、事業上に要する資本があながち他人の力によりて供給し貰わなくても、その人の決心と心がけ次第できっと自己の力量《ちから》で作り出すことが出来るものである。それには資本の額とその人の収入の関係もあるが、時日を経《た》つに従ってきっと作り得らるる。果してしからば、いかなる方法によりてこの資本を作り出すことが出来るかというに、それはまず自己の収入を大切にして、無暗《むやみ》に浪費せないことである。生活上、その人の地位、体面上から要する費用は已むを得ないが、奢《おご》りより生ずる費用は必ず節して、その収入の一部を貯蓄するのである。それであるから何人《なにびと》でも真に貯蓄をなさんという心がけと、奢侈的欲望(34)を抑えつける克己心と、貯蓄をするだけの余裕さえあったならば、きっと資本を作り出せないはずはないのである。

31 拱手傍観は、手をこまねいて、見ているだけで何もしないこと。
32 薄志弱行は、意志が弱く、決断力に欠けること。
33 徒輩は、同類者。
34 奢侈的欲望は、ぜいたくをしたい気持ち。

独立の出来ざるはこの一点

貯蓄心と克己心と余裕だにあらば、必ず貯金が出来る。そして幾分《いくぶん》かの資本が出来てくれば、その資本をもって独立の事業を創《はじ》めることが出来て、他人の補助とか援護とか助力などの世話、厄介にならなくも、立派に、しかも絶対自由の[35]境地に立って事業を経営してゆくことが出来て、誰にも頭を下げるの必要もなく、気を快活に、肩身を広くして世渡りが出来るのではないか。世の中にはずいぶん資本、資本と口癖のようにいっていながら、いつも資本が無くて困っている人は、皆貯蓄心が無い薄志弱行の徒輩《やから》である。こんな徒輩に限って貯蓄なんかというと、「人間の生命《せいめい》には限りがある。限りのある生命を持ちながら貯蓄して資本を作るなんて、そんな気の永い真似をやっていられるものか」と反駁するが、これは大間違いである。この気の永いやり方がかえって早く事業を経営せしめ、かつ確実なる成功を生ましむるものである。もしも私のいうたことを疑うならば、眼を開いて今日の実業界を見るがよい。なお[36]二宮尊徳翁《おう》について見るべきである。

二宮尊徳の独立経営方針

二宮尊徳翁がまだ親戚の[37]万兵衛という人の家におられた少年時代、その付近に小さい土地があったのに目をつけた。もっともその土地は川辺にあって誰の所有にもなっていない土地であった。翁はこの持ち主の無い

35　境地は、心の状態、立場。
36　二宮尊徳は、天明七（一七八七）～安政三（一八五六）年、幕末の農村復興運動の指導者。その思想が報徳仕法で、復興方法を学んで各地に報徳社がつくられ、全国に広がった。通称は二宮金次郎。
37　万兵衛は、生没年は不詳、二宮万兵衛。尊徳の伯父で、父母を亡くした尊徳を一六歳から数年間、世話をした。

土地、荒れ果ててある土地という点に気づかれ、同時に翁はそれを開墾しようと心がけて、仕事の(38)余暇には
その土地へ行って(39)菜種《なたね》を蒔《ま》かれた。もちろん自分で手入れをして開墾したのである。そうするとその蒔いた
菜種は程なく芽を出し、だんだんに発育して蕾《つぼみ》が出来、花を開き、ついには立派な実を結ぶことになった。
そのとき翁はこう考えた。「何事でも一つより二つ、二つより三つと小さい物もだんだん積み重ねてゆけば、
後には大きな物になる。今この(40)一俵《ぴょう》余の米でもこれを種として、それに人の労力と肥料とを加えて(41)丹精を
凝《こ》らせば、末《すえ》には数十俵よりさらに数百俵のものとなり、これがために我がいったん廃《すた》れた家を再び興すこと
も出来るであろう」と。そこで、その翌年からその荒れ果てた土地を開墾して、得た実《み》を種子《たね》として耕作を励
み、それから熱心に働いてその家を再興したのである。さればこそ今日では日本数千万人の人から尊敬せられ
て、翁のしてきた事業が(42)今人《こんじん》の手本となり、神のごとく崇《とおと》まれるような偉い人になったのである。かように
翁の(43)事蹟は立派であるが、翁の事業のやり方は至極真面目で、多くは気の永いやり方である。それが皆成功
している。これを見ても、牛の歩むがごとく、一歩一歩ずつゆっくり踏み固めて進む方針で事業を経営するも
のが、かえって早く、かつ確実にその(44)功を奏するものであることが判るであろう。

38 余暇は、仕事の合間などの自由に使える時間。
39 菜種は、アブラナの種子で、当時の灯油の主な原料。
40 一俵は、藁《わら》で作った一つの俵《たわら》に入る容量で、体積を示す単位。容量は時代・土地ごとに異なり、二〜五斗の米が入る。
41 丹精を凝らせばは、真心《まごころ》を込めてことに当たればの意。
42 今人は、現代の人。
43 事蹟は、なしとげられた仕事・功績。
44 功を奏するは、成果をあらわす、成功するの意。

資本金調達の秘訣

私の活動したる初期

私が幼少のときに郷里越後の新発田《しばた》を辞したのには、種々の事情がある。もとより実業界に入《い》って身を立てようとの意思であったが、この私をして実業家たらしめようと発奮せしめたのは、当時の政治がすこぶる苛酷であったことである。その圧政なことは人民の権利が全く少しも認められなかった一事《いちじ》をもってみても分かる。私は郷里を辞してから今日に至るまで六十年以上になっているが、私が(45)上京後の十年間は(46)丁稚《でっち》奉公をして暮らしたものである。今日のごとく社会の組織が(47)揃わず、それに明治維新前のことであるから、その節の苦《く》辛《しん》(48)艱難《かんなん》などは一通りや二通りの話ではなかったのである。詳しくは前に話した通りだ。

月夜《つきよ》、草鞋掛《わらじが》けにて活動す

上京後、私は実業界にあって身を立てようとの考えであったから、丁稚《でっち》小僧となって十年間は今人《こんじん》のとても想像することの出来ないほどの苦労艱難を嘗《な》めたのであって、朝から晩まで働いたことは無論のこと、今日の

45　上京後の十年間は、大倉喜八郎の思い違い、あるいは編者の聞き間違いと思われ、一〇年間ではなく三年間。
46　丁稚は、商家に住み込み、雑役・家事・商売などを行なう年少の雇用者。小僧と同じ。前出113頁の「番頭、小僧」を参照。
47　揃わずは、整わずの意。
48　艱難は、災難、困難。

ごとく電車もなければ、また従って総ての事物が不完全であるから、それはまた特別の骨折りを要したものである。そんな苦労をしながら商売上の掛引きをも一通り覚えて、暇を取ったときには二十五両の金を貯めておいたのである。この二十五両が十年間種々辛苦の結晶であるかと思うと、夢にも粗末には出来ないのである。私はこの二十五両をもって資本となして、下谷《したや》は上野下町《したまち》に小さな店を開いたのであるが、これがまた私が独立して営業したそもそもの始まりである。

いかに昔は金が貴いというても、僅かに二十五両だけでは堂々と店を構えることが出来ないのみか、店に置く商品とても満足に仕入れることが出来ないのである。そこで私が奉公したときに覚えた乾物商をやり始めたのである。それが案外に儲けがあって、毎月二十両ばかり儲かるようになったので、私もこれに張り合いが出て、朝から晩まで真っ黒になって、しかも(49)草鞋掛《わらじが》けで飛び廻って稼いだものである。その時代における有様を今日から想うとまるで滑稽じみているが、その中にても一貫した信念を有しておったし、また自己の独力をもって奮闘し、決して他人の補助とか厄介《やっかい》にはならぬという決心をもって万事をなしとげたのである。

資本は蓄積の産物なり

それで私は(50)一心込めて営業をしたが、もとより私は丁稚《でっち》も小僧も置かないし、私一人で切り廻すので、しかも私が真っ黒けになって働いているものであるから、諸方から多大の信用を受くるようになって、段々と儲

49　草鞋掛けは、草鞋を履《は》いての意か、草鞋を履くさいに使用する「草鞋掛け」という足袋《たび》のままでの意か不明。草鞋は藁《わら》を編んで作った日本の伝統的な履物《はきもの》。
50　一心込めては、心を集中し、入れ込んでの意。

かるようになったのである。しかし私は自分の腕[51]が満足をしている以上は、生涯決して他人の世話や厄介にならないという決心であったから、乾物商をして幾ら儲けても、これをもって酒色[52]に費やすようなことはせなかったのである。しかして常に今日稼いで貯めておく金は、他日の資本となって大いに儲くることが出来るだろうと思いながら貯蓄したのであった。それから明治の維新となって大いに活動するようになって、今日あるを致したのである。世には資本がないという人があるが、資本は貯蓄の心がけある人なれば多少の時日を待つと、きっと出来るものである。

倹約を実行し得る方法

浪費を省くことが要訣なり

倹約という意義を詳説すれば六ヶ敷《むつかし》くなるが、一言[53]《いちごん》もってこれを掩《おお》えば浪費を省くことである。克己心をもって種々の欲望――即ち贅沢であるところの欲を抑えつけて金銭を無益に遣《つか》わないことである。されば何人でもすぐ容易《たやす》く実行が出来るように思われるが、サテ実際になるとナカナカ口にいうほど容易《たやす》く出来るものではないのである。そこでこの倹約を実行する方法は何であるかというに、まず強固なる意思と倹約をしようと

51 腕が満足をしているは、腕が動く、働くことができるの意。
52 酒色は、飲酒と色事《いろごと》。
53 一言もってこれを掩えばは、一言《ひとこと》で全体の意味を言い表わせばの意。

いう堅い決心とを要するのである。しかしてその意思は一時的のものでなくて、必ずや永久不断であって、なお連続的のものでなくてはならないのである。

世間によくある話だが、「乃公《おれ》[54]は永らく倹約をしてきた。お蔭でこの通りの金持ちになったから、もう倹約をする必要がない」などといってパッパッと金を遣うようなことがあってはならぬ。貧者は自分の一身上のため、倹約を守らねばならぬことはいうまでもないが、富有のものもやはり出来る限りは倹約を実行せなければならないものである。それを顧みないで日常の都合に不自由が無いからといって、富者になった以上は少しも倹約をするの要が無いなどといって心を弛《ゆる》めたならば、それこそ[55]心の駒が狂い出し、たちまちにして[56]驕奢《きょうしゃ》になってくる。驕奢になったらたまったものではない。お金があるに任せて遣《つこ》うてしまうようになる。その揚句《あげく》の果ては[57]元の黙阿弥《もくあみ》に逆戻りするのである。そのときになって、エイッ飛んだことをしたと泣いたり騒いだりして口惜《くや》しがっても駄目である。

水戸[58]藩主の倹約

水戸の藩主、[59]徳川光圀卿《みつくにきょう》の偉いことは、私が今ここにいうに及ばざるところであるが、光圀卿の倹約につ

54 乃公は、男が仲間や目下の者とざっくばらんに話すときに用いる一人称。
55 心の駒が狂い出しは、心が狂うの意。心を駒（馬）にたとえ、馬の手綱《たづな》を誤って、馬が勝手に走り出すことから。
56 驕奢は、おごり贅沢《ぜいたく》をすること。
57 元の黙阿弥は、いったん良い状態になったものが、元の状態に戻ること。
58 水戸藩は、現在の茨城県中部・北部を治めた藩。徳川御《ご》三家《け》のひとつ、水戸徳川家が代々、藩主をつとめた。
59 徳川光圀は、寛永五（一六二八）～元禄一三（一七〇一）年、水戸徳川家の第二代藩主。水戸黄門としても知られる。

いてはあまりに知る人が多くないから、ちょっと紹介することとする。卿は平常《へいぜい》その藩士に対《むか》って、「倹約を守れよ。倹約を守りさえすれば、親類、友達をも助け易《やす》く、また自己の子孫に芸術を教うることも出来る」と(60)訓戒されていたが、卿自身も非常な倹約家であったのである。口にいうは易いが、身、藩主でありながらこの倹約を実行したのは、実に後世の人々のよい手本である。

ある年の夏、(61)原忠右衛門《ちゅうえもん》という方が、「殿様――相変わらず(62)ご機嫌麗《うるわ》しく、誠にお芽出度く存じあげます」と、いわゆるご機嫌伺いに参ったとき、光圀卿は、「オウ忠右衛門か、よくきてくれた。いつもながら馳走《ちそう》がないので気の毒じゃ。よし今日は乃公《わし》が一番奮発して手製の冷麦《ひやむぎ》を振る舞おう」との仰せがあって、すぐ台所から冷麦を拵《こしら》える諸道具を持ち出して参られ、自身で(63)甲斐甲斐しく立ち働かれて、見る間に冷麦を打たれ、「サア遠慮なく箸を着けておくれよ」と忠右衛門に申されて、卿自身も忠右衛門と一緒に召し上がられたそうである。このことも何もお楽しみでやったと申せばそれまでであるが、(64)勢威《せいい》隆々たる卿自身が冷麦を打たれた裡《うち》には確かに倹約のご性質と、倹約を奨励せらるるの心がけが含んでいると思わねばならぬ。

そういう風であるから、(65)奥方にも絹布《けんぷ》を用いてはならぬ、また邸宅に仕うる(66)女中などには総て贅沢な服

60 訓戒は、教えさとし、戒めること。
61 原忠右衛門は、徳川光圀の家来、その他は不詳。
62 ご機嫌麗しくは、ご気分が良い、気分がすぐれているの意。
63 甲斐甲斐しくは、まめまめしく、真心をこめての意。
64 勢威隆々は、権力や威力が盛んなさま。
65 奥方は、夫人。貴人の妻の敬称。
66 女中は、武家屋敷などに奉公している女性。

装をさせず、(67)着物の着方も地を引くようなことは厳禁したのであった。これを考えると私は何ともいえぬ感想が浮かんでくるのである。富貴栄達を極めている(68)水戸黄門《こうもん》公、一度命《めい》を下せば山海の珍味、(69)佳肴《かこう》は意のごとくなるも、なおかつかくのごとくであるではないか。水戸黄門公の偉いということは忠君愛国の精神ばかりでなく、倹約の方面にも現れているのである。

倹約に対する実物教育

水戸黄門公は独《ひと》り衣服の着方ばかりでなく、なお紙を粗末に使うことまでも戒められたのである。しかも多くの女中たちはとかくに紙を粗末にする風習があったから、卿は実物教育をするに限るというお考えで、ある冬の朝、(70)駒込《こまごめ》の邸宅に召し仕っている沢山の女中一同を引き連れて、(71)江戸川の(72)紙漉《かみすき》工場を見物さしたのである。ちょうど冬の朝であるから、寒いことはもちろんである。しかも江戸川に架けてある橋の上は雪のような霜が一ぱいにある。(73)汀《みぎわ》の氷は針のように突き立っていて、流るる水も寒くて、それに(74)膚《はだ》を劈《つんざ》くような(75)川《かわ》

67 着物の着方も地を引くようなは、地面を引きずるような裾《すそ》の長い贅沢な着物を着ての意。
68 水戸黄門は、前出122頁の「徳川光圀」。
69 佳肴は、おいしい料理。
70 駒込の邸宅は、水戸藩の江戸中《なか》屋敷。現在の東京都文京区の東京大学農学部の所在地にあった。
71 江戸川は、神田川中流域の旧称。ここでは、現在の東京都文京区関口と音羽《おとわ》を結ぶ江戸川橋の近くをさす。荒川の東に位置する江戸川（利根川の一水系）のことではない。
72 紙漉工場は、伝統的な和紙製造所。
73 汀は、水ぎわ。
74 膚を劈くは、肌が張り裂けるの意。
75 川寒は、川の岸辺で、ひどく寒いさま。

寒《ざむ》であるから、女中どもは、「オゥお寒い」というて身慄《ぶる》いをするものが多かったのである。しかしこんなに寒いときでも、二、三十人の紙漉《かみす》き工女はいずれも(76)脛《はぎ》を剥《む》き出しにし、洗足《はだし》のままでその橋の上の霜を踏んだり、その氷を破ってザブザブと(77)川の瀬の中に這入《はい》って仕事を始めた。が、その乱れ髪は朝風に(78)なぶられ、身を刺すような極寒の水が顔から手足に浸《し》みて、(79)よそ目に見るだにぞっとするばかりであって、女中どもをして痛く感じさしたのである。女中どもはそれから紙漉き工女の仕事を見ていながら、一枚の紙でも決して粗末に出来ぬわけであると覚《さと》って、それからは一枚でも粗末にしないようになったそうである。

金銭無きときの苦痛

何でも人は経験から割り出した考えが無ければならぬのである。夏の炎天、テクテクと歩くものでなければ、新緑滴《したた》る緑樹の有難味を悟ることが出来ぬ。または砂漠のような無人の処《ところ》を旅行して、渇した経験のある人でなければ、真実に水の味と効能を知ることが出来ないのである。それと同じように、金に困ったのみか、さらに金のためにあらゆる困難辛苦を嘗《な》めた人でなければ、真に金の有り難味《がたみ》は解《わか》らないものである。されば金の無かったとき、金が無いために非常に辛苦したときのことを想像すれば、何人《なにびと》でも倹約の出来ないはずはないのである。世間の人はよく、「金銭の無いのは首の無いよりなお辛い」というが、全くそうである。どんな人

76 脛は、足の膝《ひざ》からくるぶしまでの部分。
77 川の瀬は、川の流れが速く、浅い場所。
78 なぶられは、いたぶられ、もてあそばれての意。
79 よそ目に見るだには、当人ではなく、他人から見るのでさえの意。

でも全くの一文無しであれば食うことも出来ないから、ついには飢えに迫って餓死する他には道が無いのである。されば首の無いのも同然である。モウこうなれば普通の苦労とか、辛いという程度を通り越しているのである。だからこれは格別とするが、例えば親や兄弟が大病に罹《かか》って将《まさ》に命が旦夕《たんせき》(80)に迫ったときなどに、金が無いために医者の診察を受けることも出来ず、養生になるものも食わせることが出来ないという場合があったとしたら、その当人の辛さと病人の苦悶は思いやらるるであろう。これも平素から倹約をしないためと思えば、何人も倹約の最も尊ぶゆえんと悟るであろう。

金銭の有難味を思い起こせ

また貧窮のときなど、往々にして金が無いために生きた心地が無いことがある。一文無しの若者などが奉公をしようと思うて、田舎から東京にきたとして、あちら、こちらと奉公口を詮索《せんさく》(81)する。知人や桂庵《けいあん》(82)の手を借りようとして東西南北に駆けずり廻るのである。しかし容易に雇うてくれる人が無い。たまたま雇い主があっても逢うて見ると、それはいけぬとか、こうしなければ駄目であるなどと色々な難癖をつけて容易に雇うてはくれぬ。いかに泣きつこうとしても沢山の奉公人の志願者があるから、寄りつくしまもない(83)ことになるのである。とかくするうち軽い財布はたちまちにして空《から》になる。下宿屋の主人は手酷《ひど》く宿料《しゅくりょう》の催促をやってくるし、

80　旦夕に迫ったは、今日の夕方か明朝かというほど事態がさし迫ったの意。
81　詮索するは、細かい点まで調べること。
82　桂庵は、当事者間に立って、奉公先などを世話する業者。
83　寄りつくしまもないは、まったく相手にされないさま。

着物やその他の持ち物もいつとはなしに金銭に換えられて、ついには何物も無く、裸一貫の痩せたる男となるのである。

その時の境遇と煩悶、苦痛は定めし首飛ぶよりもなおさら辛いだろうと想像せらるるのである。その辛いときに際して金銭が手に入りてその辛いところを免れることが出来るか、あるいは一方にその窮苦を免かれることが出来る活路を得たときの嬉しさ、金銭の有難味はまた格別である。おそらく天下何物にも譬《たと》えるものが無いのである。よく世の人がいうが、後《のち》(84)の百より今五十という俚諺《りげん》(85)があるが、それよりも嬉しく、全く命の親、生涯の恩人として忘れずに感謝するであろう。それ故に何人も、絶えずかように金銭の無いために非常なる苦痛を嘗《な》めたことを想像していれば、たとえ僅少の金銭であるからといっても、そう無益に費やさないものである。

84　後の百より今五十は、今日の一つは明日の十に勝るというたとえ。
85　俚諺は、諺《ことわざ》。

第五編　立身出世策

将来見込みのある青年

まず自己の関係範囲内にて働け

現今のような社会の秩序が整然たるときにおいて、青年活動する余地がないというようなことをいう者がある。私は決してそんなことがあって堪《たま》るものかと思っている。何でもよい、自己の関係する範囲内において活動すればよい。会社の(1)帳面係に支配人の仕事をせよというわけでもなし、(2)属吏《ぞくり》に(3)外交談判をさせようというわけでもないのであるから、何なりその自己の関係する範囲内において活動すればよい。よく働いてゆけばよい。活動、活動といって飛んで歩くばかりが活動でない。成功というと誰しも(4)バンダービルトになると

1　帳面係は、経営をになう役職ではなく、帳簿をつけたりする下役の人。
2　属吏は、下級官吏。
3　外交談判は、相手と話し合って交渉ごとをすること。
4　バンダービルトは、一七九四～一八七七年、コーネリアス・バンダービルト Cornelius Vanderbilt。蒸気船と鉄道の経営によりバンダービルト財閥を創始したアメリカの実業家。

か、グールド[5]になるとか、一攫《かく》千金、何億万円の金を積むことばかりが成功のように思うが、こういう風の成功は始終出るものではなく、まず百年に二人や三人きり出ないものである。これを真似ようというのは能《あた》わざる[6]をなすもので、そういう主義の成功は危険千万である。ただ己れが関係する範囲において成功すればよい。こうして一つ一つ成功を積んでゆけば、初めて大なる成功者となるのである。

一部分にても成功は成功

例えば簿記係、年中帳面を付けている者は成功しようとは思えないだろうが、記帳が正確にして誤らず、あの人ならば記帳のこといっさいを任しても差し支えないと側《がわ》[7]から評さるるようにならば締《しめ》たものだ。その者は立派にその関係する事業に成功したものである。ついては簿記係長に累進[8]せしめようとなる。しかしてその人が帳簿の監督については間違いはない、かの人ならば簿記のことといっさい委ねても宜《よ》いと側からいわるるようにならば、その者にとりては立派な成功である。かくのごとくにして簿記係より簿記係長、会計課長、支配人となってゆくのである。小さな成功を数個を成功すれば、初めて見るべき成功者となるのである。世の青年がこれをこれ思わずして、一足飛びの成功をのみ夢見ているのはとんでもない謬見《びゅうけん》[9]である。

5　グールドは、一八三六～九二年、ジェイ・グールド Jay Gould。アメリカの大鉄道事業家で、また、市場を意のままに上下させることができると称された投機家。
6　能わざるをなすは、不可能なことをしようとするの意。
7　側からは、第三者からの意。
8　累進は、地位などが次々に進み、上位にのぼること。
9　謬見は、間違った考え。

ただ元気よく職に尽くせ

活動というもまたこれと同じく、青年の活動といったからとて、徒《いたずら》に声を大にして朝野《ちょうや》[10]の間を駆け廻るというのではない。ただその関係している範囲内で生き生きとして働いておればそれでよいのだ。眠たいような眼をしてその職に噛《かじ》[11]りついているがごときは予輩《よはい》[12]の取らないところだ。ただ元気よくその職に尽くす。万人総て皆かくのごとくなれば、青年の活動を見得《う》るであろう。我が青年がことごとくエーナーチテック[13]に働いてくれたならば、天下のこと、誠に容易《たやす》く出来ることだろうと思う。これが私の事務員を監督する唯一の主義である。

予輩が維新の際、働いたときのことを考えたならば、今の青年は誠に仕合せなものである。当時は薩、長、土、肥[14]といって、薩、長、土、肥の勢力は大したものであった。薩摩、長門《ながと》[15]、土佐、肥前出身のものならざれば人でないように思っていた。従ってこの以外の者が働こうと思うには一方《ひとかた》ならぬ不便、圧迫にあった。私のごとき越後[16]の山奥からやってきた者が、何か一つ事業を創《はじ》めようと思ってもなかなか出来るものではない。利益のあること、見込みのあることなどは、薩、長、土、肥の関係ある者のために奪われてしまう有様であるか

10 朝野は、世間、天下。
11 噛りついているは、離れまいと、しっかりとしがみつくの意。
12 予輩は、わたしの意。
13 エーナーヂテックは、エネルギッシュ、精力的の意。英語の energetic。
14 薩、長、土、肥は、薩摩・長州・土佐・肥前の四藩。明治維新を推進し、明治政府の主要官職に人材を供給した。
15 薩摩、長門、土佐、肥前は、ほぼ現在の鹿児島、山口、高知、佐賀に位置した藩の名。長州藩は周防国《すおうのくに》と長門国《ながとのくに》を領国とし、通常は長府、徳山、清末《きよすえ》、岩国の四支藩を含めていう。
16 越後の山奥は、新発田藩の城下町のこと。大倉喜八郎が自己卑下した言い方。

ら、その間に立って商売をしようとした私が当時嘗《な》めた苦い経験はなかなか話になったものではない。

加うるに[(17)]士農工商、商人は社会の下級に位すべき者だと卑しめられておったのであるから詰まらない。それを少しも察せず、今の青年諸氏が、大倉の若いときは維新の際であるから[(18)]一攫千金《いっかくせんきん》の儲け口もあった、しかし今はこんなことは[(19)]毫頭《ごうとう》ない。活動したくも活動しようがないなどという者あらば、私はそれらの人に告げたいのだ。今日は小なる日本ばかりの時代でないから、活動したくば韓国にゆく可なり、満洲にゆく可なり。さらに[(20)]南清地方、北米地方にゆく大いに可なり。どこでも行ってその[(21)]伎倆《ぎりょう》を試むるがよい。どこへ行ったとて、私が維新の当時嘗《な》めたような[(22)]辛酸《しんさん》は嘗めずとも済むことである。

今後の成功は活動によるのみ

今後の成功は活動にあり。成功者の伝記などのみに[(23)]眼を曝《さら》して働くことをせないならば、いつまでたっても成功する見込みがない。成功せんとせば働くに[(24)]如《し》くはない。労働は神聖なりとはよくいったもので、朝鮮

17 士農工商は、上から武士、農民、手工業者、商人の順とした近世の身分制。
18 一攫千金は、一度にたやすく巨額の利益を得ること。
19 毫頭ないは、ほんの少しもないの意。
20 南清地方は、清国時代の中国南部。揚子江より南をさす。
21 伎倆は、腕まえ、手並み。
22 辛酸は、つらい目、苦しい思い。
23 眼を曝しては、すみずみまで見ての意。
24 如くはないは、それに及ぶものはないの意。

に行ってみると、人民が労働を嫌う結果、一つとして亡国の徴《ちょう》ならざるはなし。[25] 座食の民は[26] 済度《さいど》すること[27] が出来ない。貧者であれ富者であれ、いやしくも生をこの世に享《う》けたからには、出来るだけ働かなければならぬ。出来るだけ働き、しかしてなお思う効果を収め得べからずとすれば、それは天運の向かわざるところと諦《あきら》むるより外はないが、稼ぐに追いつく貧乏なしとかやらで、働きさえすればどうにかこうにか一歩一歩成功の境に近づいてくるのである。

人は働くために生く

人は生きているから飯を食うのか、飯を食うから生きているか。もちろん生きているから食うに相違ない。人は生きているから働くのか、働くがために生きているのか。無論働くがために生きているのである。すでに働くがために生きているものとすれば、この世にあらん限り、力の続かん限り、営々としてその業を励まなければならぬ。従来、金満家[28]の子息らは労働しない者と決まっておった。しかしながらこれは不量見[29]の甚だしきもので、金持ちであろうが、いやしくも人間たらん以上は働くべき義務がある。バンダービルトの子が

25　亡国の徴は、国が滅びるきざし。
26　座食は、働かないで生活すること。
27　済度は、救うこと。仏教用語。
28　金満家は、大金持ち。
29　不量見は、よくない考え、考え違い。

工師《エンジニヤー》[30]である。先年渡来せる東洋第一の巨船[31]ミンネソダの持ち主たる、有名なる[32]大北鉄道会社長[33]ヒル氏の子息も、同会社の書記を勤めている。[34]モルガンでも[35]ロックヘラーでも、その子をして座食せしめておくような馬鹿ではない。日本の人が少しばかりの金のあるのを頼んで、無職遊惰《ゆうだ》にその日を送ろうとするのは何たる不量見の甚だしきものであろう。何でも働くのが緊要である。

この二事《じ》さえ遂行すれば必ず事は成就する。つまり見込みありと思われる人である。

青年処世道

全精力を傾注すべし

社会の進歩に伴って、自由競争はますます激烈になってくるものである。しかして適者生存というわけで、

30　工師は、技術者、エンジニア。
31　ミンネソダは、グレート・ノーザン鉄道会社が建造し、太平洋航路で運航した大型貨客船・ミネソタ号。
32　大北鉄道会社は、グレート・ノーザン鉄道会社。一九世紀末に設立され、ミネソタ州の鉄道から大陸横断鉄道まで拡大したアメリカ企業。
33　ヒルは、一八三八〜一九一六年、ジェームズ・ジェローム・ヒル James Jerome Hill。建設した鉄道の地域社会に及ぼす影響が広いので、帝国建設者と称された鉄道王。
34　モルガンは、一八三七〜一九一三年、ジョン・ピアポイント・モルガン John Pierpont Morgan。一九世紀末に世界最大の銀行家になり、アメリカ三大財閥の一つであるモルガン財閥を創設。
35　ロックヘラーは、一八三九〜一九三七年、ジョン・ディヴィソン・ロックフェラー John Davison Rockefeller。スタンダード・オイルを創業したアメリカの石油王。ナショナル・シティー銀行ニューヨークを創業した弟のウイリアムと一緒に、アメリカ三大財閥の一つであるロックヘラー財閥を創設。

社会に後れる人は不適者として失敗するものである。従って処世の法は難しくなってきて、中にも青年が初めて世に処するには、なおさら一段の工夫と用意とが必要である。私はこれについて、「怠《おこた》らず行《ゆ》かば、千里の末も見ん。牛の歩みのよし遅くとも」の心がけをもって、世に処すべきものであると思うのである。猥《みだ》りに急ぐなかれ、駆け足するなかれ。今日より明日、明日より明後日と、一日は一日より一歩ずつを進めて力を強めてゆくことを勧めたいのである。そしていったん進み始めた以上は、全精力を傾注して進まねばならぬ。私が急ぐなかれ、駈け足するなかれというのは、向こうみずに進むこと、いわゆる野猪《やちょ》的の突進をなすなということである。自己の力量相応に活動してゆけというのである。

充分に事業と自己の力量、才能、信用とを較べて、成算があると認めた以上、精力一杯を出して働けばきっと成功するものである。しかし初めよりあまりに大なるものは、その精力を傾けても実績が容易に挙がらないから、一歩より一歩を高めてやるような事業が宜《よ》いのである。総て事業そのものの価値と人の実力は、実行によって始めて証明せらるるもので、またその効が現われるものであるから、十の理想でも六の実行力しか無いと思うものは、まず実行してその六の実行力を事物の上に現わし、それからその実行によりて得たる経験と力をもって、さらに進んでゆけば決して失敗は無いのである。実行力が無い猛進はきっと中途において蹉跌《さてつ》するものである。

36　処世の法は、世渡りのやり方。
37　よしは、たとえ、かりにの意。前出96頁の「よしや」と同義。
38　野猪的の突進は、あとさきを考えずに突き進むこと。猪突猛進と同義。

自由の天地に活動せよ

つまり人物経済ということを最も考えなければならぬ。人が多くて働く場所が少ない所におって、どうして好い結果を見ることが出来ようか。現時、青年の生活難も求職難から生まれ出てくるのである。今ここに五人の事務員を採用しようとするとき、八人から十人、二十人というように沢山の希望があったならば、そこに激烈な競争が現われくるではないか。しかしてもしも五人の採用に際して希望者が四人あったとしたときには、いずれの希望者も満足するのである。需要供給の大法はやはり人物経済にも行なわれてある。

翻《ひるがえ》って我が国現今の模様はどうであるか。人物は供給が多くて需要は少ない状態ではないか。それ故に青年などはこんなに窮屈な思いをして種々な悲劇を演じている。競争のはなはだしい(39)内国においてするよりも、自由の天地に向かって進むのが得策である。世界的に活動をして、なるべく産物が多くして、かつ事業も沢山ありて、しかも競争の少ない方面に向かって、大いに働く方が宜《よ》いと思うのである。土地は北の寒い北海道より台湾の方が宜《よろ》しく、さらに満韓から南清、南洋方面が必ず有望である。私はかようの見地からして、南清と南洋地方においてある活動もなしているが、案外の好成績を示しているのである。青年諸氏はくれぐれもこの辺の消息を知るばかりでなく、実行の勇気を揮《ふる》わねばならぬ。

確実なる地歩を進むべし

青年が世に処するの要訣は、競争者なく、かつ事業多き土地において活動するにあるも、また業務に対して

39　内国は、国内。

は絶対に忠実でなければならぬ。邁往《まいおう》の精神で(40)不退転の信条を実行せなければならないのである。私が今より六十年前のこと、ちょうど十八のとき、北陸のある片田舎から江戸にきた時分は、武士の勢力が強くしてとても立身出世などは六ケ敷《むつかし》いと思われたが、私は私の境遇と力とを信じて、最も低いところから築き上げて、あらゆる艱難と戦い、総ての経験を積み重ね、仕事も主人のため、はたまた自分のためと信じて最も忠実に働いたのである。そしてその効が集まって確実な地位を得ることが出来て、ようやくにして今日あるに至ったのである。私の今日あるは一に着実で熱心であったからである。

それに青年は血気が盛んで、種々の欲がはなはだしく、中にも色情と酒食の欲は猛烈であるから、これがために失敗する者が多いから、この二つについても自から警《いま》しめねばならぬのである。また妻帯をするのも余程考えてから迎えねばならぬ。一家を創《はじ》めても、何不自由なく生活をして行けることなれば、別に(41)仔細は無いが、そうでなければ生活上の困難から種々の障害がきたるものであるから、無理に妻帯することは見合わした方が得策である。晩婚もその人の素行上、悪影響があるかも知れないが、早婚の弊はその人をして萎靡《いび》せしめ、将来の発展を阻止し、前途の光明を遮《さえぎ》ることもあるから、晩婚の方がよいと信ずるのである。私は青年に対して妻を迎えるならば、一家を支える用意が出来た上にすべしと勧告するのである。私もこのことを意識していたから、(42)三十歳のときに結婚したのである。

40 不退転は、志を堅くもって屈しないこと。
41 仔細は無いは、これといった問題はないの意。
42 三十歳のときに結婚は、持田トクと結婚した年である三九歳の誤りかもしれないが不明。大倉喜八郎の三〇歳は慶応二（一八六六）年に当たるので、川口タマとの同棲のことかもしれない。前出14頁の「妻を始めて迎えたのは、明治五年のこと」を参照。

青年時代は勤勉力行《りっこう》主義

有名な(43)蒲生氏郷《がもううじさと》先生の(44)物せられた、「(45)明日ありと思う心の仇《あだ》桜　夜半《よわ》に嵐の吹かぬものかは」という歌は、青年の最も(46)咀嚼《そしゃく》すべき意味を有しているのである。青年はとかくに誘惑に陥りて自己の地位や境遇や社会を忘れてしまうことがある。それで自己の欲に負けるのみでなく、ついには人にも負けて来るのである。それ故に青年は日夜良心の指図《さしず》に従って、(47)かりそめにも物事のために心を奪われてはならぬ。たとえ仕事をするのにも同時に自己の修養ということを忘れてはならぬ。周囲の事物や種々の(48)情実に際会しても、常に研究し、反省し、自覚し、自得するようにして社会の(49)地平線上に立って奮闘すべきである。

何事も六ヶ敷《むつかし》いものであるというて、(50)袖手《しゅうしゅ》して何らなすなく(51)茫乎《ぼうこ》としているよりは、冷静な態度をもってこれに対してゆかなければならぬ。しかも冷静で自由、(52)快濶《かいかつ》な精神をもって進まねばならぬのである。かくして青年は確実な地歩を占むることが出来て、一生の計を樹《た》てることが出来るのである。何でも青年は冷静

43　蒲生氏郷は、弘治二（一五五六）～文禄四（一五九五）年、戦国時代から安土桃山時代にかけての武将・キリシタン大名。
44　物せられたは、詩文などを作られたの意。
45　「明日ありと…吹かぬものかは」は、親鸞が仏門に入る決心をした九歳のときに詠んだ歌ともいわれる。仇桜は散りやすく、はかない桜花。
46　咀嚼は、よく考え、十分に理解して味わうこと。
47　かりそめにもは、仮にも、決しての意。
48　情実は、個人的な感情・事情がからんで、公正な取扱いが難しいことがら。
49　地平線上には、目の前に、目の高さにの意。
50　袖手は、労を惜しんで、自分からは何もしないこと。
51　茫乎は、ぼんやりとしているさま。
52　快濶は、心が広く、さっぱりしているさま。

で誘惑に[53]羈束《きそく》せられずして、しかも不断に勤勉力行であれば、その処世の[54]要道を得て適者生存という大法の下において、成功の[55]月桂冠を得るものである。これらは口や筆で尽くせぬことで、実行は六ヶ敷いようではあるが、少しでも実行して好良《こうりょう》の成績を挙げたならば、それからそれへと趣味の考えも出来て、実行力はすぐ養成せらるるものである。

青年は飽くまでも猛進せよ

渋沢さんは渋沢さん

かつて渋沢男爵が実業界から[56]退隠《たいいん》されたというので、この私に向かっても色々のことを聞く者があった。が、渋沢さんは渋沢さん、私は私で、何も人真似をすることは要《い》らぬ。人真似をするのは、自分に確信がないからである。自分に確信さえあれば、別に[57]人の振りを見る必要はない。私は私の主義として眼を瞑《つぶ》るまでは飽くまでも勤労を続けたい。若い時分からの習慣を[58]一朝《いっちょう》にして改めるのは、第一、身体の健康にも良くない

53 羈束は、自由を束縛すること。
54 要道は、大切な教え、大事な方法。
55 月桂冠は、栄誉、最も名誉ある地位。
56 退隠は、引退すること。
57 人の振りは、他人のやり方。
58 一朝にしては、すぐにの意。一朝はわずかな時間。

からで、とにかく私には楽隠居などの意思は[59]毛頭《もうとう》ないのだ。

この目の玉の光っている間は

今はモウ[60]入寂《にゅうじゃく》されたか知らぬが、[61]大覚寺《だいかくじ》の前の[62]和尚《おしょう》はナカナカ偉い坊様であった。隠居の身となるや否や、さっそく沢山の人を雇ってきて、その隠居所の周囲一面にウンと茶の木を栽培《うえ》させ、自分も[63]黒汗《くろあせ》になってそれを指揮監督しておられた。見る者が皆、驚いて、「あの和尚はどうしたのだろう、[64]俗化の仕方があまり激しい」などと噂《うわさ》し合っていたが、[65]燕雀焉《えんじゃくいずく》んぞ鴻鵠《こうこく》の志を知らんやで、和尚のいうところを聞いてみればなるほどと首肯《うなづ》かれる。「[66]愚衲《ぐとつ》はすでに隠居の身となったけれども、身体はまだ[67]矍鑠《かくしゃく》としているから、目の玉の光っている間は何か働かねばならぬ。[68]終日なすこともなくこの貴い[69]光陰を送るというのはいかにも勿体《もったい》ないので、まずこの通り茶を栽培《うえ》させてみた。収支の計算が相償《あいつぐな》い、多少でも一国の生産を増すこととも

59 毛頭ないは、まったくないの意。
60 入寂は、僧が死ぬこと。
61 大覚寺は、京都嵯峨《さが》にある真言宗の寺院。
62 和尚は、仏教の僧の敬称。
63 黒汗は、身体がよごれるほど汗をかくこと。
64 俗化は、神聖なものが、世間一般の下《くだ》らないものになること。
65 燕雀…志を知らんやは、燕・雀などの小鳥にどうして大きな鳥の志が分かるだろうか、小人物には大人物の大きな志は分からないの意。鴻はおおとり、鵠はくぐいで、白鳥の古名。ともに大きな鳥。中国の『史記』にある。
66 愚衲は、僧が謙遜して自分をさす語。衲は僧。
67 矍鑠は、年をとっても丈夫で元気なさま。
68 終日は、一日中。
69 光陰は、月日、歳月。

相ならば、愚衲の望みは満足で、この次からは今いっそう奮発して木の数もウンと殖《ふや》す心算《しんさん》じゃ」といっておられたが、これ頗《すこぶ》る私の意を得ている。

乞食といわれるが坊主の名誉(70)

和尚また曰く、「いう人には好きなようにいわせておく。しかし坊主が茶を栽培《うえ》たからとて、何がそんなに不思議じゃ。仏法と(71)俗事とはそんなにかけ離れたものではない。イヤ俗事を離れては仏法の必要はなくなる。仏法も(72)俗界に超然たるもののように考えているのは大きな間違いでござる」と(73)喝破《かっぱ》し、「イヤ間違いといえば坊主の中にもずいぶん不心得な奴があるわい。人から(74)乞食坊主とてもいわれようものなら火のようになって怒るが、これがそもそもの大間違いで、坊主はもともと法を説きながら乞食をして歩いたものじゃ。この(75)鉄鉢《てっぱつ》――これも真実は木製ではない。皆、鉄で拵《こしら》えたもので、家ごとに法を説き廻って、そこで米なり野菜なりを貰えば、それをそのまま火にかけ、何もかも混同《ごっちゃ》に煮て食ったものじゃ。かように(76)勇猛精進《しょうじん》してその使命を果たしたものじゃから、乞食坊主と呼ばれるのは坊主としてむしろ名誉というべきわけじゃ」と常に

70 坊主は、僧。
71 俗事は、世俗での雑事。
72 俗界は、俗世間。
73 喝破は、大声でしかりつけること。
74 乞食坊主は、僧をあざけっていう語。僧が仏教修行のため、他人から分けて貰う少ない食物のみで満足し、鍛錬することを、怠けて他人に物乞いすることとみなすことから生じた。
75 鉄鉢は、僧が托鉢で食物などを受けるのに用いる鉄製の鉢。
76 勇猛精進は、勇敢かつ精力的に物事を行なうこと。

話された。

世評を苦にしては仕事は出来ぬ

実業家もいわゆる乞食坊主のごとく、飽くまでも勇猛精進してその使命を果たすという奮闘心がなければならぬ。何でも自分の信念を確固にして、たとえ他人が、「(77)こせづく」と笑おうが、「(78)吝嗇漢《けちんぼう》」と嘲《あざけ》ろうが、そんなことにはいっさい頓着せず、自分の信ずるところに向かって飽くまでもやり通さなければならぬ。私などは若いときからいやしくも、こうと心に決したことは他人の批評や世間の思惑などを顧みず、ズンズン断行してきたものだ。他人の毀誉褒貶《きよほうへん》を一々気にしていた日には、何事も出来るものではない。自分の頭脳で、「これならば天地に対し毛頭愧《は》ずるところはない」と判断した以上は、(79)颯々《さっさつ》と思い切りよく断行するに限る。世間には褒める人もあれば、また(80)誚《そし》る人もあるに決まっている。皆が皆に褒められる者はまず(81)常人《じょうじん》にはありそうもない。

77　こせづくは、ゆとりがなく、こせこせするさま。
78　吝嗇漢は、けちな男。
79　颯々は、さっと風が吹くさま。
80　誚るは、非難するの意。
81　常人は、普通の人。

万人《ばんじん》に褒められる人は考えもの

かつて(82)徳川家光《いえみつ》公の御前《ごぜん》で、「何其《なにがし》は世間の人々が皆、褒《ほ》めている」というようなことを話していると、公はこれを聞きつけて、「総て一様に褒められる者にとかく善人は少ないものじゃ。半ば褒められ半ば誹《そし》らるる者にこそ採《と》りどころはある。誰の気にも入《い》る者は(83)資性(84)軟弱で、物事に(85)雷同付和するか、さもなければ(86)阿《あ》諛諂佞《ゆてんねい》、人の気に入ることばかり考えている。半ば褒められ半ば誹らるる者の上について、なに故褒められ、なに故誹らるるのかとよく道理にかけて考えてみれば、その善悪は自《みずか》ら分かるるものじゃ。例えば訴えを聴くにも、一方は勝ち、一方は負ける。負けた者は(87)奉行《ぶぎょう》を誹り、勝った者は奉行を褒める。双方から共に褒めらるる理《わけ》はない」といわれたそうだ。いかにもこの通りで、皆が皆に褒められるのは阿諛諂佞の小人《しょうじん》か、あるいは(88)奸智に長《た》けた(89)梟雄《きょうゆう》か、また常識外《はず》れの大馬鹿者でなければ出来ぬ芸当である。要するに、世間の毀誉褒貶のごときはあまり気にかけず、自分の信ずるところに向かって猛進すべきである。

82 徳川家光は、慶長九（一六〇四）～慶安四（一六五一）年、江戸幕府の第三代将軍。
83 資性は、生まれつきの意。
84 軟弱は、意志・態度が弱々しいさま。
85 雷同付和は、自分の信念・見識がなく、他人の意見に同調すること。付和雷同と同じ。
86 阿諛諂佞は、おべっかをつかい、疑い深く、おもねること。
87 奉行は、ここでは、裁判を行なう町奉行所などの長官のこと。
88 奸智に長けたは、よこしまな知恵に満ちたの意。
89 梟雄は　残忍で勇猛な人。

青年成功の道は即ちこれなり

人間は働く動物なり

世の中では、私を成功したの何のというけれど、こんな微力なことではまだまだ成功などということは出来ない。こんな成功ならば、亜米利加《アメリカ》辺《へん》へ行けば箒《ほうき》で掃《は》くほどある。それで若いときからどういうことを信じてきたか、どういう考えで働いてきたかというに、私は若いときも今も、「人は動物なり。動物は働くものなり。働けば身体の諸機関も共に発達す」と確信して、今の若い人などの真似の出来ないことをやったものだ。何でも人は働かなければ駄目である。いくら働いたからとて、決して害になるものではない。働けば働くほど、脳も発達する、心情も発育する、肺も丈夫になる、胃も健全になる。私が今日《こんにち》このように達者なのは、つまり青年時代より今日まで一日も休みなしに働いたお蔭であろうと思っている。何でも働かなければ駄目だ。(90)稼ぐに追いつく貧乏なしということがあるが、これは確かに真理である。人は先天的に働くように出来ているのだから、働かなければ世の中に出る必要はないのだ。

かくのごとき者は私は大嫌いなり

それから働くといっても、無茶苦茶に働いてそれで可《い》いかというに、そうではない。私などは若いときから

90　稼ぐに追いつく貧乏なしは、常に精を出して働けば、貧乏に苦しむことはないという意の諺。

目的をキチンと定《さだ》めてかかって、今日までその目的を少しも忘れぬ。というのは私が元来商人だから、商業は私の生命《せいめい》である。その商業の基《もと》はというと工業だ。それで私はこの商工二つを生命とし、目的として、この二つの生命に私の一身を託して今日まで少しも外見《よそみ》をせずに真っ直ぐにやってきた。ところが世の中にはずいぶん最初定めた目的を途中で廃して、さらに新規に目的を立てるような人があるけれども、そんな人は私は大嫌いである。

ここに成功の主眼あり

そこで目的を立てて商売に取りかかるとしても、まず覚悟してかからなければならぬことは、総て商売というものは利益もあれば、また損もあるということだ。(91)柳の下にはいつも鰌《どじょう》はいない。ときには見込みを十分につけてやっても、ときに思わぬ損をすることもある。そのときに前から覚悟を決めておらぬ者であると、周章《うろた》えて莫迦《ばか》な真似をしたり、悲観したりして、ついには(92)耶馬渓《やばけい》なんかに出かけるようなことになるのだ。これではまだまだ修業が足りない。私などは最初商売に手を出すときに、前途にはきっと障害物があるに違いないと、最初からチャンと覚悟してかかる。すると案の通り種々の大障害物に出食わす、いやずいぶん命までも危ないような大障害に出会ったことが沢山ある。しかしそこを甘《うま》く切り抜けるのが成功の主眼だ。口でこそ切り抜けるというけれども、実際はなかなか容易のものではない。もし商売でもやろうという気があるなら、

91 柳の下にはいつも鰌はいないは、たまたま幸運なことがあったからといって、いつも同じようにそれを得られるわけではないという意の諺。
92 耶馬渓は、現在の大分県中津市にある断崖絶壁の渓谷からなる名勝地。自殺の名所でもあった。

一つやって実験してみるがいい。実に驚くことがある。私などが幸いに今日あるを得たのは、つまりその呼吸を多少知っていたからである。

この三点が成功に導く案内者

私は他の事業は(93)頓《とん》と知らぬ。ただ私の商売だけについていうならば、成功の根本基礎ともなるものは何かというに、何よりもまず経験と誠実と(94)胆力とのこの三つ。これがなければいかに(95)敏腕家《びんわんか》でも何でもしょせん成功はしない。私はこの経験、誠実、胆力の三つを成功の真髄と心得ている。なかんづく誠実が欠けては物にならぬ。誠実の欠けた仕事に長く続いた者があるか。どうも誠実がないと(96)目前一時《もくぜんいちじ》の利己主義に傾いてしまって、国家や社会はどうなっても可《い》いという風になる。そういう奴が即ちいわゆる一攫千金を夢見る連中で、碌《ろく》な成功が出来るものか。あの米国辺《へん》の(97)パテントなどもそんな連中がやるのであろう。

大胆に実行せよ

私は平素から、「人の生命は短いもんだ」という覚悟をしている。だからいわゆる人事を尽くして天命を待っ

93　頓とは、まったくの意。
94　胆力は、ものに動じない気力。
95　敏腕家は、物事を正確にすばやく処理できる人、腕利き。
96　目前一時の利己主義は、目の前の一時的な利益を追い求めること。
97　パテントは、特許。英語の patent。ここでは、特許を食い物にするパテント・ゴロが行なう特許行為。

て、尽くすだけのことを尽くした以上は、どうだろうこうだろうなどと(98)クヨクヨ心配することは決してしない。成敗《せいはい》はいつも天に任しておいて、極めて大胆に、極めて楽天的だ。失敗したってすぐ諦めてしまう。役にも立たぬことをクヨクヨ心配している奴にはとうてい碌《ろく》なことは出来ない。クヨクヨと心配するというのは、あれは皆、(99)胆っ玉の小さなところから出るので、そんな豆粒のような胆っ玉では事業なんか起こさぬが可《い》いと思う。私なども今日まで失敗したことは度々《たびたび》あるが、失敗するのはひっきょう自分の脚元が解《わか》らんからである。だから決して愚痴などをこぼしたことはない。心配とか愚痴とかは精神上の一種の病気である。そんな病気があっては、とうてい愉快に敏活に働くことが出来るものでない。私は昔から一度もそんな考えを起こしたことが無いのである。

立身出世する確実なる秘訣

表面のみを装おうと失敗す

人間は勇気が無ければ、とうてい駄目である。勇気が無くては万事成就《じょうじゅ》するものではない。社会のこと総

98 クヨクヨは、いつまでも気にかけて、あれこれと思い悩むさま。
99 胆っ玉は、ものに動じない気力。胆力と同義。

て勇気が第一である。見よ、(100)日糖や(101)日醤を始めとして近頃頻々《ひんぴん》として有名な会社が(102)醜態を暴露するというのは、要するに勇気がないからである。即ちありもしない金をあるように見せかけようなんて、そんな卑怯な話があろうか。こんなことをして体裁を飾ろうとするから、結局(103)尻尾が現われるのだ。とかく人間社会は個人でも会社でも、無闇《むやみ》に表面ばかり善《よ》いように装おうとする傾きがある。そんなことでは何が出来るものか、とうてい大成功は六ケ敷《むつかし》いのである。ただただ当たり前のままを現わして善《よ》い。金が無ければ無いで善いではないか。それが出来ないというのは、つまり勇気が無いのである。

成功の原因ここにあり

私がもし成功したというならば、それは全く勇気が元だと思うている。御維新当時の戦争でずいぶん危険な目にも遭《あ》った。その間《あいだ》で商売するのであるから、たまったものではない。仲間の者は大概殺《や》られてしまった。私も今日は殺されるだろう、明日は殺されるだろうと思い続けていた。それが不思議にも生き延びて今日まで平気でいられるのだ。それは運とか(104)天幸とかいうものも手伝うていたかも知れないが、要するに勇気だ。ナニ糞《くそ》、外《ほか》の奴らがやって出来なければ、乃公《おれ》が一つやっつけてみせるという考えでやり遂げたのである。こん

---

100 日糖は、日本製糖株式会社。明治三五（一九〇二）年、会社に有利となる法律の延長を図って贈収賄《ぞうしゅうわい》事件を起こし、七年後に発覚、その三年後に判決が確定。

101 日醤は、大日本醤油株式会社。明治四〇（一九〇七）年に設立され、不正添加物を使って醤油を即製して摘発され、三年後に失火のため解散。

102 醜態は、恥ずかしい姿、浅ましい姿。

103 尻尾が現われるは、化《ば》けの皮がはがれること。

104 天幸は、天の恵み。

な危険に遭《あ》って商売した者は今の若い連中には沢山にはあるまい。勇気の無い奴は全く[105]腑甲斐《ふがい》ない、何事だって出来ないのだ。

勇気の生ずる原因

しからば勇気はどこから生ずるかというと全く自分の決心一つだ。決心がなければ勇気が出てこない。決心が堅ければ勇気は出てくる。どうでもこいつをやっつけるという決心がなくてはならぬ。そうすると自然勇気が出る。とにかく自分を飾るのが一番いけない。人の評判などに頓着するから飾りたくなるのだ。無い物をあるように見せかけようなんてするのは、卑怯者のすることである。剥《む》き出してやっつけねば真の大事業は出来るものではない。それが出来ぬのは結局勇気がないからである、ということを最後に[106]反覆しておく。

105 腑甲斐ないは、全くだらしがないの意。
106 反覆は、同じことを何度も繰り返すこと。反復と同義。

第六編　処世の要道

処世上の一大秘訣

大胆に機会を捉《とら》えよ

いやしくもこの激烈なる生存競争場裡《じょうり》にあって、成功をしようとするならば、幾つの条件もあるが、そのうち最も大切であるのは大胆にして機会を捉えることである。しかして自己の事業の発展に資するものである。その機会を捉えたらば、飽くまでも利用することをも考えねばならぬのである。これについては世人に一つ注意しておきたいことがある。即ち人の歓迎とか、または送別の式場なり、また種々の会場に出かけることである。そうすればその当の本人に対しても多大の厚意を表明したことになり、かつまた集まってきたところの多数の人々に対しても、久闊《きゅうかつ》(1)を叙《じょ》することが出来たり、または自己の業務上からの打合せも出来るのである。

されば停車場において送別の挨拶をしたり、または歓迎する場合などに際しては、素《もと》より知人でなくても相

1　久闊を叙するは、久し振りに会って話をする、無沙汰をわびること。

当の人であったならば、たとえ目下《めした》のごとき人であっても、見送り、あるいは歓迎すべきである。決して暇《ひま》(2)潰《つぶ》しの丸損になってしまうようなことはないものである。世間の人の中には目下の人に向かって歓迎したり、または見送りなどすると自己の見識(3)が下がるとかいうて見送りに出ないが、それは宜《よろ》しいものではないのである。見送られ、または出迎わるるものの心からいえば、どんなに嬉しく思うのか分からないのである。きっと永年忘れずして、どこかに、またはいつかは知れぬが、その厚意に対しては酬いらるるものである。

大胆にして、かつ無遠慮たれ

なおまた総ての事物に対しては、最も大胆にして、かつ最も無遠慮にすることが成功の秘訣である。同じく人を見送るにしても、久しく会見《かいけん》せない人にでも会うと、とかくに引っ込み思案《じあん》をなして、先方の人の顔を見ても見ぬ振りをしているか、または先方から挨拶をせぬ間は我も知らん顔をしているのは、実に成功の途を知らぬ者である。それに先方の人が権貴《けんき》(4)の人にでもなっていると、何となく引っ込み思案になるものが多いが、これらは処世上、大なる誤謬《ごびゅう》である。むしろ多人数が相会《あいかい》するような場合にあっては、これを好機として、そのお互いの久濶《きゅうかつ》を謝したり、(5)旧情を温めるのは最も必要のことである。もしも自己よりズット目上の人であるとか、権貴の人であったとしたなれば、その機を利用して敬意を払うておけば、後日わざわざ訪問するには

2　暇潰しの丸損は、あり余っている時間を利益が全くないことに使ってしまうこと。
3　見識は、確かな考え・意見。
4　権貴の人は、権力があり、身分の高い人。
5　旧情を温めるは、久し振りに会って以前のような友情を復活させること。

及ばないものである。

事々物々について利用せよ

こんなようなことは何も他人を利用しようとか、どうだとかいうほどの野心ではないのである。社交の常としてこのくらいの事柄は考えておかねばならぬのである。この心がけがありさえすれば、社交の方面が次第次第に広がってきて、自己の業務の発展上にも種々の利益を与うるものである。とかくに日本人は妙な気風があって、一方引っ込み思案かと思うと尊大振り[6]、尊大振るかと思うと、また引っ込み思案の傾向があるが、これはまことに愚の極点[7]である。要するに自己の社交なり事務なりに向かって利益ある機会を利用して、これが連絡を保ってゆくことは、智者のなすべきことで、延《ひ》いて一般世人の深く留意すべきことである。

愛嬌《あいきょう》は処世の要具[8]なり

奮闘は慰安を求むるものなり

そもそも我々人間というものは、社会的動物であるから、活動するのにも、また遊楽をするのにも、互いに

6 尊大は、いばって、偉そうにすること。
7 愚の極点は、最も愚かしいこと。
8 要具は、必要な道具・品。

持ちつ持たれつせねばならぬのである。で、奮闘は大いにやらねばならぬが、また一面には何か娯楽というものを持たねばならぬものである。人間は(9)万物の霊長であるとはいえ、年中働いておれるものではないのである。慰安があればこそ奮闘の精力も養われ、身体の強壮をも致すのである。しからばいかにして慰安を求むべきかという問題が当然湧いてくるのである。

慰安は精神的に採るべし

いかにも人生には慰安が必要である。奮闘力を養う上においても必要である。しかしてこれらの慰安はいずれの方面より求むべきであろうか。衣食住によりても慰安は求め得らるるが、食欲とか色欲はかえって身を破り、産を亡《ほろ》ぼすものであるから、最も慎まねばならぬ。寄席《よせ》とか芝居、ないし諸種の遊芸や趣味をもって慰安とするのにもやはり程度があるから、その(10)矩《のり》を超えないようにせなければならないのである。しかしてその慰安は人によりて違うものであるが、私などは自己の境遇上より他の人より幾分か相違しているのである。

全体、私くらい、今日までにおいて、あらゆる困難苦労したものは少ないのであろう。これは私が自身でいうまでもなく、私を知っている人の等しく認むるところである。かの明治の御維新時分にはこれこそ大変であって、今から思うと今日まで無事で暮らしていることが不思議に思われるくらいである。しかし私は常に自分で心を慰さめて、そして仕事も充分にやって除《の》けたものである。こんなことはちょっと聞くと何のことでもない

9　万物の霊長は、あらゆる生き物の中で最も優れているもの。
10　矩を超えないは、規律・道徳などを踏みはずさないこと。

ようだが、なかなかもって容易なことではない。この世に処してゆく間には、不平も起こればまた失敗もするのである。その不平や失敗は誰にもあるものであるが、人はこれを自分の力で切り払わなければならないものである。そこが世のいわゆる心の持ち方一つである。

愛嬌は処世上、必要の条件

それで、人があらゆる困難にも堪え忍んでゆくのには、慰安も必要であり、勇気も必要であるが、またこのうちには自然と人情の[11]天真を発揮するに足るの愛嬌が無くてはならぬのである。昔から英雄、豪傑とか、後世にまで謳《うた》われる人は、もちろん勇気や胆力のあることは分かりきっている咄《はなし》であるが、皆、奥床しい愛嬌を持っておったことは隠れもない事実であるのではないか。武将とか政治家でさえ愛嬌を持っている方が、偉人とか豪傑といわるるのであるから、実業家などにとりてはなおさら愛嬌が必要であるといわなければならないのである。しかし実業界に立つ人々のみでなく、いやしくも社交的動物として社会の地平線以上に[12]闊歩《かっぽ》せんとするものも、またしかりといわねばならぬ。しかしてその愛嬌というものは、単に人に媚《こ》び阿《おも》ねるものでは可《い》かぬのである。すべからく心の裡《うち》から自然と湧いてくるところの情愛が籠《こも》っておらなければ駄目である。ひっきょう精神の修養からくるものともいい得るのである。

私は自己の営業上からして、社員に対し、時折には小言をいうこともあるが、いってしまえばすぐ忘れてし

11 天真は、偽りや飾り気《け》のないこと。
12 闊歩は、堂々と歩くこと。

まうのである。それは私の性質が物事に対しアッサリとしている故でもあろうが、また心からの愛情を持ってさえいれば、ちょっとの過失くらいを深く心に留めておかれるものではないのである。人を使うにもまた使われるにしても、人情の至誠によりて飽くまでも博愛、慈善の心根《こころがけ》がなくてはならぬのである。その博愛というものは、自然と人に対して愛嬌となりて、人をも喜ばしめ、自身もまた何となく心嬉しく感ぜらるるものである。しかり、いかにも人間というものは社交性を帯びているから、愛嬌たっぷりでいつもニコニコしていれば宜《よ》いが、時と場合とによりては大いに(13)厳然として(14)犯すことの出来ない(15)威気もなければならないものである。しかしこれは非常の場合で、千百のうち僅かに一、二しかないものである。

美人の(16)三十二相は愛嬌ならずや

男子においてその処世上、愛嬌は必要であるが、婦人はその家庭上の円満を期するために、なおさら愛嬌は必要である。(17)仏説にある通り、美人は三十二相を備えておらねばならぬのである。その説明はいうまでもなく、情愛が内《うち》に籠ってその愛情が即ち愛嬌となって顕われてくるのである。それであるから子供も(18)なずくし、大

13 巌然としては、確固としての意。
14 犯すは、逆らうの意。
15 威気は、人を恐れさせる強い意思。
16 三十二相は、仏が備えているという三十二のすぐれた姿・形。
17 仏説は、仏教の教え。
18 なずくは、慣れ親しむの意。

人も親しむようになってくるのである。しかし一方ではキチンとしたところがあって、悪人輩《ぱら》[19]にも犯すことの出来ないような権威がなくてはならぬのである。総て人間がこの社会に生存をしてゆく以上は、不平や煩悶《はんもん》は免れぬとしたところで、なるべく愉快にその生を楽しむようにせなければならぬのである。それにはどうしても心の平和を失わぬようにするより外《ほか》にはない。かつまた愛情ということを忘れてはならぬ。世にいうアノ人はいつもニコニコしているから心も正直で、人情もきっとある人であろうというのではないか。このニコニコというのも、詮じ詰めれば[20]これ一つの愛情といわなければならないのである。私なども自己の立場として年中愛嬌ばかりこぼしているわけにはゆかぬが、情愛からくる愛嬌は自然に外形に顕われてくるのである。

臨機応変の才養成法

感心なる信長

私は織田信長に感じていることがある。それは信長が部下の才を愛し、かつ才を見るにおいてすこぶる長じておったことである。太閤《たいこう》もその才によって信長に愛せられた。森蘭丸[21]もその才によりて信長に愛せられた。

19 輩は、連中。
20 詮じ詰めればは、とことんまで考えればの意。
21 森蘭丸は、永禄八（一五六五）～天正一〇（一五八二）年、森成利《なりとし》。前出109頁の「信長」の側《そば》に仕える近習で、本能寺の変で討ち死に。

明智光秀[22]もなかなかの才物であった。信長は単純な勇猛の士よりも、むしろ才幹[23]のある人物を愛したようである。愛したというよりも、よくこれを見分けた人である。いずれの時代でも、勇気があって、そして才幹のあるものが勝ちを占める。気が利かないで愚図愚図しているものはいかに働いても、とうてい常に人後に落ちねばならぬ。

気が利《き》かざれば成功せず

今日とてもそうである。私はグズグスした青年は大嫌いである。事に当たって活才[24]を働かすことの出来ない青年は、今日の世に処してとうてい成功することが出来ないのである。多くの人のいう通り、青年の立身出世には勤勉も必要であろうし、辛抱も必要であろう。しかしただ勤勉して辛抱さえすればそれで出世が出来るかというに、そういう単純なものでない。勤勉辛抱の上に、も一つ事に臨んで掛け引きする臨機応変の才が無ければならぬ。この競争激烈なる社会に立って気が利かなければ、とても人の前に進み出て仕事をすることは出来ない。ちょっと丁稚《でっち》を使いにやっても、気の利いた者は向こうで少々命令以外のことが起こっても、独《ひと》りで判断して巧く纏《まと》めてくるが、気の利かないものはそのまま帰ってきて、二度も三度も足を運ばねば纏《まと》まらぬという始末である。これは小さい一例であるが、大事に当たっては、なおさらそうである。ことに気の利かな

22　明智光秀は、享禄元（一五二八）?～天正一〇（一五八二）年、戦国時代から安土桃山時代にかけての武将・大名。本能寺の変で織田信長を葬《ほうむ》り、その後の豊臣秀吉との戦いに敗れて死ぬ。
23　才幹は、物事をきちんとやり遂げる能力・腕前。
24　活才は、いきいきした才能。

いものはよく人に欺される。今日の日本では商業に従事するものは、人に欺されないようにするということが、最も必要なる要件の一つである。

事に当たって敏活[25]に処理する才

私の店でも昇進するものは、無論、勤勉忍耐ということもあるが、しかしその動機はやはり事に当たって敏活に処弁[26]する才があって、容易に人に欺されないという特点が共通している。この才のある者を見ていると、一つ仕事を預けておくと自分で種々なことを考えて、悪い所は改良したり、新規なことを案出したり、様々なる思いつきを建議[27]して、事務の成績が大いに挙《あ》がるのが眼に見えるようである。しかるに気が利かないで愚《ぐ》図《ず》り愚図りしている者は、見ていても歯痒《がゆ》いようである。私の店の主なる仕事は土木である。この商用にはことに種々なる弊風[28]がつき纏《まと》い易いもので、よほどこちらでしっかりしていないと欺される。店の手代などはずいぶん幾度も幾度も苦い経験を嘗《な》めて、いわゆる失敗の経験で、今日はすでに老熟の才を養成したものも多いのである。

25 敏活は、頭の働きや行動がすばやいこと。
26 処弁は、処置すること。
27 建議は、意見を申し立てること。
28 弊風は、悪い風習・習慣。

ある程度まで養成が出来る

しからばこの(29)臨機応変の才はいかにして養成するか。これは人々の(30)天分によることも多かろうが、しかし銘々の心がけ次第で、ある程度まではこれを養うことが出来る。まず第一は事務に熱心なることである。(31)天性気《てんせい》の利かないボンヤリしているにもよるが、多数の者はある点までは不熱心からくる。普通の者でも考えを一点に集中すると、種々なる知恵、工夫が出来て、また(32)窮すれば意外な(33)頓知機転が出るようなもので、熱心になると、あるだけの才が皆活《い》きて働く。そして経験しているうちには段々と臨機応変の才が養成されるのである。

次には、進んで責任を引き受けるという勇気が必要である。責任を持って仕事をするという勇気が乏しいと、とかく人に依頼することになり、まずいいつかったことだけをやればよいというような気になって、才が内に引き込んでしまって十分の働きをしない。しかしこの才は失敗によりて鍛練が出来るものであるから、主人は一度や二度の失敗でその者を罷《や》めさせるというようなことではいけない。よくこれを教えて、失敗を良き教師とさせるように導くことが肝要である。

29　臨機応変は、場合によって機敏に対応すること。
30　天分は、生まれつきの性質・才能。
31　天性は、天から授けられた、生まれつきの性質。
32　窮すればは、事態が行き詰まって困りきればの意。
33　頓知機転は、その場に応じて機敏に心が働くこと。

劇務に疲労せざる秘訣

人工的身体健康法

人間として生をこの天地に享《う》けた以上は、何人《なんぴと》も健康を保ちたいと願わぬ者はあるまい。従って健康を保つの法は人々によって種々に研究されておろうと思うが、私の考えでは、各自の身体の組織によって健康を保つの法も違わなければなるまい。身体の強健な人が、水浴健康法を実行してますます強健になったからとて、虚弱な人がその真似をして水浴健康法を実行したために、風邪《かぜ》に罹《かか》って折角の健康法もかえって不健康の原因となったような実例は幾らもあろうと思う。(34)さすれば世のいわゆる健康保全法なるものも、これを実行する人々の強弱いかんと、その身体の組織いかんによって適用しなければならない程度、問題のものが多くて、これを全般に渉《わた》った(35)通則とすることは六ヶ敷いのであるが、私には強弱何人《なんぴと》にも適用することの出来る健康保全法の秘訣が二つある。第一が食堂変換法で、第二が心機転換法である。

34 さすればは、そうであるからの意。
35 通則は、世間一般に通用するきまり。

食堂変換法とは如何《いかん》

医界の泰斗《たいと》[36]と仰がれた、故橋本綱常《つなつね》[37]君がこういうことをいったことがある。「どうも人間という動物は、食事のときを一番楽しみにするのが天性である」と。そこでこの天性であるところの楽しみを充分に発揮させるようにするには、いかにすればよいかというに、人類は変化を好む性質を備えているから、いかに天性第一の楽しみたる食事でも、年中同じ場所で、同じ食物《しょくもつ》を食べては楽しみにならない。これは宜《よろ》しく場所を換え、食物を換えて食べるがよろしい。私はこの趣意からして、食堂変換法を健康保全の秘訣として、なるべく食事の場所を変えて食べることを実行している。この食堂変換法は、本邸あり別荘ある人には容易に実行が出来るが、別荘などの無い人なれば、朝は座敷、昼は縁側、折りに触れては台所で食べるという風にしてもよろしい。こうすれば同じ食物でも目新しく、甘《うま》く、珍らしく食べられて、食事が一番楽しみという人間の天性を遺憾なく発揮させることが出来るのである。これが即ち健康を保全させる上において最も必要なる一要件である。

怜悧《りこう》[38]袋を棚に上げて遊べ

第二が心機転換法[39]であるが、亜米利加《アメリカ》ではいかに立派な人物であっても、四年目ごとには必ず大統領を取

36　泰斗は、その分野の第一人者。
37　橋本綱常は、弘化二（一八四五）〜明治四二（一九〇九）年、医師・軍医。福井藩士の家に生まれ、維新後に軍事病院の医官となり、ドイツ留学をへて、陸軍軍医総監・東京大学教授・初代日本赤十字社病院長などを歴任。橋本左内が長兄。留学に出た明治五（一八七二）年、大倉喜八郎らと一緒に米国旅行をする。
38　怜悧袋は、ここでは、頭を働かし、冷静な態度。怜悧《れいり》は頭が良く、利口なこと。
39　心機は、気持ち。

り換えることになっている。これも人類の変化を好む飽き易い性質からきたのだと聞いているが、政治上においてすらなおしかりである。個人の上において心機を変換することの必要なるはいうまでもあるまい。我々紅塵万丈《こうじんばんじょう》[40]の裡《うち》に朝から晩まで執務しておる者は、一日に数十人、数百人に会って、それぞれその話を聴かなければならぬ。その聴く話がだいたいは面白くない、面倒臭い、なかなか不愉快なことが多いものである。朝から晩までこの話を聴かされて、六ヶ敷い問題の判断や仕事の指図をしていくというには相応に脳漿《のうみそ》を絞らなければならぬ。心血を注がなければならぬ。

ここにおいてか、心機一転ということが必要で、劇務に関係の人々は皆、それぞれ工夫を凝《こら》していることであろうと思う。心機一転の方法もまた幾らもある。昔の通人《つうじん》[41]などは劇務の余暇、心機一転の一日を費やすために集まって遊ぼうという時分には、「今日《こんにち》はご同様に怜悧《りこう》な袋を棚に上げてしまおうじゃありませんか」と挨拶したもので、お互いに怜悧な袋を棚へ上げ、心機一転、馬鹿になって遊ぶということを意味したものである。

伊藤、山県《やまがた》両公の心がけ

なるほど伊藤公[42]の大政治家をもってしても、国家の大事で頭が一杯になると、必ずどこかへ出かけていっ

40 紅塵万丈は、多くの土ぼこりが立ち込めるさま。ここでは、世俗のひどくわずらわしいこと。
41 通人は、世の中の事情をよく知っている人。
42 伊藤公は、天保一二（一八四一）～明治四二（一九〇九）年、伊藤博文公爵。長州藩士で松下村塾に学び、幕末に英国に密航し、帰国後は倒幕運動に従事し、維新後は政府中枢にいて明治憲法起草に当たり、初代内閣総理大臣となる。後、立憲政友会を組織して総裁となり、日露戦争後に初代韓国統監となるがハルピンで暗殺される。公は尊称、あるいは、明治四〇（一九〇七年）年に授かった公爵のこと。大倉喜八郎が最も親しくし、

て心機一転の遊び方を試み、その頭が爽《さわ》やかになると、また国務を処理されたことは、私の親しく見たところである。(43)山県公から承《うけたまわ》った話にも、公がこの以前、総理大臣となられたとき、議会の形勢が甚だ面白くない、公の一身は六ヶ敷い面倒な問題で包囲された。このとき公が心機一転のためにどういうことをなさったかというに、(44)目白の本邸へ(45)宝生《ほうしょう》金太郎を呼び、官邸から目白の本邸へ帰って、謡《うたい》を謡い、(46)仕舞《しまい》を試みられたが、始めの一番はどうも面白くない。二番目からは少し落ち着いてきて、三番目には何ともいえぬ愉快を覚え、心機全く一転したと話されたことがある。公がかの(47)蒲柳《ほりゅう》の資をもって、七十余歳の高齢でなお矍鑠《かくしゃく》として国家の大事を(48)後見しておらるるのは、皆こういう風に健康保全に注意して、心機転換の法を実行しておらるるからであろうと思う。

関係の深かった政治家。

43 山県公は、天保九（一八三八）〜大正一一（一九二二）年、山県有朋公爵。長州藩士で松下村塾に学び、戊辰戦争で功績をあげ、維新後は陸軍の基礎を築く。政治家としては官僚制度の確立に努め、第三・第九代内閣総理大臣の他、内務大臣・司法大臣・枢密院議長などを歴任。公は尊称、あるいは、明治四〇（一九〇七年）年に授かった公爵のこと。小田原の別荘・古稀庵《こきあん》は、大倉喜八郎の別荘・共寿亭《きょうじゅ》と隣接しており、大倉はしばしば行き来した。

44 目白の本邸は、山県有朋が明治一一（一八七八）年に購入した旧久留里《くるり》藩黒田氏の下屋敷跡地に建てた建物。見事な庭園をもつ椿山荘《ちんざんそう》と呼ばれ、現在は同名の著名なホテルとなっている。

45 宝生金太郎は、天保一四（一八四三）〜大正八（一九一四）年、松本金太郎。明治時代に能楽宝生流を復興し、名人と呼ばれた能楽師。

46 仕舞は、能の一部を面《めん》・装束《しょうぞく》をつけず、紋服・袴のまま素《す》で舞うこと。

47 蒲柳の資は、生まれつき虚弱な体質。

48 後見は、後ろ盾《だて》となって面倒を見ること。

この秘訣は惰者《だしゃ》[49]には無用

徒《いたずら》に心機転換と称《とな》えて不養生なことをしては無論いけない。さもなければ場を換えて酒を飲むもよかろう、面白い遊びをするのもよかろう。歌[50]、誹諧の好きな人は歌、誹諧、音曲《おんぎょく》[51]の好きな人は義太夫《ぎだゆう》[52]、常磐津《ときわず》[53]を聴くもよかろう。自分でやるのも発声運動となってさらに一層の妙《みょう》であろう。今日の日本は維新当時と較べて国土の倍加した千載《せんざい》[54]の一遇《ぐう》で、この結構な目出度い聖世《せいせい》[55]に遭遇した我々大和《やまと》民族は大いに健康保全を講究[56]し、皆それぞれに天寿を全うし[57]て、国家、社会の発展、変化を見、かつ貢献して楽しむが必要のことと信ずる。

これに反して大酒《たいしゅ》、暴食、身体の組織強弱を計らず[58]、健康保全に注意せざるは度《ど》すべからざる[59]愚物で、啻《ただ》に一身の愚物たるに止どまらず、ひいては日本国の貧富強弱に関係する問題で、自己の不注意、不摂生[60]のために、山海の珍味を並べた食膳に据《す》わって、二本の箸で墓場の穴を掘るような人間は、日本国民、大和民族として全くその責任も義務も尽くしておらぬ者であると思う。私のこの秘訣は劇務のために脳漿《のうみそ》を絞られる国

49 惰者は、怠け者。
50 歌は、短歌、和歌。
51 音曲は、三味線などを用いた日本の伝統音楽。
52 義太夫は、三味線に合わせて語りうたう浄瑠璃《じょうるり》の一流派の義太夫節《ぶし》。創流者の竹本義太夫の名に由来し、人形劇と結びついて非常に流行した。
53 常磐津は、常磐津文字太夫《たゆう》が創始した浄瑠璃の一流派。
54 千載の一遇は、千年に一回しか会えないようなめったにないこと。
55 聖世は、天皇の治める世。
56 講究は、深く調べて明らかにすること。
57 天寿を全うは、十分長生きして死ぬこと。
58 計らずは、考慮せずの意。
59 度すべからざるは、救いがたいの意。
60 不摂生は、健康に気をつけない、健康に悪いことをするの意。

家有用の人のためにいうのであるが、今の世の中は(61)遊手徒食でいる青年も少なくはない。そういう人々に対しては、食堂変換、心機一転も無用といわねばならぬ。かかる輩《はい》に対しては、この(62)妙法《みょうほう》も小児《しょうに》に(63)正宗《まさむね》の銘刀を授けたと同様で、害こそあれ決して益《えき》無きものであるから、世の青年諸氏銘々、事務のため、または生産のため、脳漿《のうみそ》のあらん限りを尽くして、しかしてこの健康法を試みんことを切望して止まぬのである。

楽天的生活法

いつも愉快に前進するの修養

私は(64)三十九年に古希の寿莚《じゅえん》を開いたくらいで、人生の(65)浮沈成敗はすでにほとんど踏み尽くしてきたのであるが、もしこの間において私が少しでも不愉快な心持ちになったならば、自分はたちまち健康を損じ、従って事業も(66)半途《はんと》にして蹉跌《さてつ》するようなことになったかも知れない。しかるに幸いにも自分は一日といえども、愉快なる精神を失なわなかった。いかなる困難の場合でも、いかなる失敗の場合でも、常に愉快なる精神――

61　遊手徒食は、何の仕事もせずに遊び暮らすこと。
62　妙法は、上手な方法。
63　正宗の銘刀は、鎌倉初期の刀工・岡崎正宗の作った刀。正宗は日本刀剣史上、最も著名な刀工の一人。小児に正宗の銘刀は、猫に小判の意。
64　三十九年に古希の寿莚は、明治三九年のことで、前出50頁の「古希の寿宴」と同じ。
65　浮沈成敗は、栄えることと衰えること。前出22頁の「浮沈」と同義。
66　半途は、半ば、中途。

楽天といえば語弊《ごへい》[67]があるかも知れん――愉快なる精神を持って、前途に向かって邁進《まいしん》[68]したのであった。もとより初めはそうもいかない場合もあったが、だんだん修養の結果、ついにはそれが第二の天性のようになってしまった。今その実験について少し陳《の》べてみよう。

成功の道は遅々たるもの

さていつも愉快なる精神をもって前進しようと思うならば、第一に、真の成功は遅々として進歩するものであるということを悟らねばならぬ。たちまち失望したり、たちまち煩悶《はんもん》したり、たちまち不愉快なる心持ちになる者の多いのは、成功を急ぐからである。否、成功は急いで取れるものと誤解しているからである。ところが真の成功はなかなか急いで取れるものではない。やはり草木《そうもく》が気候とともに発育するように、本人の年齢とともに、また時勢の進歩とともに、徐々として発展してゆくものである。しかるにこの理を悟らずに、急いで取ろうとするから取れない。そこでたちまち失望したり、煩悶《はんもん》したり、不愉快なる気持ちになるのである。もし始めから真の成功は遅々たるものであるということを悟っていると、軽々しく心配したりすることがなくなって、いつも平然としていることが出来るのである。

67 語弊は、誤解を招きやすい言い方。
68 邁進は、恐れることなく突き進むこと。

境遇の順逆を意とするなかれ[69][70]

次には、社会でも個人でも、およそ進歩というものは波のごときもので、時には高くなり時には低くなりして、その間に進歩するものであるということを悟らねばならぬ。少し順境に向かってくるとすぐ喜び、少し逆境になってくるとすぐ悲しむのは人情である。しかし一高一低は進歩の順序であるということを知らぬからで、よくこの理を悟ってしまうならば、一時の順逆くらいは決して心配するに足らぬのである。即ち少し忍耐して待っておりさえすれば、そのうちには必ずまた順境に向いてくるのである。この理を知らないで少し風向きが悪くなると無闇に心配して、無理な細工でもしようものなら、それこそかえって取り返しのつかぬ悲境に陥ってしまうようなことがある。吾人《ごじん》は波の上にいるようなもの、少しくらい高くなっても驚いて喜ぶにも当たらず、また低くなっても騒ぐにも及ばず、忍耐して働きさえすれば、一高一低の間にいつしか進歩するものであるという確信を持っておれば、心はいつも愉快である。

何事も是《ぜ》なりと信ぜよ[71]

第三に必要なことは、何事も自ら是なりと信ずることをやるということである。通常多く人の心を痛めているのは、己《おの》れに対する毀誉褒貶《きよほうへん》である。これは決して意とせず、己れの信ずるところは飽くまでも是なりとして事に当たらねばならぬのである。

69　順逆は、良いと悪いの意。
70　意とするは、気にとめる、心配するの意。
71　是は、道理にかなっていること、正しいこと。

第四には、事の大小にかかわらず陰険な手段を弄《もてあそ》[72]ばないようにすること、即ち何事でも公明正大にやっていくということがとくに必要である。陰険なことをすると、たとえその事の成就すると成就せざるとにかかわらず、己れの心はいつも不愉快である。例えば曇天《どんてん》の日に傘を持たないで旅行するようなもので、今にも降りはしまいかと心配しながら歩いているのでは、いくら好《よ》い景色を見ても少しも愉快ではない。もし初めから公明正大なる心でやっているならば、たとえその結果が不幸にして面白くいかない場合でも、自分で諦めというものがつくから、少しも無益な心配をする必要がない。極めて気楽なものだ。

良心の命ぜし方向に進め

第五に、是非いっておかなければならないことは、何事をするにも良心と相談をして、良心がやれと命ぜし方面に向かって進んでゆくことである。人間は何が苦しいといっても、良心の呵責《かしゃく》[73]に遭《あ》うほど苦しいことはない。また何が愉快だといって、良心に誉められるほど愉快なことはない。良心さえ己れの味方になってくれれば、天下を挙げて皆、敵となるともビクともすることに及ばぬのである。またいかなる失敗、逆境に陥っても、笑ってこれに処することは決して難《かた》[74]いことではない。まず真の楽天といえば、常に良心の嘉賞《かしょう》[75]を無上の愉快として絶えず進んでゆくにあるのである。

72　弄ばないは、いじくらない、思うままに操《あやつ》らないの意。
73　良心の呵責は、悪いことをしたと、自分を責め、心を痛めること。
74　難いは、むつかしいの意。
75　嘉賞は、良いとして褒めること。

これを私の実験に徴《ちょう》せば

私は(76)既往《きおう》七十余年間を回顧すると、ずいぶん長い間のことであるから、失敗は数え尽くされぬ程ある。また失敗でなくとも時勢の不可なるために、事業が予定のごとく進行しないで、かえって往々意外の成り行きを見ることがある。しかし私は常に愉快なる精神をもって(77)断々乎として、いっさいの毀誉褒貶《きよほうへん》、(78)浮沈盛衰《ふちんせいすい》に頓着なく邁進するの方針で今日までやってきた。それというのも、つまり第一、真の成功は遅々として進歩するものであるから、早く成功しないからとて失望するには及ばずということ。第二、進歩、発展は波のごとき工合《ぐあい》に一高一低で進んでゆくから、一時沈むことがあっても騒ぐに及ばざることを確《かた》く信じ、第三、自ら信じて是《ぜ》なりとするところに向かって邁進すること。第四、陰険な手段を(79)弄《ろう》せざること。第五、何事も必ず良心と相談することなどを実行することを勉めてきたのである。しかして歳《とし》すでに七十歳を越え、なお事に当たって疲るるを知らざるは、常に愉快なる心を持って仕事をしているからであろうと思う。

---

76 既往は、過ぎ去った時。
77 断々乎としては、非常にきっぱりとしての意。
78 浮沈盛衰は、栄えることと衰えること。前出166頁の「浮沈成敗」と同義。
79 弄せざるは、いじくらない、思うままに操らないの意。前出169頁の「弄ばない」と同義。

第七編　人物の偉力

身を陛下《へいか》に献《ささ》げし伊藤公

西行《さいぎょう》(1)法師が銀猫《ぎんねこ》(2)を投ぜし話

私は伊藤公には維新頃から知遇(3)を受けていた。公の金銭に淡泊なるは、すでに世に知られている通りである。あるとき、西行法師の例を引いて私に話されたことがある。西行は頼朝《よりとも》(4)に召されて、銀の猫を貰ったが、これ我において何かあらんといって棄ててしまった。西行が僧侶としてその徳を保ち、後世に卓絶(5)せるゆえんはここにあるのだ。いやしくも法をもって世に立たんとする者は、この皎潔《こうけつ》(6)なる心無かるべからざるがご

1　西行法師は、元永元（一一一八）〜文治六（一一九〇）年、平安時代末期から鎌倉時代初期の武士・僧侶・歌人。本名は佐藤義清《のりきよ》。
2　銀猫は、銀製の猫。西行が源《みなもとの》頼朝《よりとも》に流鏑馬《やぶさめ》の由来を教えて、ほうびに貰ったもの。
3　知遇は、人格・能力などを認められて、厚く待遇されること。
4　頼朝は、久安三（一一四七）〜正治元（一一九九）、源頼朝。鎌倉幕府の初代将軍。
5　卓絶は、他に比べるものがないほど優れていること。
6　皎潔は、清らかで汚れのないさま。

とく、国家の(7)休戚《きゅうせき》を身に荷《にな》い、(8)上御一人《かみごいちにん》と万民のために一身を献げた政治家たるもの、もとよりこの志なくんば国事を談ぜられぬ。予は西行の銀猫投棄を崇《たか》しとするものであると申された。

(9)中井桜州《おうしゅう》の(10)卓上演説

明治五年に私が欧州を漫遊して伊太利《イタリー》に行ったとき、ちょうど(11)岩倉大使一行と同じホテルに泊り合わした。そのとき、伊藤公は私に食卓を共にしようと勧められた。しかし私は商人、一行は(12)大官のことであるし、(13)官尊民卑の時代ゆえご辞退申したが、公はなに構うものか、こいといわるるので卓についた。(14)岩倉公が正面、その左右に(15)木戸公、伊藤公、それから中井桜州氏で、私は伊藤公と中井氏の中に挟まって食事した。

7　休戚は、喜びと悲しみ。
8　上御一人は、天皇の尊称。
9　中井桜州は、天保九（一八三九）～明治二七（一八九四）年、中井弘《ひろむ》。薩摩藩士で、維新後は外交官として活躍し、後に滋賀県・京都府の各知事を歴任。桜州は号。
10　卓上演説は、テーブルスピーチ。
11　岩倉大使は、文政八（一八二五）～明治一六（一八八三）年、岩倉具視《ともみ》。公家《くげ》・政治家で、明治維新の立役者となり、条約改正交渉と欧米視察のために派遣された岩倉使節団の特命全権大使をつとめる。
12　大官は、地位の高い官吏。
13　官尊民卑は、官僚を尊いものとし，民衆をそれに従う卑しいものとする考え方。
14　岩倉公は、前出の「岩倉大使」。公は尊称。
15　木戸公は、天保四（一八三三）～明治一〇（一八七七）、木戸孝允《たかよし》。長州藩士で、西郷隆盛・大久保利通とともに「維新の三傑」と呼ばれ、維新後は明治政府の中心人物となる。征韓論・台湾出兵に反対し、政府内の開明派と目され、大久保と対立して政権から離れ、西南戦争の年に病死。公は尊称。大倉喜八郎は別の口述書『努力』では、中井が卓上演説をした席に木戸はおらず、大倉が後に木戸にこの話をしたとされている。

ところがこのことがたちまち随行の書記官[16]連《れん》[17]の物議[18]に上《のぼ》った。何だ町人風情《ふぜい》の者が我々の上官と食卓を共にするとはけしからぬ、無礼な奴だと大分八釜《やかま》しい様子であった。これをチラと耳にした桜州山人は、ある機会においてテーブルスピーチをやられた。その言い分がどこまでも奇才中井流だ。「見渡すところ、御一行中、自分の金で旅行しているものは幾何《いくばく》[19]かある、皆な官費でないか。しかるにこの大倉だけは他人の力によらず、自分で儲けた金で自分で欧州三界《さんがい》[20]を股にかけて歩いている、実に感心の話だ。そして欧米先進国の商工業模様を視察して、日本へ帰ったら我が国の実業を振興させようというのだからよほど偉いといわねばならぬ。どうだ、諸君偉いではないか」と随行連に当て込んだ。伊藤公は、「中井は痛快なことをいった」といわれた。

伊太利《イタリー》にての木戸公の笑話《しょうわ》

この伊太利という所は乞食の多い国である。外国の観光客と見るとなおさら付き纏《まと》うて、くれくれという。伊藤公はこのくれくれ連に包囲されるとうるさいと思ってか、昨日買った新《あら》の帽子を惜し気もなく群中に投げ与えらるることもあった。もったいないではありませんかというと、なに構わんといって極めて淡泊であった。ある日ホテルの喫煙室で、木戸公の笑話に、伊藤は今は惜し気もなく大雑束《おおざっぱ》だが、それでも昔はこういうこと

16 書記官は、国の官職名。
17 連は、たち、連中。
18 物議に上ったは、議論を呼んだの意。
19 幾何は、どれほどの、どんなに多くのの意。数量・程度の不明・不定なことをいう語。
20 欧州三界は、ヨーロッパのような遠く離れた場所。

もあったよ。維新前、我が輩の家へは(21)志士が入り交《かわ》りきて酒食を使うので意外の出費が多かった。そこで伊藤は(22)(公爵はその頃まで木戸公の(23)執事《しつじ》みたようなことをしておられた)、こんなに(24)無茶では貴下《あなた》の(25)台所は堪らぬ、少しお締まりになって(26)しかるべしと(27)諫言《かんげん》したことがあるよ。これで伊藤はなかなか(28)締まり屋であったよと、(29)シガーを吹きながら、皆を相手に談笑せられたのを傍聴したこともある。

死ぬまで働いて公益を残せ

働けるだけ働け、しかして公益を図れとは、公爵が常に私に訓告せられた言《げん》であった。元来、私の主義もそれで、ただコツコツと金を溜めるのが人間の能じゃあるまい。金を残して楽隠居をするなぞということは私の願いでない。身体《からだ》の(30)マメな間、呼吸の通う間は事業を経営してゆくのが私の精神である。もし私の生きている間に企てた事業が成功しなかったら、誰かそれを継いでやる者があるから、何しろ生命《いのち》のあらん限り私は働くつもりである。公爵は私の流儀に大賛成で、予もこの身を国家に献げているから死ぬまで働くのだ、お前も

21 志士は、私事ではなく国家大義に従事している武士。ここでは、勤王倒幕派の武士。
22 公爵は、ここでは、伊藤博文公爵のこと。
23 執事は、主人の家の家事をし、その使用人を管理する人。
24 無茶は、道理・常識にあわず、度をこしていること。
25 台所は堪らぬは、家計がうまくいかないの意。
26 しかるべしは、当然だの意。
27 諫言は、目上の人に過失を指摘して、いさめること。
28 締まり屋は、無駄づかいをしない人。
29 シガーは、葉巻タバコ。英語の cigar。
30 マメは、労苦をいとわず、物事にはげむさま。

儲けた金を公益に注げ、そうして企《くわだ》つる事業は常に公益を図るようにせよといわれた。いつぞや[31]私が朝鮮に行って善隣学校[32]を建てたとき、公爵はその挙を賛し、こういう歌を寄せられた。

大倉にあまれる金《かね》の光をば
韓国《からくに》[33]までもかがやかしけり

このとき、私もこう口詠《くちず》さんだ。

はからずも今宵《こよい》ほまれを荷《にな》ひけり
肩にかけたる八卦《はっけ》[34]勲章

公爵は実に公事[35]を懐《おも》う模範である。

31 いつぞやは、かつて、いつの時かの意。
32 善隣学校は、前出78頁の「京城の善隣商業学校」。
33 韓国は、振り仮名はからくにだが、朝鮮半島の韓国（朝鮮）のこと。
34 八卦勲章は、大韓帝国の勲章。大倉喜八郎は明治四一（一九〇八）年に勲一等八卦勲章を与えられた。八卦は陰・陽の組み合わせによる八種の形。
35 公事は、公共の事業。

(36)二十四史が鞄《かばん》より出《い》ず

伊藤公は(37)清廉《せいれん》なる点において(38)大久保公に酷似していたが、眼の広い方からいうと確かに大久保公より偉い。大久保公が国事をもって自ら任ぜられたことは、今さら申すまでもないことであるが、その(39)眼識《がんしき》はまだ国内に限られていた。しかるに伊藤公は常に世界の大局から物を見るという流儀であった。それというも公は常に読書を廃されない。いつ行ってみても支那の歴史、または海外の新刊物を読んでおられた。

私がかつて箱根へ行ったとき、たまたま公も来ておられたので、一夜色々お話を承り、(40)話が熟して支那の古代に及び、帝王の系統につきお尋ねすると、それはこうこうと思うが、ちょっと待ってくれといわれて、床《とこ》にある鞄から二十四史を取り出《いだ》され教えて下さったが、二十四史が鞄から出たのには驚いたのである。(41)手に巻《まき》を捨てざる公も、まさか箱根行きくらいに、こんな本を携えておろうとは思わなかった。私は実に感心してしまったのである。公は徒《いたずら》に読書癖を満足せしむるに勉められたのではない。(42)古今《ここん》、(43)治乱興亡のよってきたるところは、千載《せんざい》の前も、千載の後も皆等しとは、公の平生《へいぜい》口にせらるるところであった。

---

36 二十四史は、中国王朝の正史二十四書。伝説上の帝王である黄帝から、明滅亡《みん》までを記述。
37 清廉は、心が清くて私欲がないこと。
38 大久保公は、前出32頁の「大久保内務卿」。公は尊称。
39 眼識は、よしあしを見分ける能力。
40 話が熟しは、話が進んで、発展しての意。
41 手に巻を捨てざるは、本好きで、手元から本を離したことのないの意。
42 古今は、今と昔。
43 治乱興亡は、世の中が治《おさ》まって盛んになることと、乱れて衰えること。

(44)伊勢と(45)宮崎には孟子《もうし》を入れぬ

神宮《じんぐう》のある伊勢や宮崎には昔から(46)四書中の(47)『孟子』を入れることを禁じてあった。私はあるときその理由《わけ》をお尋ねすると、それはそのはずだ、孟子の説によれば君主その道を行なわずんば、(48)臣民《しんみん》はこれを(49)代立《たいりつ》するも構わぬというにあった。これは君《きみ》、君たらずといえども、臣は臣たりという、我が(50)国体と相容《い》れぬ説であるから、(51)異端として斥《しりぞ》けてあるのだといわれた。公爵の忠君愛国の志は実に(52)別物であった。言のいやしくも(53)聖上の御事《おんこと》に及ぶや、真《しん》に(54)懼然《かくぜん》たる(55)容色を表わされた。

腹部の痣《あざ》は(56)大宰相《だいさいしょう》となる人相《にんそう》

公爵が(57)一つ話にいわれたことがあるのは、子供のとき人相見に中《あ》てられたことであった。公爵がまだ六、

44　伊勢は、前出45頁の「伊勢の大神宮」。
45　宮崎は　現在の宮崎市にある宮崎神宮のこと。
46　四書は、儒教の経書（基本的古典）である『大学』『中庸』『論語』『孟子』の総称。
47　『孟子』は、前出の四書の一つで、孟子の言行を集めた書。孟子は、紀元前三七二？～二八九年、中国の戦国時代の儒者で、孔子についで重要な人物。
48　臣民は、明治憲法下での天皇・皇族以外の日本国民。前出54頁の「下万民」と同義。
49　代立は、別の人に変えて、その位置に立たせること。
50　国体は、国のあり方、根本体制。
51　異端は、正統から外《はず》れていること。
52　別物は、普通でない特別のもの、例外。
53　聖上は、現天皇のこと。前出54頁の「聖上陛下」と同じ。
54　懼然は、恐れ、はばかるさま。
55　容色は、顔つき、顔色。
56　大宰相は、偉大な総理大臣。
57　一つ話は、いつも得意になってする同じ話。

七歳のときのことであろう、一日裸になって遊んでおられると、通りかかった人相見の坊さんが、フト公爵の胸の辺りに目を留めた。公爵には胸と腹との間くらいのところに一つの痣がある。坊さんはそれを見て驚いた。「この相は素的《すてき》なものだ。(58)匹夫《ひっぷ》より起こりて、(59)天の宰相となる兆《しるし》だ。前途望み多いことじゃ」といってよほど感嘆したそうだ。公爵は、「我は自分でいうのは可笑《おか》しいが、我は坊主に背を撫でられながら、そう褒められたことを記憶している。それが適中したのが妙だ」と笑いながら話された。

ああ何をお話するも皆な夢だ。働けるまで働くと常々に申し聞かされた貴重な体を、(60)あたら(61)兇徒の手にかけたのは、実に残念至極であるが、顧みて「我が身は無きもの、陛下に献《ささ》げてある」と平生堅い覚悟を持っておられた公爵としては、国家のため立派な最期を遂げられて、定めし笑って地下に瞑《めい》せられたろう。

58 匹夫は、身分の低い男。
59 天の宰相は、天下の、国全体の総理大臣。
60 あたらは、惜しくも、残念なことにの意。
61 兇徒の手にかけたは、明治四二（一九〇九）年一〇月、ハルピンで伊藤博文が安重根に暗殺された事件をさす。

私の[62]私淑したる王陽明

王陽明を商売に応用す

私は王陽明に私淑しておる。どうも[63]老荘《ろうそう》の説は私には少しも解らない。[64]虚無恬淡《てんたん》だとか、[65]玄《げん》のまた玄だとかいうようなことをいっていては、少しも[66]埒《らち》があかない。荘子になると大きな法螺《ほら》ばかりのようで、これもまたはなはだ取り留めがない。いったい法螺《ほら》をもって一世を胡麻化そうとか、自分だけ解って人が解らないでも構わんというようなことはどうも面白くない。そこへゆくと王陽明は一番偉いと思って、常に感服している。その[67]知行合一《ちこうごういつ》を説く辺《あた》りはなかなか豪《えら》いものだ。良心の命ずるままに従って仕事をせよ、その仕事は良心と一致しなければ何の益《やく》にも立たぬというのだから、よく解っている。

どう考えてもこの辺が西洋人の商法の仕振《しぶ》りと善《よ》く似ていはしまいかと思う。私などは元来[68]雲を掴《つか》むようなことは嫌いで、やったらそのやったことがチャンと[69]印象を止めないと気持ちが悪い性分である。つまり私

62 私淑は、ひそかに師と考えて、尊敬し模範とすること。
63 老荘の説は、老子と荘子の教え。老子は中国の春秋・戦国時代、荘子は戦国時代の思想家。
64 虚無恬淡は、私心なく、物事にこだわらずあっさりし、安らかであるの意。荘子の基本思想。
65 玄のまた玄は、空間・時間を超越して天地万象《ばんしょう》の根源となるものが玄で、そのさらに根源という意。老子の言葉。
66 埒があかないは、物事の決まりがつかない、事態が進展しないの意。
67 知行合一は、知識と行為は一体である、本当の知は実践を通じて得られるという意。前出8頁の「王陽明派」を参照。
68 雲を掴むようなは、要領を得ない、掴《つか》みどころのないの意。
69 印象を止めは、強く感じて忘れないの意。

は知行合一主義であるから、王陽明が一番気に入って、常に[70]『伝習録』は側《そば》を離したことがない。閑《ひま》さえあればチョイチョイ見ているが、なかなか[71]妙味《みょうみ》がある。私はこの一巻の書物で常に精神修養をしている。[72]孔子や孟子はどうも私の気に合わない。孔子はあまりに[73]因循《いんじゅん》臭く、孟子はどうもあまりに[74]小理屈ばかりが[75]達者でいけない。私は小理屈ばかり並べて少しも実行の出来ない奴と、因循姑息《いんじゅんこそく》、消極的の奴とは大嫌いである。

何でも構わんから良心が「やれ」と命じたことをドンドンやるような人間でなければ、「もの」にならぬ。鼠が天井で騒いだほどの世間の批評などにびくびくしているような奴は、しょせん何も出来はしない。毀誉褒貶の至るごとに、睾丸《きんたま》を上げたり下げたりしていた日には、何事も出来るものでない。それだから私は王陽明を後楯《うしろだて》として、[76]商海の荒浪を潜《くぐ》っているのだ。

70　伝習録は、王陽明の手紙・言行などを弟子たちがまとめた書。慶長一九（一六一四）年、日本に紹介され、大塩平八郎・西郷隆盛ら多くの人に影響を与えた。
71　妙味は、非常にすぐれた趣《おもむき》。
72　孔子は、紀元前五五二～四七九年、中国の春秋時代の思想家。儒学の始祖、また、その教えのこと。
73　因循は、古い習慣・やり方にとらわれ、改めようとしないこと。
74　小理屈は、つまらない、取るに足らない理屈。
75　達者は、巧《たく》みの意。
76　商海は、商業の社会・世界。

敬服している我が家の下女[77]

私の考えによると、どうも日本人にして日本の歴史を知らぬ奴が多いのには驚いている。というのは、日本の歴史の大体を知らんかった日には、日本の時勢はどう変化したか解らん。日本の時勢がどう変化したか解らぬ奴が、日本で商売をやってみようなどというのは、それはあまりに大胆不敵であるまいか。時勢の変化が解らないでは、商売したとて何が儲かるものか。それはそれとして、いったい日本人はどういうものか、従順[78]の徳が薄いように思われて困る。従順の徳が薄いものだから、つまり成功者が少ないということになる。

ところが私の家の下女にたった一人、それは実に従順の美徳を具えた感心な奴がいる。というのは、私の平素の主義によく合った奴だ。私の主義というのは、人に使われるものは、その人の命じたことに従っていくのが一番偉いという主義なので、人に使われているうちは、その主人の命令を履行[79]《りこう》するのが何よりの美徳だと思う。もしこの従順の美徳がなかったならば、いくら敏腕家だの怜悧《れいり》だのといっても、私の見るところでは、それは決して成功しない。私の使っている下女はつまり、命ぜられたままに忠実に働いて少しも嫌な顔を見せないから、私は感服しているのである。なかなか普通の女ではこういうことは出来るものではない。

77 下女は、家のなかで炊事や雑事を行なう女性の使用人。
78 従順は、素直で逆らわないこと。
79 履行は、言葉通りに実行すること。

活《い》きたる働きをせし中村正直先生[80]

西国立志篇を読む[81]

私を我利我利亡者《がりがりもうじゃ》[82]のようにいうものがあるようだが、自分はなかなか各方面の趣味を解したものであると考える。若い時分から、ずいぶん文学者や美術家などとも広く交際したものである。その時代にこんなこともある。ちょうど明治十八年一月だったと思うが、先年亡くなった、かの岸田吟香《ぎんこう》[83]君と相会して一杯やると、岸田は懐中から新しい一冊の洋綴《ようと》じ[84]本を出して、これを読んでみなさいといいながら私の前においた。私はまた例の吟香一流の七《しち》面倒臭い[85]本じゃないかと思いながら、手に取って見ると、中村敬宇《けいう》[86]先生の訳された有名な『西国立志篇』であった。ともかくもどんなことが書いてあるかと思うて、読むとはなしに読んでみる

80 中村正直は、天保三（一八三二）～明治二四（一八九一）年、思想家・教育者。啓蒙思想の普及につとめた明六《めいろく》社の同人、東京大学教授・貴族院議員を歴任。
81 西国立志篇は、イギリスのサミュエル・スマイルズ Samuel Smiles（一八一二～一九〇四年）が一八五九年に著わした Self-help（自助論）を、中村正直が明治四（一八七一）年に翻訳発行した本。明治時代の大ベストセラーで、今日でも刊行されている。
82 我利我利亡者は、自分の利益しか考えない、自己中心的な人。
83 岸田吟香は、天保四（一八三三）～明治三八（一九〇五）年、新聞記者・実業家・教育家。吟香は号、名は銀次など。明治七（一八七四）年の台湾出兵時、大倉組従業員の肩書きで台湾にわたり、日本初の従軍記者となる。画家・岸田劉生の父。
84 洋綴じ本は、洋装本、洋風に製本した本。針金や糸で本紙を綴じ、背をニカワ付けして表紙に付着させる綴じ方。
85 七面倒臭いは、非常にわずらわしいの意。
86 中村敬宇は、前出の「中村正直」の号。

と、西洋において立身出世をした(87)奮闘家の列伝である。その書き振りと自分の身の上を比べてみると、私は一種いうべからざる感慨に打たれたのである。

先生の度胆《どぎも》を抜かんとす

私はそのとき、岸田に向かって、この咄嗟《とっさ》のうちに起こった私の感想を語った。そうしてなお語を次いで、「こういう本は、今の青年を鍛錬するには恰好《かっこう》の教科書である。定めしこの本によって大いに感奮するものが多いだろう。学者もこんな活き活きした仕事をして始めて世のためになるものじゃ」などと、ずいぶん無遠慮な批評を試みた。すると岸田はこのことを中村先生に語ったとみえて、「そういう考えのある人なら、是非一度会ってみたい」というお言伝《ことづて》であった。それであるから私は、「二月一日に(88)向島《むこうじま》の別荘へお出でを願いたい」ということにして、岸田を介して先生を招待したのである。

その当日は大いにご馳走も用意をなし、(89)芳原からも数名の(90)芸妓《げいぎ》を招《よ》んできたりなどして思う存分に騒ぎ立てて、(91)一番、先生を驚かして度胆《どぎも》を抜いてやろうという計画であった。すると間もなく(92)飄然《ひょうぜん》とお出でになっ

87 奮闘家は、力いっぱい努力した人。
88 向島の別荘は、大倉喜八郎が明治一二（一八七九）年に隅田川沿いの向島に設けたもの。明治四五（一九一二）年、その敷地内に迎賓館としての蔵春閣《ぞうしゅんかく》を築造。向島は現在の東京都墨田区の地名、川渕《ぶち》の桜で有名。隅田川は東京の東部を流れる川、昔は大川とも呼ばれた。
89 芳原は、吉原。現在の東京都台東区浅草北部の地名、また、かつてそこにあった遊楽街。江戸時代には遊郭が置かれ、明治以降は遊楽のためのお座敷街となる。
90 芸妓は、芸者。酒宴の間《ま》を取りもち、歌・三味線・踊りなどで客を楽しませる女性。
91 一番は、こころみに、一度の意。
92 飄然は、世事《せじ》を気にせず、暢気《のんき》でいるさま。

たが、驚いたは先生が少しも(93)辺幅《へんぷく》を飾らないことである。もっとも先生は倫敦《ロンドン》で仕立てた洋服を十年あまりも着ておられたということであるから、それを思えば別段に驚くには及ばないが、しかし初めての饗宴の席へ平常服のままできて、平気でおらるるというのはとにかく(94)一《ひ》と風《ふう》変った方といわねばならぬ。

驚くべし先生の人格

しかしながら先生の人格は、こんな(95)短褐濺衣《たんかつせんい》で(96)掩《おお》われぬ、包むにあまる人格の光は自ら先生の身辺を廻《めぐ》って、覚《おぼ》えず先生の前へ出ると頭が下がったのである。これがいわゆる学者の真面目《しんめんぼく》である威厳であろうと、私も(97)覚《そぞ》ろに畏敬の感に打たれた。(98)酒三行《さけさんこう》にして私はたいそう『西国立志篇』の価値を賞揚すると、先生はたいそう喜ばれて、「そういってくれれば我輩も嬉しい」などと語りながら、(99)舞の袖の繽粉《ひんぷん》たるを見て微笑を湛《たた》えておらるる様子の無邪気なる、あたかも罪のない子供のように思われた。酒も大分巡《まわ》って、先生も上々機嫌になられたようだから、私は、「どうです先生、ただ先生を誉めたばかりでは面白くありません。何か今

93　辺幅を飾らないは、見栄《みえ》を張らず、あるがままのさま。
94　一と風変ったは、普通とはちょっと変ったの意。
95　短褐濺衣は、短くて薄い、粗末な服。
96　掩われぬは、覆い隠せないの意。
97　覚ろには、知らず知らずに、自然にの意。普通は、「漫《そぞ》ろに」と記す。
98　酒三行にしては、酒を少し飲んだところでの意か。
99　舞の袖の繽粉は、舞っている袖がひらひらと入り乱れるさま。

夜の(100)清遊の紀念になる物を差し上げたいもので」というと、先生は即座に、「それでは、この(101)白檀《びゃくだん》の火鉢を貰ってゆこう」といわれる。「どうぞそれをお持ち下さい」というと、先生の喜びは(102)一方《ひとかた》ならずで、その喜ばれたときのお顔は今でも私の目に残って見るようである。

白檀の火鉢と贈詩

当時、先生のお宅は小石川の水道町であった。私の別荘とは(103)余程の道程《みちのり》である。しかも火鉢は白檀であるからなかなか重いのであるから、(104)当今《とうこん》の学者先生であったなれば、「後から届けてくれ」というのに決まっている。しかし先生はそうでなく、(105)酔眼朦朦《すいがんもうもう》、(106)蹣跚《まんさく》という容子《ようす》であったにもかかわらず、「この火鉢は自分で持って帰る」といわれたのである。私はそのとき、「この火鉢は当方からお届け申す」といっても、(107)如何《いっか》な承知をせないで、とうとうその重い白檀の火鉢を風呂敷に包んで、これを背負って持ち帰られたのである。その後しばらくたつと、先生は詩を書いて丁寧に表装して私に贈られた。私は時折り、それをかけては過ぎし当時のことを追懐しては、先生の偉大なる人格を偲んでいるのである。その詩というのは左に掲げてある。

100 清遊は、風流な遊び。
101 白檀は、さわやかな甘い芳香があり、香木として利用される熱帯性常緑樹。
102 一方ならずは、普通の程度ではない、ひととおりでないの意。
103 余程は、かなりの意。
104 当今は、この頃、当節の意。
105 酔眼朦朧は、酒に酔って目付きが定まらず、意識が定かでないさま。
106 蹣跚は、足元がよろめいてひょろひょろと歩くこと。
107 如何なは、どうしてもの意。

(108)大倉喜八郎君贈余以白檀火炉(109)日報余立志篇之徳因作此詩為謝

(110)曾駕鯨背淩怒潮　欲学阪隅混垂髫　三年皈來變市朝　芙蓉嶽麓家蕭条

一篇洋篇邦語描　英雄立志見風標　洛陽紙貴喧囂々　頗見処茁良良茁

［校閲］

火炉日→火炉曰

欲学阪→欲学娵　三年皈→三年帰

篇洋篇→篇洋籍　喧囂々→伝喧囂　茁良良→処茁良

108　大倉喜八郎君…因作此詩為謝は、注釈なども加えて和訳（意訳）すると、「大倉喜八郎君が私に白檀の火鉢を下さり、私の『（西国）立志篇』を読んだ恩に報いたいといわれたので、お礼としてこの詩を詠んだ」となる。

109　日は、曰の誤字。下方の［校閲］欄に誤字・誤記部分と正字部分とに傍線を付し、→印方向で訂正した。後の漢詩についても同様。ただし、「皈」は誤字ではないが、中村正直が大倉喜八郎に贈った漢詩中の文字とは異なる。

110　曾駕鯨背淩怒潮…職業相異如漁樵の漢詩は、注釈なども加えて和訳（意訳）すると、以下の通りとなる。

私はかつて幕府の船に乗って、大波を越えて異国（英国）に渡ろうとし、魚を娵隅《しゅぐう》（西南蛮人の語で魚のこと）と呼ぶこともあるように、異国の言葉を学ぼうと、留学生の下げ髪をした少年に混じって行った。ところが三年後に帰国すると、江戸幕府も明治政府となり、街の様子もすっかり変ってしまっていた。失意のなか、君主徳川氏の領地、芙蓉（蓮の花）に似た富士山の麓（静岡）で教鞭をとるも、居所は淋しいばかりであった。

しかし、そこで洋書（サミュエル・スマイルズ著『Self-Help』）を翻訳出版（『西国立志篇』、別名『自助論』）したが、その内容は、英雄の志とはかかるものかと、その姿をそこに見るものであった。ゆえに、その翻訳出版はベストセラーとなって、世に持て囃《はや》されることとなった。そしてこれを読んで、優秀な人材は世に芽を出して行くのを、目の当たりにすることができたのである。

さて、わが友、大倉喜八郎君は、巨万の富を築いた経済人で、今やその名は知らぬ人とていない。君（大倉氏）は私に書簡を下さり、私はそのご招待に預かり、君と親しく心を開き合うことができた。別荘（大倉邸の）は奥深いところで、そこから遥かに墨水（隅田川）が見渡せるところにあった。

宴席には、鳳凰《ほうおう》（伝説上の霊鳥）の胎子（お腹の中にいる子供）、麒麟《きりん》（伝説上の霊獣）の乾し肉を思わせるような、これまで見たことがないような料理に、その調理された味も極上そのものである。そして、その場に奏《かな》でられる妙《たえ》なる楽曲に合わせた美声と、現われた美しい踊り子のひるがえる衣《ころも》は雅《みやび》そのものであった。その優雅な接待が終わりを告げるとき、君は私に珍貴な器を下さり、さらに、真《まこと》の言葉を添えて下さった。それは白檀で作られた火鉢で、君はそれを自ら両手で支え、私に渡された。

そして、次のように言われた、私（大倉）は昔、困窮して気力を失ったときに、あなた（中村先生）の翻訳著書を目にして、立志、ここまで高く上《のぼ》りつめることができたのです、と。私（中村）はその言葉を聞いて、歓喜勇躍した。この贈り物は、まさに君（大倉氏）の真《まこと》の心で、いただいた私の心は、この上なく誇り高いものとなった。

さあ、あなたは今も黒々とした髪と艶《あで》やかなお顔でいらっしゃる。それだけではない、ますます大きな志を持って、未来を見据えていらっしゃる。

そこで、私たちは志を同じくすれば、必ずともに希望を手にすることができると誓った。漁師と樵夫《きこり》のごとく、異なった道を歩んでいるが、その互いの誓いは蘭のごとく香《こう》ばしく、意気投合、必ず果たして行くことができるであろう。

大倉巨商名高翅　互市万国資財饒　一日折簡見相邀　別院深覯墨水迢　名高翅→名高翹
鳳胎麟脯塩梅調　美声妙曲衣袖飄　更贈珍器語不帆　白檀火炉両手挑　語不帆→語不挑
謂苦困是意気消　頼子立志凌雲霄(111)　我声歓喜心自跳　獲此賞曲意欲驕
君今髪漆顔不凋　器見規模大更遼　同心臭蘭期久要　職業相異如漁樵　器見規→益見規
明治十八年二月　敬宇　中　村　正　直

益田孝論

益田孝君は天性怜悧《れいり》なり(112)

三井物産会社をして今日のごとく盛んならしめたのについては種々の事情もあろうし、種々の人物の力にもよることであろうが、なかんずく(113)、かの益田君の力が与《あずか》って、その効があったといわなければならぬのである。

111　頼子立志凌雲霄は、大倉喜八郎が昔、『西国立志篇』を読んで勇気付けられたと訳したが、大倉がいつ読んだかについては諸説がある。「解説」を参照のこと。
112　益田孝は、嘉永元（一八四八）～昭和一三（一九三八）年、実業家。明治九（一八七六）年設立の三井物産会社の初代社長となり、三井財閥の中枢を担う。茶人としても高名で、号は鈍翁《どんおう》。
113　なかんずくは、とりわけの意。

それで私と益田君との関係をいえば極めて古い交際であるから、君については最もよく知るものの一人であろうと信ずるのである。君に対する世間の批評もまた種々様々である。しかしある程度までは一致している。即ち君は悧恰《りこう》な人であるということである。あるいは(114)機略縦横、(115)才気煥発であるという人もある。あるいは知と才と並び発達するのみか、なかなか胆力もあることも認められている。しかし君の才知があまりに優れているから、その胆力が見えないのであると評する人もある。あるいは君は時勢を看破する力があり、かつ実業界の荒波を潜《くぐ》ってきたから、その行動が円熟している。それがためにややもすれば活気がないとか、もしくは(116)不得要領《ふとくようりょう》であるという人もある。あるいは君は(117)冷熱はなはだしい人で、また怒りっぽい人であるとか、対話、文章の旨《うま》いことは天才というほどであるという人もある。それかくのごとく君を評するのをみても、君が常人に超え、否、普通の実業家より超越している点があるからであろうと思う。

益田君の精力は非凡なり

実業界に立って(118)頭角《とうかく》を現わそうという人はいずれも(119)精力主義の人で、全身の勇気と熱心を傾注してその

114 機略縦横は、その場の変化に応じて、策を自由自在にめぐらすこと。
115 才気煥発は、優れた才能があふれているさま。
116 不得要領は、要点がはっきりしないさま。
117 冷熱はなはだしいは、感情の起伏が激しいさま。
118 頭角を現わそうは、周囲のものよりいっそう目立とうの意。
119 精力主義は、疲れを見せず、物事に積極的に対処していくさま。

(120)所期する目的に猛進するものであるが、中にも益田君のごときは事に当たるの精力が旺盛なることはまた特別で、天下何人《なにびと》も驚歎せざるを得ないくらいである。それに前にも述べたごとくに、君は天性の怜悧《れいり》であるから、その事物についてはよく調査して利害得失を算出するのであるから、その間違いや失敗がないのみならず、その利害得失を勘定するの早いことは、世にいう(121)電光石火という(122)塩梅《あんばい》で、しかも(123)一分《いちぶ》の隙《すき》もないのである。かつその考えと実行は常に一致して、君の頭脳はほとんど隙間《すきま》もないくらい、種々(124)八方面に活動しているのである。三井が今日あいうように手広く事業をやるのも、つまりは君がその非凡卓越の精力主義から築き上げられたものといい得るであろう。

益田君は極めて冷静なる人かというに、つまり熱することが少ない人ではあるが、冷静な人であるというほどでもない。こういうような性質の人に伴う当然の結果として、同情心は他人に比して幾分かは薄いことであろう。しかしこれも君が朝から夕まで三井におってあれだけの大事業を托しているから、君の全精神はその方面に傾注されてしもうたのであるから、他をば顧みることが出来ないのであろう。かくのごとく今日のごとく三井の大を致して、その間これという大間違いや大失敗を拵《こしら》えなかったのである。しかりしかして君が事物に当たるときには徒《いたずら》に進まずして、まずその利害得失を研究して、これを正確に見るの明《めい》があるのみならず、これを是とすれば、飽くまでも猛進的に、しかも積極的にやってのけるという風である。これが益田君の実に偉

120 所期するは、期待するの意。
121 電光石火は、動きが非常に素早いことのたとえ。
122 塩梅は、具合、程度。
123 一分の隙もないは、まったくスキを見せない、間違いないの意。
124 八方面は、多くの方面。

い点で、通常人《つうじょうじん》のとても企て及ぶべきところではないのである。

趣味を解したる(125)茶人

実業界にあるものの(126)通弊として、とかくに(127)趣《おもむき》を持たないものであるが、益田君はなかなか趣味を解した人である。茶道《ちゃどう》にかけては有名な達人として(128)斯界《しかい》に知られておるのみならず、それに(129)骨董眼《こっとうがん》も相応にあって、時々思いも寄らぬ辺から掘り出し物を持ってきては喜ばれているのである。何にしても益田君の(130)一門はよくも揃っている。(131)兄の益田克徳《かつとく》さんもまた有名な茶人であったし、(132)英作さんもまた相当に各方面に向かって趣味を解されていたし、それに息子の(133)太郎さんは脚本書きの名人となったのではないか。そういうように益田君の一門は、皆、発明の人ばかり出ているのをみても、君が各方面にその才知を発揮したことが分かるのである。

125 茶人は、茶の湯を好む人、茶道に通じた人。
126 通弊は、一般に見られる弊害。
127 趣を持たないは、面白味のない、風情に欠けるの意。
128 斯界は、この世界・分野。
129 骨董眼は、骨董品の良し悪しをよく判断できる能力。
130 一門は、家族、同族。
131 兄の益田克徳は、嘉永五（一八五二）～明治三六（一九〇三）年、明治期の実業家。榎本武揚の軍に従って捕らえられ、後に官吏をへて、東京海上保険会社支配人・東京米穀取引所理事長などを歴任。孝の兄ではなく弟が正しい。
132 英作は、慶応元（一八六五）～大正一〇（一九二一）年、益田英作。貿易商、明治・大正時代の茶人。益田孝・益田克徳の弟。
133 太郎は、明治八（一八七五）～昭和二八（一九五三）年、益田太郎。益田孝の次男で、実業家・劇作家・音楽家。

雨宮《あめみや》[134]敬次郎論

雨宮敬次郎氏の叙勲は当然なり

実業家が算盤玉《そろばん》[135]を弾《はじ》くのは、一概に自己の利益から打算してゆくものではないのである。必ずや一片《いっぺん》[136]、国家社会のためにも尽くしたいという至誠が含まれているものである。天下の雨敬《あめけい》と呼ばれた雨宮敬次郎君についてもまたそうである。私は雨宮君と肝胆《かんたん》[137]相照らして事業を共にしたということはないから、君についてはあまりに深く知るところはないが、君が我が日本の事業界に幾何《いくばく》の貢献をなしたかというに、それは確かに大なる貢献をなしたものである。君が実業家として稀れなる叙勲の栄典に預かったのが当然なことである。いったい国家の賞罰は厳明《げんめい》[138]でなければならぬものであるから、国家が叙勲するのにも官公吏以外に渉《わた》って叙勲するのは特別な功績がなければならぬのを見ても、君がいかに事業界に貢献し、また国家社会に尽くしたことが証明せられている。

134 雨宮敬次郎は、前出2頁の「雨敬」のこと。明治四三（一九一〇）年、勲四等瑞宝《ずいほう》章を受章。
135 算盤玉を弾くは、損得を計算すること。
136 一片は、ほんの少し。
137 肝胆相照らしては、互いに心の底までうち明けて、親しく交わっての意。
138 厳明は、厳正で公明なこと。

雨宮君は東洋的豪傑の面影《おもかげ》あり

いずれの方面にあっても、成功せる人とか、あるいは[139]世人《せじん》から推称せらるるような人になると、どこにか偉い点があるものである。ことに実業界にあるものの中で傑出した人には、特別の長所が数多くあるものである。雨宮君についても私どもの感心する点が沢山あるが、一言《げん》にしてこれを掩《おお》えば、君が東洋豪傑の面影のある点である。すでに君を称して東洋的豪傑の風があるという以上は、また従ってこれに伴う欠点も免れないのである。[140]細心を欠くということは、人々の皆、君を評するところである。

君が果して豪傑であるや否やは疑問とするも、君が[141]小心翼々《しょうしんよくよく》としておらず、また細心の人でないということによって、私どもは君を称して豪傑風があると申しても差し支えがなかろうと信ずるのである。しかして君が[142]義侠心に富んでいて、他人のためなら[143]水火《すいか》も辞せず、自己の利害をも顧みなかったことや、剛情で我慢を押し通して、猥《みだ》りに[144]コセツカヌところなどは、実に見上げたところであるといわねばならぬ。しかし社会にはとかくの非難があったのは気の毒である。世間の評判というものが、元来[145]無鉄砲なもので、人の真正の価値というものは分かるものでないから、何ら顧みる必要がないのである。しかり雨宮君は少しも世人の言《げん》

139 世人は、世間の人。
140 細心は、細かいところまで心を配ること。
141 小心翼々は、気が小さく、びくびくしているさま。
142 義侠心は、苦しんでいる弱い者を見のがせない心・気性。
143 水火も辞せずは、いかなる苦痛や困難もいとわないこと。
144 コセツカヌは、こせこせと小さな事柄に右往左往しない、細かいことにこだわらずに行動するの意。
145 無鉄砲は、事の是非を考えない、後先《あとさき》を考えないさま。

には頓着せずして、自己の信ずる方面に向かって極力努めたのは、さすがに東洋豪傑の面影があるのである。

雨宮君の真価値

今日《こんにち》、雨宮君世を辞して以来、世人はいかに雨宮君を評しているのであるか。(146)任侠《にんきょう》とか、豪傑とか称して事業家の特質や長所を称するものがあるのみか、君が遺《のこ》した事業を褒めているものが沢山あるようである。こうなれば、雨宮君の肉体は亡びても、なお他に残るところのものがあるから、それが即ち雨宮君の真価値である。近い例では、(147)桂川電力のごときも君が最後に遺した事業である。とにかく雨宮君は明治の(148)怪傑であるといわなければならぬ。もしも君が(149)元和《げんな》、天正《てんしょう》の戦国時代にあったならば、必ずや一城の主《あるじ》くらいにはなられたものである。しかし明治の実業界にあって(150)嶄然《ざんぜん》頭角を顕わし、ともかくも天下の雨敬といわれて押し通しただけでも、昔の城主くらいの価値は確かにあるのである。

146 任侠は、仁義を重んじ、困っていたり苦しんでいたりする人を見ると放っておけず、彼らを助けるような精神。
147 桂川電力は、明治四三（一九一〇）年、雨宮らによって設立された、山梨県の桂川電力株式会社。明治二八（一八九五）年、雨宮らによって発起人会が発足し、九年後に雨宮を創立委員長として会社設立準備が始まり、雨宮の死後、大正二（一九一三）年に発電開始。
148 怪傑は、非常にすぐれた力をもつ不思議な人物。
149 元和、天正の戦国時代は、戦国時代末期の安土桃山時代をさす。織田信長が足利義昭を京都から追放して室町幕府が崩壊した天正元（一五七三）年から、徳川家康が豊臣氏を滅ぼした元和元（一六一五）年までの時期。
150 嶄然は、ひときわ目立つさま。

勇気に満ちたる[151]安田善次郎氏

安田さんは手堅き事業家

安田さんは、もと[152]鰹節屋の若い衆であった。その後[153]独立をして油屋となり、さらに日本橋の人形町の[154]角《かど》屋敷において両替屋を始めたのである。安田さんが油屋をしておらるる頃は、油の計りなども随分巧《う》まかったものであった。両替屋は当時安田さんが生涯の目的であったので、これが[155]時勢に投じてたいそう繁昌したものである。ともかく今では、三菱、三井に次ぐ大金持ちになったのである。だいたい[156]安田さんには私達のように道楽がないのである。私達は朝鮮から満洲、倫敦《ろんどん》というように仕事を拡張してゆくが、安田さんは一切そんなことはやらぬのである。極めて手堅くやっているので過《あやま》ちも少なく、ますます金が殖《ふ》える一方である。安田さんもまたそれが楽しみだといっている。別に酒色の欲に耽《ふ》けるのでもなければ、また別荘道楽をするのでもないのである。

151 安田善次郎は、前出84頁の「安田」。
152 鰹節屋の若い衆は、安田が海苔・鰹節商の店に一時、奉公していたことをさす。
153 独立をしては、まず露店での両替を営んだことで、次いで両替・乾物小売の兼業を行ない、さらに油店を開き、不動産売買から質店も経営し、後に両替専業となる。
154 角屋敷は、町の角に当たる場所に所在する屋敷。
155 時勢に投じては、時流に適合しての意。
156 安田さんは……道楽がないは、大倉喜八郎からはそう思われたのかも知れないが、茶道に親しみ、旅行などを楽しみにしていた。

予が感心したる点

私が安田さんに最も感心している点は勇気のある点である。他の銀行では恐がって貸出しをしないところへでも、少しも頓着なく貸出しをするのである。ちょっと他人には出来ない芸である。そのため見込みも上手《うま》くなって[157]、この頃ではただただ金が殖えるばかりになってきたのである。

岩崎弥太郎氏[158]の個人主義と渋沢男《だん》の国家主義

岩崎氏、渋沢男に独占事業を勧む

渋沢男爵には批難をすべき点がない。私は大いに誉めたいのである。その誉めたいという点について述べよう。それは渋沢男は終始一貫して七十年間、変わることがなかったことである。これについて証拠立てる面白い話がある。共同運輸会社[159]が三菱会社[160]と激烈なる競争をなしておった時代のことと覚ゆるが、当時、岩崎

157　見込みも上手《うま》くなっては、将来に対する判断も正確になっての意。
158　岩崎弥太郎は、前出68頁の「岩崎」。
159　共同運輸会社は、明治一五（一八八二）年創立の海運会社。時の政府と反三菱の実業家が、郵便汽船三菱会社の海運独占に対抗して設立し、激しい競争を行なった会社。三年後、両社は日本郵船会社に合併。
160　三菱会社は、ここでは、郵便汽船三菱会社のこと。岩崎弥太郎の海運会社は、九十九《つくも》商会、三川《みつかわ》商会、三菱商会、三菱汽船会社、郵便汽船三菱会社と次々に社名を変更。

弥太郎さんも、渋沢男は非凡の人であることをいっておった。しかしてこの双雄(161)が柳橋《やなぎばし》(162)の柏屋という茶屋(163)に相会《あいかい》した。それは岩崎さんが渋沢男を招《よ》んだのである。そこで岩崎さんがいうに、「日本の人は金儲けをすることを知らぬ。貴方《あなた》は偉い人であるから、一つ外国人と競争して、独占的の商売をやってみようという勇気はありませんか。貴方ならば確かにやれる。大いに金儲けをしたり、色々の会社に関係したり、株式会社を起こしたりなどするよりは、私が海運業において成功したるごとく、一人で大事業をやったらよかろう」という意を忠告的に仄《ほの》めかしたのである。

ところが男爵はこれに反対して、貴方のいうことはもっともであるけれども、それではいけぬ。株式会社を起こすならば、たとえ一株を持つものでも、均しく利益を受けることが出来るのである。即ち多数に対して利益を分配することが出来る。会社を起こして衆と共に苦楽をする精神であるから、貴方の意見に従われませんといって、とうとう肯《き》かなかった。そこで例の聞かぬ気(164)の岩崎さんであるから、自分が客を呼んでおりながら渋沢男を置き放しにして帰ってしまったという話がある。実にこれは美談ではないか。

温厚にして篤実《とくじつ》(165)なる人

渋沢男が衆と共に苦楽を共にするというこの精神で今日まで事業に携わってこられたがために、日本はどの

161 双雄は、二人の英雄。
162 柳橋は、江戸時代から花街《まち》として知られる隅田川沿いの遊楽街。現在の東京都台東区の地名。
163 茶屋は、料亭。
164 聞かぬ気は、人に負けたり、人のいいなりになることを厳しく嫌う性質。勝気。
165 篤実は、情にあつく、誠実なこと。

くらい発達しているのか知れぬのである。もし男爵が三菱のごとくに自分一人で金儲けをしようとされたならば、それこそ大変である。男爵がこの主義を持《じ》して終始一貫、実業界のために尽くされたが故に、日本において株式会社が勃興し、国富が増進したのである。実に男爵は温厚篤実、正しい人ではあるが、その半面には鞏固《きょうこ》(166)なる精神を持っておられたということが分かる。実に偉い人ではないか。もし男爵が一人で金を溜めようという考えであったなれば、あの才とあの炯眼《けいがん》(167)と、あの知恵とあの親切とをもってやられたなれば、今日では三菱の倍ほども財産を作られたかも知れない。

けれども男爵は決してそういう考えはない。今日まで終始一貫した精神をもって、株式会社を起こし、その発達に努められたのである。私はこれらの点から、渋沢男爵を大いに賞讃するのである。世間では日糖問題(168)などに関して渋沢男は老いぼれた(169)などと悪口《あっこう》をいうけれども、これは間違っている。私は男爵に死ぬまで日本の実業界のために尽くして貫いたいのである。今手を引かれては(170)大いに困るのである。いかに男爵が骨を折っても(171)、日糖や東鉄(172)のごとくに重役が悪ければ仕方がないのである。いかなる会社でも悪い重役がおっては適《かな》うものではない。私は渋沢さんが悪いのではなくて重役が悪いのだと思っている。

166 鞏固は、強く堅いさま。強固と同義。
167 炯眼は、物事をはっきりと見抜く力。慧眼《けいがん》と同義。
168 日糖問題は、前出148頁の「日糖」を参照。明治四一（一九〇八）年、渋沢栄一は瓜生震《うりゅうしん》などを日本製糖株式会社の監査役に推した責任を負って同社相談役を辞任。
169 老いぼれたは、年をとり、頭がぼけているさま。
170 今手を引かれては大いに困るについては、渋沢栄一は大正四（一九一五）年に財界を完全に引退した。
171 骨を折っては、力を尽くすの意。
172 東鉄は、東京鉄道株式会社。明治四二（一九〇九）年、渋沢栄一らは乗車料金値上げをめぐる紛争で新重役陣を選任したが、さらに紛糾した。

第八編　国富と国力

借金は奮発の薬

借金返済の苦心

世の中の人はいつまでたっても不景気だ、新事業が起こらぬといって嘆息しているが、しかし私の考えをいえば、不景気は多少挽回するとしても、事業らしい新事業は当分のところ、いまだ興らぬだろうと思うのである。なぜ興らないかというに、日露戦争のときに日本で外国から借金したのは実に非常な高《だか》(1)で、借金するときは切羽詰まった場合であるから、背に腹は換えられぬわけであるから、仕方なしにやったものの、さて今になって考えると、借金のあることばかり目について、これをどうして返そう、どうして返そうというわけで、借金を返す方にばかり努めているから財界も不振であるし、従って新事業も起こらないのであると思うのである。

1　高は、金額。

いくら働きても利息に追われる

これを個人について見たならば、借金しているうちは利息に追われて、いくら働いても残るということはない。また一方では、早く返したい、早く返したいと思うから、何か新らしいことに手を出そうという念が起こっても、まァその金で借金を払ってしまった方がいい、借金を返してから思う存分に商売の手も広げようと、こう思うのは人情であると思うのである。

我々の功名

それにかの戦争というものは、一度《ひとたび》は必ずやらねばならぬのであって、我々の世にやらねば、あるいは我々の子の時代か、孫の時代になってやったかも知れないのである。するともし子の時代、孫の時代にあのような大役《たいえき》(2)があったとすると、一方では戦争をする、一方では金はかかるというわけで、我々の時代にかの戦争を引き受けてやったより以上の困難と辛苦を嘗《な》めたかも知れないのである。しかしてその結果はどうなるか分からぬが、とにかく我々の時代にかの戦争が衝《つ》(3)っかかってきたればこそ、あれだけのことはやって、日本の光を世界に示してやることが出来たのである。

2　大役は、大規模な戦争。日露戦争をさす。
3　衝っかかってきたは、立ち向かってきたの意。

借金と事業を残しておく

それで私は我々の時代にこなかったならば、また子孫の時代にきたるべき戦争を引き受けて、子または孫の重荷を軽くしてやったばかりでなく、誠に手際よくやったのであるから、我々がかの戦争で借金した外債は、当然半分ぐらいは我々の子または孫が負担する義務があるだろうと思うのである。で、現今我々が負うているところの外債は半分だけ我々が返済しておいて、その半分は我々の子または孫に負担さするようにすれば、それだけ金が余ってくる。もっとも残りの半分には延期しただけ利息も付くだろうが、それは我々が子孫に負わした半分の借金の金で事業を起こして、それで儲けてやるから利息などは何でもないのである。半分借金を残したと云い条《じょう》[4]、事業というものを残しておく。その事業が子や孫の時代になるまでには発展してゆくわけである。借金を半分残して子や孫に負わせ、あるいはその負わした借金より以上の財産を残しておいてやることになるから、決して我々の子または孫は、我々が借金を残していったと愚痴をいうべきわけのものではなかろうと思うのである。

借金を残してゆけば奮発心が起こる

借金を残しておくということは、一面からいうと、かえって子や孫をして奮発心を起こさせることになる。古来[5]、世界において一代の富豪といわれる人は皆、貧家に生まれた子弟である。乃公《おれ》は奮発して偉い者

4　云い条は、とはいってもの意。
5　古来は、昔から今までの意。

にならねばならぬ、乃公は苦闘して立派な者にならねばならぬと奮発心を起こして、そして志を遂げたのであるから、我々が外国から借金した外積の半分を残しておくと、父や祖父が借金を残していったから奮発しなければならぬと、ここに奮発心を起こして、我々が借金を残してゆく代わりに、残してゆく事業をますます盛り立ててゆくようになるのであると思うのである。

朝鮮人は商業的智識に乏し

朝鮮善隣商業学校

私は以前から朝鮮の群山《ぐんざん》(6)に農場を持っていたが、いまだ実地の視察をしたことがなかった。それでかねて寄付として建設した善隣商業学校の開校式に、臨場《りんじょう》(7)を兼ねてその実地視察に出かけて、京城《けいじょう》、群山《ぐんざん》、木浦《もっぽ》(8)などを旅行したが、到るところ非常に歓迎をしてくれたのである。私が善隣商業学校を建設した趣旨は、大倉商業学校を建てたのと同じ理由で、要は商業上の実際において役に立つ人を養成したり、朝鮮人は辞令(9)にも巧みであれば理屈もいうが、算盤《そろばん》を持つとか、帳簿を付けることなどは極めて不得手である。それでは朝鮮を

6 群山に農場は、明治三六(一九〇三)年、大倉組が設けた米作農場。群山は朝鮮南西部の全羅北道に位置する港湾都市で、米の集散地で日本への輸出港。
7 臨場は、会場・式場などに出ること、臨むこと。
8 木浦は、現在の韓国全羅南道に位置する港湾都市。
9 辞令は、人と応対するときの形式的な言葉・あいさつ。

富ましめ、実業を盛んにし、国力を増進することは困難である。そこで実業を振興させるのには、まず第一に人物を養成するの必要がある。

それで(10)取りあえず二十万円を寄付してこれを基本財産とし、当時の韓国政府よりも賛同を得て、敷地や校舎を(11)給せられ、(12)学部よりも保護されて、学校を建設したのである。今では(13)昼間通学する鮮人が七十余名、夜学に来る邦人が百余名あるのである。明治四十一年の十一月二十八日に開校式を挙げたが、当日はその頃(14)統監であった伊藤公を始め副統監、その他在留邦人の重立ちたる人、朝鮮内閣の諸公、その他(15)元老《げんろう》などが来会せられて、非常なる盛会であった。校長は(16)本宿《ほんじゅく》家全《かぜん》氏で、なるべく(17)大言壮語《だいげんそうご》の人物を作らずに実用的人材の養成を主眼としている。

口の人よりは手の人を作る

しかれども朝鮮人の欠点として、法律などの勉強を希望するものは多いが、商業学を講究することは好まな

10 取りあえずは、何はさておきの意。
11 給せられは、与えられの意。
12 学部は、光武九（明治三八、一九〇五）年、韓国議政府（内閣）の官制改正で、「学務」から改称された教育など担当の中央官庁。
13 昼間通学する……邦人は、明治四四（一九一一）年現在、修学年限三年の本科生は朝鮮人のみで、同二年の夜学専修科（同高等科は三年）には日本人生徒がいた。
14 統監は、韓国統監府の長官。明治三八（一九〇五）年の第二次日韓協約による韓国の保護国化にもとづき、統監府が翌年設置。
15 元老は、ここでは、要職者のこと。
16 本宿家全は、明治五（一八七二）～昭和一七（一九四二）年、前出78頁の善隣商業学校の初代校長、合名大倉組総務理事などを歴任。
17 大言壮語は、出来そうもないことを大げさにいうこと。

に勧誘してくれるようにい傾きがある。それでただ今では月々学校の方から食料費その他をやってきて貰うて、勉強してくれるように勧誘しておる次第である。そこで私はその開校式のときにこんな挨拶をなしたことがある。日韓の関係について二千年以来、幾多の人間がどれだけ心血を注いだか計り知れないほどである。それを伊藤公が統監として赴任せられて、始めて隣邦の(18)秕政《ひせい》を改革されるのであるから、統監の(19)君国《くんこく》のために尽くされる崇高な至誠に感激して、この(20)千古の盛事を紀念せんがために善隣商業学校というものが生まれ出《い》でたのである。いったい鮮人は言語の上からは実に辞令に巧みで、そして(21)議論に花を咲かすことは上手であるが、善隣商業学校の目的はこれと反対で、実際上に活動する人を作らねばならぬのであるから、口の人より手の人を作る方針で協力せられたいのである、という趣旨を同国の総理及び各大臣に希望し、学部大臣へはことさらにこの点について留意講究を乞う旨を要望したる次第である。

18 秕政は、悪い政治。
19 君国は、君主をいただく国家、また、君主と国家。
20 千古は、永久の意。
21 議論に花を咲かすは、盛んに議論すること。

教育に対する私の微衷《びちゅう》[22]

それから京城で勲章の御沙汰があった席上で、そこにおられた[23]村田少将、[24]大岡の両氏から例の[25]即吟《そくぎん》[26]なかるべからずと促され、取りあえず

はからずも今宵《こよい》誉《ほま》れを担《にな》ひけり
　肩に掛けたる八卦勲章《けくんしょう》　　鶴彦

と詠んだのである。そうすると統監、伊藤公爵も一首を詠《よ》みいでんと

大倉にあまれる金《かね》の光りをば
　韓国《かんこく》までも輝かしけり　　博文

と詠まれた。

次いで私が朝鮮を旅行中に詠んだ二、三首を掲げよう

22　微衷は、自分の真心の意の謙譲語。
23　村田少将は、嘉永七（一八五四）年～大正六（一九一七）年、村田惇。陸軍軍人で、明治四一（一九〇八）年に韓国統監府附《づき》となり、翌年に中将に昇格。
24　大岡は、文久三（一八六三）～大正二（一九一三）年、大岡力《つとむ》。ジャーナリスト・評論家で、兄の大岡育造が経営した中央新聞の記者・副社長をへて、明治四一（一九〇八）年に京城日報社社長。後に京城日報は朝鮮総督府の機関紙となる。
25　即吟は、即興で短歌・俳句を詠《よ》むこと。
26　なかるべからずは、無いようではいけない、してくださいの意。

善隣学校に於て

教育をはらみて立てる学び屋は
　有為の士をば産み出《い》だすらむ

京城にて

名工の筆はものかは夕月《ゆうつき》の
　えかき出したる(27)南山《なんざん》の松

群山の(28)月明山《げつめいさん》にて

山の名の月明《つきあきら》かに小夜《さよ》ふけて
　(29)雁《かり》がねわたる全羅北道《ぜんらほくどう》

木浦《もっぽ》に於て

木の浦《うら》とかねて聞きしは名のみにて
　山も麓《ふもと》も(30)岩根《いわね》なりけり

27　南山は、現在の韓国ソウルにある標高二六二メートルの景勝地。
28　月明山は、現在の韓国群山市内にある標高一〇一メートルの山。
29　雁がねは、雁《がん》。
30　岩根は、どっしりと根をすえた大きな岩。

私が渡鮮せし三十年前

釜山浦《ふざんぽ》(31)にて福田増兵衛《ますべえ》(32)翁の別荘に宿泊の用意調《ととの》いおり、同所にて、明治九年(33)日韓修交条約の際、自から渡韓し、貿易の端緒を開きし旧交を物語るなど、転《うた》(34)た懐旧の情に堪えなかったのである。今より三十二年前、私が初めて釜山に行ったときは、当地の在留邦人は男女老幼合わせて僅かに九十人であった。それも皆、対州《つしま》人《じん》ばかりで、他県人としては私一人という有様であったから、せめてこの釜山浦に日本商人の一千名ぐらい居留するよう致したいものであると、時の外交官(35)花房君《はなぶさくん》とその希望を語し合いしことなどもあったのに、現時では日本人が二万人余も居住しつつある有様を見て、旧時を回想すると実に夢のごとき感があるのである。実にまた愉快であった。福田翁の宅で歌を詠めと乞われたので

この宿《やど》は(36)こまの海原《うなばら》池に見て

牧の島根も庭の築山《つきやま》

31　釜山浦は、釜山のこと。当時は港を意味する浦をつけて釜山浦と称した。

32　福田増兵衛は、天保一四（一八四三）～大正九（一九二〇）年、釜山の実業家。対州（対馬）出身で、朝鮮開港前の明治四（一八七一）年に釜山に渡り、貿易・酒造業などで成功し、釜山の代表的な富豪とよばれた。

33　日韓修交条約は、日朝修好条規。明治九（一八七六）年、日本と朝鮮との間で締結された条約で、外交使節の相互派遣、釜山などの開港、日本の領事裁判権を定めた、朝鮮に不利な不平等条約。

34　転たは、ますますの意。

35　花房君は、天保一三（一八四二）～大正六（一九一七）年、花房義質《よしもと》。明治一〇（一八七七）年に駐朝鮮代理公使となり、後に同弁理公使、同公使となった外交官。

36　こまは、朝鮮のこと。「こま」は「高麗」。

基督《キリスト》青年会に演説

群山の基督教青年会が[37]「実業青年会」と改名してその式を挙ぐるについては、一場の演説をして貰いたいとのことであるから、私は感ずるところを述べたことがある。それは大略左のごとくである。

「そもそも耶蘇教《やそきょう》[38]の布教が日本において一度《ひとた》び中絶した理由は、豊太閤《ほうたいこう》時代、西班牙《スペイン》の士官[39]を大坂城内で引見し、宇内《うだい》[40]の形勢を聴かれた。するとこの士官は一枚の地図を取り出して、その本国と属国[41]との処《ところ》に一々朱点を付《ふ》して太閤に示したのである。さすがの太閤も西班牙本国が遠く距《へだ》っておるのにもかかわらず、世界の各方面に属領地[42]の多きに驚き、自分は日本一ヶ国を統治するのにも非常なる困難と戦っている、しかるにいかなる手段を持ってかかる属領地を数多《すうた》獲得せしかと問われたときに、西班牙国の士官は得意然として、まず宣教師[43]を発し、人民の歓心を得たる後、内乱に乗じて占領の実《じつ》を述べたのである。これが太閤をして耶蘇教を警戒させたのである。そこで太閤は耶蘇教の宣教師と契約を結んで、布教は宜《よ》ろしい、しかし政治に関係することはいっさい禁ずることを条件として、この条件の下《もと》において布教を許したのである。

37　群山の基督教青年会が「実業青年会」と改名は、不詳。ただし、大倉組は明治三六（一九〇三）年、群山の各国居留地内に大倉農場事務所を設けて土地買収を始め、明治四一（一九〇八）年に大倉喜八郎の次男（川口タマとの間の子）である大倉米吉が農場経営に携わるために日本から群山に移住した。米吉はアメリカ滞在中に熱心なキリスト教徒になり、群山の伝道協会設立の中心的な担い手となった。その関係で喜八郎がキリスト教青年会で演説したものと思われる。川口タマは、前出137頁の「三十歳の時に結婚」を参照。

38　耶蘇教は、キリスト教。

39　士官は、少尉以上の武官。

40　宇内は、天下、世界。

41　属国は、他の国に従属・支配されている国。植民地もその一種。

42　属領地は、他の国に支配されている地域。

43　宣教師は、ある特定の思想・宗教を伝えるために、外国で活動する者。とくにキリスト教会から派遣された福音の伝道者。

しかるに太閤(44)薨《こう》じて(45)家康いまだ天下の政権を掌握せざる時期に際して、彼ら宣教師らは好機逸すべからずとして、軍艦派遣の(46)密書を本国に送るの大罪を犯したが、幸《さいわ》いにもこの密書を持参せるものの乗船が難破したために、密書は(47)蘭人の手に帰して、徳川の手に入ってその結果、種々のことが起こったが、要するに宣教師らが最初の誓約に背《そむ》いて政治に関係をしたからである。現時は宣教師が布教以外に政治に(48)容喙《ようかい》せんとするがごとき不心得は万々《ばんばん》これなきを信ずるが、なおその上にも青年諸君が耶蘇《やそ》教《きょう》崇拝と同時に、実業道徳を高尚にしてこの韓国を(49)墳墓の地として土着するの決心をもって、実業に従事せられんことを希望に堪えない次第ある」という趣旨で、大いに警告したことがある。

44　薨じては、亡くなっての意。皇族、三位以上の高貴者に対しての言葉。
45　家康は、天文一一（一五四二）～元和二（一六一六）年、徳川家康。江戸幕府の初代将軍。
46　密書は、秘密の書類・手紙。
47　蘭人は、オランダ人。
48　容喙は、横合いから口を出すこと。
49　墳墓の地は、墓場のことで、ここでは、死ぬまで韓国で活動し、そこで骨を埋めることを意味している。

大博覧会開催の議[50]

大博覧会と日本の名誉

近時博覧会について議する者多く、東京府、東京市及び東京実業団体の諸方面において、すでに内々《ないない》これを議題として研究するもののごとく、この際戦勝を紀念とする稍々《やや》大規模なる半世界的博覧会を開くべしと論じ、いずれもこれが開設に勉《つと》めている。従来のごとき[51]内国博覧会ならば、僅かに三、四年の[52]日子《にっす》もなおよくこれを準備するを得ようか。世界の最強国と称せられたる露西亜を海陸において撃破し、国運ここに一大発展をきたしたる戦勝後の日本において、従来の面目を改めざる幼稚なる博覧会を起こすがごときは、戦勝国における産業上の不名誉、否、寧《むし》ろ[53]恥辱であって、また実際、産業進歩の跡を見ることが出来ない、実効なき博覧会に終るだろう。

従前のごときも、たいがい失敗の歴史がないわけではない。しかして稍々《やや》規模を大にして、半世界博覧会を戦勝紀念の名の下に開催せんとするの議が大いに有力で、これもって僅々《きんきん》三、四年間の設備でこれを実行しようとすれば、単純なる内国博覧会の場合と五十歩百歩であって、戦敗国の感情を害し、その同盟国並びに内外

50　大博覧会は、明治四五（一九一二）年に開催予定だった万国博覧会。日本大博覧会と呼ばれ、日露戦争勝利を記念して企画されたが、日露戦後恐慌などのために延期、その後中止。大倉喜八郎は開催予定の四年前に評議員になっていた。
51　内国博覧会は、内国勧業博覧会のこと。明治時代に五回開催。
52　日子は、日数。
53　恥辱は、体面・名誉などを傷つけられる、恥ずかしめ。

中立国をして出品加盟を躊躇《ちゅうちょ》せしむるだろうと思うし、故にかかる名義の悪しき、姑息《こそく》なる企画は断然これを廃さねばならぬ。

博覧会は、智識、交換物品、広告、その他有益なるものであるから、戦勝国の帝国においてこれを開催しようとならば、私の大いに賛同するところであるけれども、前述のごとき国運の進歩、発達に伴わざる姑息なるものはこれを見合わせ、宜《よろ》しく戦勝の(54)武威《ぶい》と相対峙《あいたいじ》し、世界強国に実《じつ》を備うる大々的の世界博覧会を催さねばならぬのである。これについては充分なる用意を要するのである。ことに我が国のごとき万事いまだ整頓せず、いまだかつて一度も世界博覧会を開きたる経験を有せざる国においては、普通の例よりもさらに長き時日を費やさねばならぬのである。(55)千九百年の万国博覧会のごときすら、千八百九十二年にこれを決定して八年の準備をしたではないか。

故に戦後、我が国において開かんとならば、少なくも十年の歳月を要すべきである。私のこの主張が帝国(56)開闢《かいびゃく》以来の大進歩を表現せんとする自然の声であって、この大進歩たる、実に(57)今上《きんじょう》天皇陛下の御功業《ごこうぎょう》、(58)御盛徳《ごせいとく》の外《ほか》ならぬのである。(59)御稜威《みいつ》、(60)御高徳《ごこうとく》によりて生じたる国運の隆盛より生じきたるこの大博覧会に

54 武威は、軍事力。
55 千九百年の万国博覧会は、明治三三（一九〇〇）年、四～一一月、パリで開催された万国博覧会。大倉喜八郎はそれへの参加などのためにパリに派遣される。
56 開闢は、始まり。
57 今上天皇陛下は、明治天皇のこと。前出55頁の「今上陛下」を参照。
58 御盛徳は、たいへん立派な徳・功績。
59 御稜威は、天皇や神などの威光。
60 御高徳は、すぐれて高い徳。

向かって、御盛徳《ごせいとく》を表彰し奉《たてまつ》る名称を冠するは、博覧会に無上の光輝を添うるものである、しかも明治五十年は御即位五十年に該当するをもって、この年をもって世界博覧会を開くことは実にその当を得たものであると信ずるのである。

出品を目的とせず、生産の改良を図れ

御即位五十年の盛運を紀念として、世界博覧会を開催せんとするは、事すこぶる重大であるが故に、今日より充分の奮励をもってこれが準備に着手しなければならぬ。しかしてその第一に必要なるは、国民一般に大いに産業上の勇気を鼓舞《こぶ》し、戦争において得たると同様の名誉をさらに実業上に博《はく》せんとする大決心を固めて、孜々営々《ししえいえい》[61]、農工業品の進歩、改良を計り、驚くべき進歩と実力とを示すの覚悟がなければならぬ。従来のごとく博覧会に出品せんがために、ことに一、二個の物品を精撰、工夫して辛うじて出品しても、出品通りの品物を多量に買収せんとするものある場合に、絶えて注文に応ずる能《あた》わざるがごとき不体裁なく、出品見本通りの物を幾千の多量にても容易に注文に応じ得るの実力を備うることが肝要である。

次に必要なる準備は、多数の外来観客を容《い》れて、最も愉快に、最も満足に観覧せしむるの方法を設備することである。即ち府下において大《だい》なる「ホテル」を建設するがごとき、大公堂《だいこうどう》[62]を設備するがごとき、京都、奈良、日光、函根[63]、その他の観光所にますます趣味を加うる新設物を施すがごときは大いによいことである。また

61 孜々営々は、せっせと励むこと。
62 大公堂は、大きな公の建物。
63 函根は、箱根のこと。

道路、鉄道などの交通機関を完備するがごときは、とりあえず急務中の急務である。次に西洋諸国の出品も勧誘しなければならぬ。それには第一に支那の出品を大仕掛《おおじか》けにして、朝鮮、その他[64]シャムなど、東洋各国の出品を基礎において計画すべしである。

満洲の経営

日清合資事業[65]

先頃[66]旅順で日露戦役の際、両軍の使用した銃砲、鉄条網、その他の兵器を陳列してあるのを見たが、実に人間の知識の有らん限りを尽くして工夫したもので、自分は、日本も世界一等国の班《はん》[67]に列した上は兵器の改良をしなくてはいかぬ、いかに武士道を鼓吹《こすい》しても、今日では器械と器械との戦争であるから、兵器の改良が必要であることを感じた。しかるに兵器の改良をするのにも、先立つものは金であるから、今後の日本国民は大いに働いて大いに金を作らねばならぬ。ソレから旅順、その他で名誉の戦死者の遺跡を見ると、自分は満洲を経済的に経営するのが戦死者に対する第一の供養であろうと思った。実に我々実業家はこれらの戦死者に対

64 シャムは、前出81頁の「暹羅」。
65 日清合資事業は、日本と清国との合弁事業。
66 旅順は、中国遼寧省の軍港都市。日露戦争の激戦地となり、戦後は日本の租借地となる。
67 班は、仲間。

しても、満洲に入《い》り込んで各種の事業を起こし、国勢の発展を図らねばなるまい。

しかして日本人が満洲に事業を起こすは、満洲の商人と合資するのが一番よいので、これはやり方によりてはずいぶん成功する見込みがある。現に自分は先頃、奉天に[68]満洲人と合資して馬車鉄道を起こすことを計画してきた。もっとも小さな事業で、資本金は僅かに二十万円ばかりであるが、日本人の出資者は自分の外《ほか》一名で、他は皆満洲人である。しかし日清人の合資については厳格なる支那の規則に従わねばならぬので、手続きの面倒なる上に、[69]奉天の馬車鉄道のごときは営業年限が十五年で、十五年の終りには時価をもって買い上げることあるべしという不利益なる条件であるが、コンナことに理屈をいって空《くう》な言論ばかりしているようでは、トテも共同の事業は出来ぬから、ともかくもまず金を出しておいて、ソレからおもむろに[70]注告することがあれば注告してもよいのである。

営口《えいこう》[71]と大連[72]の将来

今後の営口及び大連の貿易については営業者間にも種々議論あるが、自分は大連の方が有望だと思う。大連

68　満洲人は、中国東北部（満洲）にいる中国人。ここでは、満洲族の人を意味するわけではない。
69　奉天の馬車鉄道は、日清商弁瀋陽馬車鉄道股份《こふん》有限公司。明治四〇（一九〇七）年、大倉組と奉天商務総会とが、奉天停車場と旧市街を結ぶ唯一の交通機関として合弁で設立。大正一一（一九二二）年に営業満期とされた。股份有限公司は株式会社のこと。
70　注告するは、相手を思いやって教え導くの意。忠告。
71　営口は、中国東北部の遼東半島のつけ根にある港湾都市。大連の発展におされて、対外貿易港から沿岸貿易港に縮小した。
72　大連は、中国東北部の遼東半島の南端にある港湾都市。明治三一（一八九八）年にロシアが租借し、日露戦争後は日本の租借地となり、第二次世界大戦後に中国へ返還。

には豆粕《まめかす》製造所[73]を設立する計画で、工場敷地の撰定も済んだから、近々《きんきん》工事に着手すべく、早晩多額の豆粕[74]を製造することが出来るであろう。もっとも従来は鉄嶺《てつれい》[75]から営口に出《い》だす鉄道運賃よりも大連へ出した方が安かったのであるが、今度これを改正して両方共同した運賃にした。大連は新経営の土地であるから、南満《なんまん》鉄道[76]にても多少の便宜を与えて、多くの商人を引き、その繁栄を計るの必要がある。

満洲輸入品と独逸《ドイツ》

満洲の輸入品は綿糸及び雑貨で、綿糸は最も有望である。これは従来一枚の綿服を着ていた満洲人が、景気よくなるに随《したが》って、さらに一枚の綿服を着《つ》けるということになるので、一枚の綿服でもなにぶん人口が多いから沢山の数になる。随って綿糸の需要はますます増加する。外国人も綿糸の輸入にはだいぶ手を付けてあるようであるが、満洲貿易について最も熱心なるのは独逸で、独逸のビールのごときは到る所にある。自分は関外鉄道[77]ボーイにビールを命じたら、独逸のストックビール[78]を持ってきたから、日本のビールを持ってこいといったら、一昨年頃製造した古い日本のビールを持ってきた。ソレで今少し新しいのを持ってこいといったら、

73　豆粕製造所は、日清豆粕製造株式会社。明治四〇（一九〇七）年、大倉喜八郎と肥料仲買商の松下久治郎によって設立。大連に支社と食料油製造の大工場を設け、営口で大豆を購入した。現在の日清オイリオグループ株式会社。
74　豆粕は、大豆から油を絞った後に残る粕。肥料となる。
75　鉄嶺は、中国遼寧省の最北部に位置する都市。
76　南満鉄道は、南満洲鉄道株式会社（満鉄）の経営鉄道。ロシアが建設した東清鉄道（中東鉄路）の南満洲支線のうちの長春・大連間の鉄道。日露戦後にロシアから日本に譲渡。
77　関外鉄道は、満洲地域の鉄道のこと。関外は万里の長城の外側、北方をさす。
78　独逸のストックビールは、ドイツ最北端にあるフレンスブルク醸造所製造のビール。苦味が特徴で、高い人気を誇った。

日本ビールにはこれより外《ほか》にないということで、已《や》むを得ず一本八十銭の独逸ビールを飲んだが、独逸の商人は何事にも抜け目がないので、近頃は満洲へ弁髪[79]の尻に付けるものさえ売り込んでいる。これでも人口の多いことであるから莫大な金額になる。

製革事業と養牛事業

合同の三原因

従来、本邦には四個[80]の製革会社あって、各自別々に営業してきたものだが、先頃これを合併してさらに一大会社を組織するに至った。しかして四会社の合同をあえてせし理由は種々あるけれども、主なるものを列挙すれば、㈠小会社個々分立すれば、原料の購入をなすにも、相互競争の態度に出《い》ずるを免れないけれども、合同して一大会社となれば、生皮《なまかわ》のごときも一手に廉価に仕入るるを得ること、㈡戦後、革皮《かくひ》[81]の需要多きにより、

79　弁髪は、後頭部の一部の毛だけを残して髪の毛をそり、残した毛を編んで後ろへ垂らした男子の髪型。北方アジア諸民族の間で行なわれ、満洲族が支配した清朝時代には全中国で強制された。弁髪の尻は、弁髪の末端。

80　四個の製革会社は、大倉組皮革製造所・株式会社桜組・東京製皮合資会社・合資会社今宮製革所の四社で、日本皮革株式会社となる。実際は明治三九（一九〇六）年に大倉組が今宮製革所を吸収しており、翌年に日本皮革株式会社を設立したのはその他の三社の合併による。現在の株式会社ニッピ。

81　革皮は、動物の皮膚の生《き》のままのが皮、なめし加工したものが革。

大仕掛けの製造にて多大の物品を市場に供給せんとするにあること、㈢四会社が割拠鼎立《かっきょていりつ》[82]するよりは合同して一大会社を組織せば、事業の大仕掛けとなるに連れて生産費を減少し得ることなどである。これらの諸項は与《あず》かりて合同の機運を早からしめたるものと見てよかろう。

製革業の華客《とくい》[83]

しからば一手の買入れ、一手に精製したる皮革はいかにしてこれを売却すべきか。これ当然研究すべき事柄であるが、現下の事情たる、我が会社の供給すべき皮革はいっさいこれを軍事用に供して、なおかつ足らぬのである。即ち会社の生皮を精製したるものには、総てこれを陸軍省[84]に納付して、陸軍省はさらにこれを他に交付して、今日軍隊の要する背嚢《はいのう》[85]、革帯及び靴などを製造せしむるの順序であるから、会社営業の上からこれを見れば、一定の華客《とくい》を有するものであって、その事業の手堅きことは他に多くの類例を見ざるところである。もしそれ、その製法のごときは精良新式の器械を購入するのほか、夙《つと》[86]に技師を海外に派遣し、その製法を学習せしめたのであるから、その製造の成績においても多くの舶来品に劣らぬものである。

82　割拠鼎立は、それぞれが各地で互いに対立し、勢力を争うこと。
83　華客は、ひいきの客、得意客。
84　陸軍省は、明治五（一八七二）年に設置された陸軍の軍政機関。これとは別に、作戦計画を立案する陸軍の軍令機関が参謀本部。
85　背嚢は、背中に背負う方形のカバン。戦前は軍人用などを主に意味し、現在のリュックサックのこと。
86　夙には、ずっと以前からの意。

養牛の奨励

しかるにここに一つの憂うべきものは、皮革を供給すべき牛そのものの減少せることである。これを世界諸国に比するに本邦ほど牛の少ない国はない。西洋諸邦にありてはたいてい千万頭ないし千五、六百万頭の多数を有しているが、本邦の牛数は僅かに百万頭内外の少数に過ぎないのであるから、皮革事業の前途に向かって大いに(87)寒心に堪えない次第である。もっとも牛の減少せる原因につきては、戦争のため多数の食牛を要したためでもあろうけれども、平時にありても年々三十万頭くらいを食用に要するをもって、今後牛の繁殖著しく進まない限りは、戦後皮革の需要とともにますます増加するに係わらず、とうてい需要に応ずることは出来ないのである。

もっとも現時にありては支那などより牛を輸入して、もって僅かにその不足を補充するけれども、これ(88)もとより一時の姑息《こそく》的応急手段たるに止まり、永久持続の良法ではない。ここにおいてか、吾人は副業として力を牧畜に致し、大いに牛の繁殖を講じなければならぬのである。しかして吾人のここに注意すべきは、政府も力を馬政に致し、(89)馬政局の設置をみるに至ったけれども、牛政局の設立に至りてはいまだこれを唱道する者がない。養牛の必要はいまだ大いに朝野《ちょうや》の着目するところとならぬのは、これ牛の繁殖が意外に遅々たるゆえんであると思うのである。

87　寒心に堪えないは、心配で堪らないの意。
88　もとよりは、もちろんの意。
89　馬政局は、軍馬の改良育種を目的として、明治三九（一九〇六）年に設置された行政機関。

大いに産業を盛んならしめよ

世界的事業の競争

国家成立の根本基礎はいうまでもなく、各種の生産業なるは論を俟《ま》たざるところ、世界各国は競うてこれに力を尽くしている。なかんずく独乙《ドイツ》のごときは国力を挙げて生産業に力を尽くしている有様である。近来、独乙国勢の(90)駸々《しんしん》として進歩、発展するゆえんは、決してその陸海軍の精鋭、科学の発達によるのみではない。その主因、実に産業の隆盛にあることは、識者の夙《つと》に是認するところである。しかるに我が国の現状を観察すれば、各種の産業ははなはだ幼稚にして、既存の商工業も一般に幾多の改良を加えねばならぬのである。とうてい英米独仏などの産業国に比し、対等の位置に立つことは出来ない。

これ欧米諸国が、その文明の早きだけ産業方面にも各種の設備充分に備わり、さらに(91)遺憾なきにかかわらず、我が国にあっては開国僅かに四、五十年なるをもって、各般の設備いまだ不充分の点あるのみならず、この機関を運用する人々にも、最新の智識を欠き、かつ経験も不充分なるの致すところ、まことに已むを得ないわけであるけれども、(92)いやしくも世界に国を建て、国際的競争場裡《り》に伍せる以上は、飽くまでも奮進して充分なる競争をなし、我が国の産業をして世界に冠《かん》たらしむるの覚悟を持たねばならぬのである。近時、私の同

90 駸々としては、速くの意。
91 遺憾なきは、申し分なく十分にの意。
92 いやしくもは、かりそめにも、ちょっとでもの意。

志をして、いわゆる(93)対清企業団なるものが起こったのも、全くこの精神を貫徹するの意に外ならぬのである。

公債償還を急ぐとともに産業に意を尽くせ

この希望、この抱負を実行するには言論をもってするのみならず、その企《くわだ》てを事実上に実現するところがなければならぬ。即ち国家はこの大精神を貫徹するには、幾度も友邦と開戦することをすら辞さなかったではないか。ここにおいて、その結果として吾らは巨額の負債を担《にな》うに至り、今日実にその償還に苦心しているのであって、政府はなるべく早く全部の国債償還を了《りょう》せんと急いでいるのである。さればこの期間は租税の軽減を行なわざるはもちろん、国内の商工業に向かっても比較的重税を課せざるを得ないのであるから、産業の発達は幾分か打撃を蒙《こうむ》るの恐れがあるかも知れない。しかるに一面には商工業の発展にも巨額の費用を要するをもって、当局者の苦心は察するに難《かた》からぬのである。

されど国家は国債償還をなすの間においても、産業の刷新振興は一日も忘るべからざるところである。しからざれば吾らが国債償還に苦慮しつつある間に、他国の産業が駸々《しんしん》として隆盛に赴《おもむ》き、我が国の産業がこれに伴わなければ、我が国の国債が幸いに全部償還せられたりとするも、半面において産業の発達が同列諸国の背後に落つるようなことでは、(94)千悟万悔《せんごばんかい》するもさらにその効がないのである。故に今日より官民共に心をこの

93　対清企業団は、東亜興業株式会社のこと。明治四二（一九〇九）年、大倉喜八郎・渋沢栄一・益田孝・近藤廉平らが設立した日本初の対中国投資専門機関。

94　千悟万悔は、何度も何度も思いいたり、悔《く》やむこと。

点に留《と》め、たとえいかなることが起こっても、産業の進歩、発達は[95]しばしもこれを忘れず、その機に臨み[96]噬《かむ》るの悔いを残さざらん覚悟をなすことは、吾ら実業家の本願なるとともに、また[97]経世家の忘るべからざるところである。

海外事業経営とその人物

支那、南洋に向かって活動せよ

現在及び将来において、日本の経済上において執《と》るべき方針というものは、果していずれの辺にあるか。語を換えていえば、経済上、今後我が国が採らざるべからざる方針いかんというに、もとよりその方針は種々あるに相違ない。しかしながら私の見てもって最も必要なる点はいずれにありやというに、まず海外に事業を経営するにありと信ずるのである。故にこの方面に向かって活動するの方針をここに執らねばならんということである。しかして海外というと極めて[98]空漠《くうばく》であるが、とにかくいずれの国へでも宜《よろ》しく対外的商工業の政策を執らざるを得ないのである。なかんずくその海外において最も我が商工業者が活動せねばならん地方は、ま

95　しばしもは、ほんの少しの間もの意。
96　噬るの悔いは、どうにもならないのに悔やむこと。
97　経世家は、政治家。
98　空漠は、漠然として捉えどころがないさま。

ず清国、朝鮮、それに内地では台湾及び南洋諸島であると信ずるのである。

しかり、今後の日本は海外において大いにその商工業を拡張し、海外において大いに事業を経営するの必要なるを感じたるが故に、私は明治三十五年の暮に当たって、まず清国の状況を視察せんと欲して支那に向かって出発したのである。しかして上海より揚子江《ようすこう》(99)を上《のぼ》って長江一帯の地を旅行したのである。が、ご承知の通り、揚子江は千三百里《り》もあろうという大河であり、かつ長江一帯の両沿岸というものは風景は極めて絶美であったが、ちょうど旅行は船中であった。しかるにある日のことであったが、船の甲板より沿岸を望むと一つの山を見たのである。この山の名を私は忘れたが、とにかく一つの高山を認めた。するとその山の麓《ふもと》に当たって、雲か霧か、はた(100)煙か、ほとんど判明せざるほどの一種のものが山麓《さんろく》を掩《おお》うているのである。故に私は不思議であるから、これを船長に問うてその何なるやを尋ねたのであった。すると船長の曰《いわ》く、アレは雲でもなければ煙でもない、全く雁《かり》や鴨《かも》(101)やその他の鳥類であると。それで私は大いに驚いたのである。さすがは大国であって、その鳥がかくのごとく煙か雲か判明せざるほどいるということを思うて、これ実に大国の形状を示したものである。

故にその他の商業や工業もまた、かくのごとくその得べきものがずいぶん多いに相違がないということを感じた。現にこれを我が国について見ればどうであるか。一日も二日も泊りがけで近県を旅行して猟に出かけた

99 揚子江は、中国最長の河川である長江。本来は長江の下流にある揚州付近での名称だが、日本では長江全体の名称として呼びならわされてきた。
100 はたは、あるいはの意。
101 鴨は、カモ目カモ科の鳥で、同じカモ科の雁に比べて体が小さく、首はあまり長くない。本文の後出223頁に、シギとルビをふって鴨と書かれている。シギの漢字は鴫である。鴫は、海・干潟・川などの水辺にすみ、くちばしが長いチドリ目シギ科の鳥。本文で意味するのは鴨か鴫かは不明。

ところが、やっと雁か鴨《シギ》の一羽か、ないしは二、三羽に過ぎないのである。しかるに清国においてはかくのごとく群集しているとすれば、私のようなる下手《へた》な者でも、これに発砲するとことごとく的中すると思うのである。これを商工業の上に比して、私は無上の感慨を起こしたのである。即ち内地においては人口は多く、競争甚しく、利益は少ない。あたかも清国における山麓の群鳥と我邦《わがくに》の銃猟との実例のごとく、その商工業の上においてもまたかくのごとしである。故に今日の我が経済上の活動点は決して内地ではない。まず支那、南洋、もしくは台湾など、海外において大いに事業を経営せねばならんということを感じたのである。

なに故に内地にては発展が出来ざるか

総て日本の今日《こんにち》というものは、内地においてはまだ遺利《いり》(102)もあろう、事業もあろう、その他利益ある仕事もあるには相違ないが、これらのことは随分内地において充分にやる人が沢山あるのであって、何も吾々はそう内地において内地の仕事に恋々《れんれん》(103)たるの必要はないのみならず、日本今日の経済上の地位よりいえば、決してその時期ではないと確信するのである。しかして、(104)よし(105)内地においていまだ事業があるとしたところが、これを海外における事業のように思い切って大事業をやるということは困難である。従ってまた利益というものが少ないのである。今後の日本というものは、よし経済界がいよいよ好況に赴《おもむ》くとしたところが、なかなか

102 遺利は、取り残された利益。
103 恋々たるは、思い切れない、未練がましいさま。
104 しかしては、そうして、それに加えての意。
105 よしは、たとえ、万一の意。

利益を得ることはますます困難である。これは一つは人口の増加もあり、また生活の困難より、ただその生活を得れば宜《よろ》しいという気になってやるから、とうてい格別の利益を見ることが出来ないのである。が、今後の方針はどうしても海外に出《い》でて仕事をするのほか、商工業の急務はないのである。

気候による人物の豹変《ひょうへん》(106)

さて海外において事業を経営し仕事をするとして、その事業というものは私が清国をちょっと見たところでもずいぶんある。また自分がやってみたいと思うことも沢山あるのである。しかしてこの海外事業をやるについても、また資本というものを得なければならんが、これも得ることは出来るのである。その他の材料は貨幣をもってすれば容易に得られんことはないと信ずるのである。されども常に自分が得難きものがある。常に私が失敗をするのは人物の欠乏である。即ち人間は沢山あるが、その事業を一任し、信任してその局(107)に当たらしむるという人物に乏しいのである。自分が台湾、琉球、八重山及び清国などにおいて多少の事業を経営した。しかるにその事業の失敗に終るゆえんを見ると、多くは資本にあらず、労力にあらず、材料にあらず。全く人物を得ない、即ち人物の悪しきが故に失敗することが多いのであった。

しかしてその人物について見るに、自分が当初撰任してこれを海外なり台湾なりに派遣するに当たってや、その人はすこぶる信用あり、(108)志操も堅実にして、この人ならば決して間違いはなかろう、この人ならば一任

106 豹変は、言動を一変させること。
107 局は、事態、部署。
108 志操は、考えや主義などを守って変えない意志。

して宜《よろ》しかろうと、自信してかの地にやると、まず二年か三年くらいは別に不都合もないが、それが段々と長くかの地にいるに従い、漸《ようや》く悪い人物になるのである。即ち最初私が信任した当時の人物とまるで正反対になることが少なからぬのである。この人物の悪《あ》しくなり、人物の豹変するがために、私の計画せる事業は(109)予期のごとくならずして遂に失敗したことが多いのである。

これがために私は懲りてしばしば失敗をしたから、このことについては大いに研究せんとするの精神を起こして、これをある医者に尋ねてみたのである。その名前は今ここに申すの必要がないが、最も著名な医者である。しかるにその医者のいうたのには、それは人物の豹変することは医学上より見るも、はた生理学の上より見るも確かにあるのである。現に台湾のごとき、清国のある一部地方のごとき、熱帯もしくは寒帯の地方というがごとく、気候に劇変ある地方においては、まず身体に動揺をきたし、胃に異状を呈し、ひいて脳に刺激をきたすが故に、勢い精神に変動をきたすという事実はたしかに存在するのであるということを聞いたのである。もちろん本人の心がけ一つではあるが、また医者のいったごとき事実もまた免《まぬか》るべからざる次第であると思うのである。

人物の欠乏

果してかくのごとき事実があるとしたならば、まず私の考うるところにすれば、清国において事業をしても、はたまた台湾においてするも、いずれにしてもこれに堪え得る人物を造らねばならんのである。しかしてそう

109 予期は、前もっての期待。

するのには、勢い青年のときより永く海外に居留せしむるということが必要となる。即ち長くおれば自然と習慣となってその風土に堪え、かつ適するようになると思うのであるから、今日内地における青年はもちろん、その他の人といえども続々海外に踏み出すということが最も必要であろう。

もちろん出てゆけば困難するには相違ない。されどもその困難というものが一番大切であって、困難しなければ何事もなし得ないから、まず困難をする決心をもってやらねばならぬ。そうするとその結果、人物が練《ね》れて依頼し得る人物が沢山に出来る。さすれば私どもも大いにこれを使用することが出来、また共に事業をすることも出来るのである。であるから今より我が国民をして大いに海外に踏み出さしむるということは、海外事業経営の上においても最も必要である。今や我が国における経済上の急務は、海外事業を経営するについて最も必要なるものは人物である。

人口の増殖に伴う資本家の責任

人口の増殖は喜ぶべし

近頃は我が国の人口の増加率も進んで、年々四、五十万人ずつ殖えておる。これは果して喜ぶべきであるか、はたまた悲しむべきであろうか。いうまでもなく人口は一国の基礎をなすもので、その実力の(110)本源である。

110 本源は、みなもと、おおもと。

それ故に大国は小国に比べてみると、その政治的組織より経済的組織に至るまで大規模である。それはその広大の組織に対して要する沢山の費用もあり、かつ設備も何一つ不自由なくなし得るからである。従って大国はその国民に対する保護も、小国に比していっそう手厚く行なわれてある。なおまた産業の奨励もいっそう十分に行き届いてある。さればこの点から見ても、人口の増殖はまことに喜ぶべきものである。

次に人口が増殖すれば、従って労働者もまた増加してくる。労働者が殖えると、その労働力が増加するによりて、今まで労働力が欠乏したために容易《たやす》く着手することが出来なかった種々の事業も着手せられ、ついには完成するようになる。また労働力が不足したために十分に利用することが出来なかった種々の(111)分業法も手広く、かつ十分に実行せらるるに至って、直接に生活資料ともなるべき産出物の額も増加するのである。さればこれらの点から論じても人口の増加は喜ぶべきことである。

また人口の増殖に伴《つ》れて、日用品その他の物件の需要も多くなるから、購買力も自然と増してくるので、従って種々の品物の販路も拡大せられて、以前にはその販路がなかった器械なども販売せらるるようになって、また生活資料となるところの産出物の額も増加することになるのである。以上によってみても、人口の増殖は国のため、また人のため、喜ぶべきことである。

人口増殖とその弊害

されど総ての物事は両面から観察をしなければならぬ。その人口の増殖は喜ぶべきであるが、一面にはまた

111　分業法は、仕事を手分けしてする方法。

研究せねばならぬことがある。即ち、かように産出物が人口の増殖に伴うて増加すると、その産出物を分配する上において大なる変動があるのである。人口増殖の結果、各人のその分配にはなはだしい[112]等差が顕われてくることは免れ難いことである。いうまでもなく、かの共産党や社会党で説くごとく、貨物の分配を公平均一にすれば、人口はどれほど殖えても、それに伴うて物貨の産出する分量もまたそれ相応に増加するが故に、各人の生活程度については何らの影響も及ばさないが、そんなことは[113]とても実際に行なわれるものでない。

あるいは同等に生活程度を向上せしむるか、あるいは同様に生活程度を低下するかであるが、現今の経済制度は、個人の自由財産の私有を原則として、その分配は一つの[114]交易の作用によって行なわれているから、各個人は各々好《よ》い地位を得ようとして競争を始めることになる。そうすればその自由競争の結果として、一般の生活程度に平等なる影響を及ぼさないで、ただ一部の人のみ圧迫されてくるのである。即ち無資力の労働者はために[115]窮困《きゅうこん》を極めて、自然と種々の弊害、例えば結婚の困難とか、[116]堕胎《だたい》、あるいは疾病《しっぺい》、罪悪、死亡の増加などは生じてくる。これらは人口の増殖に伴う悲しむべき事柄ではあるが、しかし国家[117]民人《みんじん》の当局からいえば、人口の増殖はその国の権利を伸長し、またその勢威を発揚する上において、大いに喜び迎えなければならぬことと思うのである。

112 等差は、格差。
113 とてもは、とうていの意。
114 交易の作用は、ここでは、市場を通じての交換の意。
115 窮困は、困難・貧乏でひどく苦しむこと。
116 堕胎は、やむを得ない事情で、お腹の中の赤ちゃんをおろすこと。
117 民人は、民《たみ》、国民のこと。

人物の製造を奨励す

それかくのごとく、人口の増殖は利害相交わるが、人口の殖えるのは確かに喜ぶべき現象である。昔時《せきじ》は欧州各国においても、各国が敵視して互いに戦闘をしておったから、始終兵士の不足を感じたのである。そこで学者も政治家もただ一筋に人口の多いのをもって、国家富強の根源であると信じたのである。この時代にはかような見解があったから、その国民の外国に移住することを禁じたのである。それのみか、[118]やたらに国内に来住する外国人を歓迎した。あるいは婚姻に関する様々な制度や慣習を改めて、ついには早婚を勧めたり、また児女を多くもつ家族には特別の恩典を与えなどして、あらゆる方面から、あらゆる手段を講じて人口の増殖を図り、言《げん》を換えていえば人間の製造を奨励したのである。しかし戦争がなくなって経済関係がはなはだしくなってくると、そこで生活問題が起こってくるのである。有名な英国の[119]マルサス氏が[120]人口論を称《とな》え出して、この人口増殖と各人の生活問題を研究して、[121]痛く人口の増殖に反対をなすに至ったが、それから今日の経済学者は皆々、人口の増殖と生活資料となるべき飲食物、日用品などの関係をも研究することになったのである。

資本、労力、自然の三者

社会は総て釣り合いが大切である。一面で人口の増殖は労働力を増すが、一面にはこれらの人々の食《くら》うとこ

118 やたらには、手当たり次第に、むやみにの意。
119 マルサスは、一七六六〜一八三四年、トマス・ロバート・マルサス Thomas Robert Malthus。古典派経済学を代表するイギリスの経済学者。
120 人口論は、一七八九年刊行のマルサスの主著。人口学の古典的著作。
121 痛くは、非常にの意。

ろの物資が不足し、あるいはなくなるのである。こうなると、社会の表面には必ずや悲惨なる出来事が現われてくる。いまだ我が国にはそんなはなはだしい悲惨なる事実は起こらないが、欧米にはすでにその例がある。それは我が国においては国民の一部が毎年、清国、朝鮮へ移住したり、または布哇《ハワイ》[122]や亜米利加《アメリカ》などへ出稼ぎに出かくるのと、一つには内地において未開発の富源や、未着手の諸種の事業があすこ、ここと各所に点在しているからである。

もっともいかに未開発の富源や、いまだ着手せられざる事業が夥《おびただ》しくあって、これに参加すべき労力に不足がないといっても、これに投入する肝腎の資本がなければ、何の[123]役にも立たぬのである。現今の経済状態では、資本と労力、並びに自然の三要素が相結合し、この三者の調和、その宜《よ》ろしきを得るによって、何の事業も出来るのである。もしもこの三つの要素が釣り合わなければ、いかに経営する人が宜《よ》くとも、決して事業は完全にその目的を貫徹することが出来ぬものである。従って何らの利益をも挙げることが出来ないのである。

資本家の悪傾向

ここにおいてか資本家の必要が起こってくるのである。また事業家もその通りである。故に資本家や事業家と称えらるる人々は、大いに奮発して増加した人口のために各種の産業を起こして、生活難を訴えておる人々に飯を食わせ、また働かせる手段を講じなくてはならぬ。増加した人々を活動せしむれば、彼らの活動により

122 布哇は、太平洋に位置するハワイの漢字表記。
123 何のは、どのようなの意。

て労働力が増してくる。従って一国の産出物が増加してくるから、その増加しただけ国力を伸ばし、権威を(124)宣揚《せんよう》することが出来るのである。しかるに世間には往々事業の成功とか不成功とかに心を奪われ過ぎて、徒《いたずら》にその資本を銀行などに貯蓄するとか、または不動産などにして固定せしむるものがある。これは直接、間接ともに国家民人のために慨《なげ》くべきことである。(125)猥《みだ》りにその事業に向かって資金を投下しないのは無理もないことではあるが、ことに我が国においては、従来産業に関する知識が幼稚であった故《せい》でもあろうが、ただ(126)いちずに事業そのものの失敗を恐れ、無暗やたらに資金の安全のみを計っておるのは、私どもの(127)歯痒《はがゆ》く感ずるところである。そんな頑固者流は欧米各国にも、ある時代はあったが、それはたちまちにして失くなったから、我が国にてはかかる悪傾向は一日も早く一掃したいものである。

資本家の尊敬せらるるゆえん

それであるから、私は早くより身を実業界に投じて、明治維新以来、やや頭角を顕わすようになっていたから、それを幸いとして、私は私の出来得る力の範囲において、種々様々の事業を企てたり発起をして、ある一部の階級の人々にその飯を食うてゆける種を蒔《ま》いていたつもりであった。仮にここに一万の多人数を使ってある事業をなしたとすると、その一万人の使用人についている家族があるから、結局は三万ないし五万の人々が

124 宣揚するは、広く世の中にはっきりと示すの意。
125 猥りには、分別なくの意。
126 いちずには、ひたすらの意。
127 歯痒くは、もどかしくの意。

その事業によりて生活し、食うてゆくことになるではないか。私は今まで多くの事業をなして、これまで使った人数は三万や五万の人ではなく、モットモット多くあるのである。

そして私は単に内地における各地ばかりではなく、遠く海外においても及ぶ限りの事業をなして、かしこ、ここに多くの支店や代理店などをも置いてあるから、一部の人々の利益ばかりではなく、ひいて国家、社会の福利の増進をも計った心算である。それに私は外国に向《む》こうても取引きの関係もあるし、支店も海外において、多少にもかかわらず我が国民に対して海外移住をも奨励するばかりでなく、進んでその指導を与えているのである。これが企業家や資本家の国家社会に対する責任とも称すべきもので、また国家、民人が資本家や企業家に敬意を払うの理由は全くこの点にあるのである。

第九編　経済界振興策

経済界振興

経済界の大病

銀行業者が集まった席上でも話をしたことがあるが、銀行業者を攻撃するということは、従来、世間幾多《いくた》の実業家の胸に思っていながら、とかく口に出すのを憚《はばか》るのであるが、かつて私が(1)先登《せんとう》になって(2)お歴々の銀行家が集まった席上で、遠慮のないところをいったのであった。近年の我が国の経済界をまず人身に譬《たと》えていうと、明治四十年から四十一年の上半期までは我が経済界はあたかも大病人のようなものであった。その原因は、日露戦争という(3)バチルスが日本を大病人にしたのであって、一方ではまた(4)米国の不如意《ふにょい》恐慌が欧州の経済界に影響して、世界一般の不景気を惹き起こしたが、この世界的伝染病がまたもや大病人の日本に伝染し

1　先登になっては、いちばん先にの意。先頭。
2　お歴々は、身分・地位などの高い人たち、名士たち。
3　バチルスは、(病原菌のように) 広がる悪いものの意。ドイツ語の Bazillus。
4　米国の不如意恐慌は、一九〇七年一〇月にアメリカで発生した金融恐慌。不如意は金融のやりくりができないさま。

てきたのであるから、重患に加うるに、さらに世界的の不景気病を併発したわけである。

これがために我が日本の経済界という重患者は一時すこぶる重態に陥ってしまって、前途はなはだ気遣《きづか》わしい徴候を呈して、中には随分悲観したものがあったが、幸いにして財政の方だけは四十一年下半期からやや快方に向かい、整理の兆候が現われてきた。また米国の恐慌病も、[5]大統領選定後は健全なる恢復《かいふく》の徴《ちょう》がズンズン現われてきて、従って欧州一般の経済界も大いに恢復に向かってきた。ために日本固有の病気も、外国から伝染した方も、まずまず[6]おいおいと全快の方に向かってきたらしいのである。

養生をなしつつ活動せよ

けれども元来が大病人のところに持ってきて、容易ならぬ伝染病を引き受けたのであるから、おいおい[7]平《へい》癒《ゆ》の徴候が見えてきたとはいえ、いかに大事に[8]摂生《せっせい》をしても一年や半年では、とうてい元の健康体に恢復するわけにはゆかないのである。それであるから今日もなお日増しに快方に向かって健康体に復する中途であるから、その養生や摂生《せっせい》が最も大切であろうと思う。しかし養生ばかりに[9]憂き身を俏《やつ》して、何事もしないでいては我が経済界が[10]一日も立ってゆかないから、一方、養生の方は充分に注意を怠らずにいて、一方は事業の

5 大統領選定は、一九〇八年の大統領選のこと。共和党のウイリアム・タフトが圧勝。
6 おいおいとは、徐々にの意。
7 平癒は、病気・けがが完全になおること。
8 摂生は、健康に気をくばること。養生と同義。
9 憂き身を俏しは、身のやせるほど、一つのことに熱中すること。
10 一日も立ってゆかないは、少しもやっていけないの意。

発展を着々計らねばならぬのである。決して勇気を(11)沮喪《そそう》することなく、一日も進取の活動を忘れることのないようにしなければならぬ。しかしながらもともと病後の身体であるから、進取発展中にもなお自身が養生中であることを決して忘れてはならぬ。総ての方面の大事を取って、おもむろに進捗《しんちょく》、発展を計ることがこの場合の最大主眼である。

生産業者の急を救うに注意せよ

いったい、生産事業の経営は非常に困難なものではあるが、しかしこの困難な生産業が発展しなければ、国家の血液ともいうべき経済が循環しなくなる。(12)大患後の国家経済はすべからくおもむろに生産業を発展させて、病後の貧血を癒やすの外はないので、この病気を直してゆくには生産業者ばかりがいかに(13)藻掻《もが》いても、四囲《しい》の各機関がこれに協力して、ともにここに力を致さなければ駄目である。四囲の機関中でもなかんずく銀行家が力を合わしてくれなければ困るのである。なぜかというに、我が国の生産業者は欧米の輸入を防ぎ、支那、朝鮮に対する輸出を発展せんがためには、従来幾多の惨憺たる苦心を積んできたのである。この苦心は国民に充分認めて貰わねばならぬのである。

なるほど戦後勃興した新会社のうちには、いわゆる(14)泡沫《ほうまつ》会社もあったが、しかしながら過去両、三年間を

---

11 沮喪は、くじけること。
12 大患は、重い病気、大病。この場合は恐慌のこと。
13 藻掻いてもは、もだえ苦しんでもの意。
14 泡沫会社は、直ぐに潰《つぶ》れるような会社。泡沫はアワ。

顧みるに、その始め各銀行は種々の便利を与えて、各種の新会社を起こさせながら、いったんこれが躓《つまず》き出したときの彼らの態度はどうであったろう。彼らの態度はにわかに一変して利息を高くしたり、[15]為替期限を短かくしたり、為替をつけた品物が途中にきていても、これまでの習慣を一変してことごとく現金で払い、品物の[16]抵当ではいけないといい、はなはだしきに至りては、公債証書を抵当にしても金を貸さないという銀行さえあったのである。これではまるで病人に薬を与えないで、かえって頭から冷水をブッかけたのと同じことである。もちろん銀行家の方にも理屈はあろうが、しかしいやしくも生産業に従事しているものや、商人などの機関をもって任ずる銀行である以上は、生産業者や商業家が困難の場合には、ともに困難に[17]甘んじ、ともに戦陣に立って、こういう非常の場合に協力しなければならぬのである。

それにはいくらも健全な確実な方法があるのである。普通の銀行は[18]しばらくいわずとするも、貿易機関の銀行などは、二千万円、年二分の特典を受けているのである以上は、かかる場合にこそ生産業者や商業家の苦痛を助けることに努力してしかるべきはずである。しかるに実際の有様はどうあったかというに、助くべき[19]機関銀行が真っ先に驚いてしまって、ビクビクもので[20]いっこう役に立たなかった。年々六億以上の貿易をする我が国においては、一朝《いっちょう》困難に陥った場合に銀行家がこんなことではなはだ困るのである。既往のこと

15 為替期限は、現金払いではなく手形払いのとき、その現金決済をしなければならない期間。
16 抵当は、担保。
17 甘んじは、しかたないと思って受け入れての意。
18 しばらくいわずとするもは、仮にとりあげないとしてもの意。
19 機関銀行は、従来から密接な関係を持っていて、優先的に融資してくれる銀行。
20 いっこうは、まったくの意。

は今さら致し方なしとするも、今後は我が経済界を回復せしむるには、すべからく生産業者や商業家と、これが機関たる銀行業者と相ともに協力一致してかからねばならぬ。そうすれば経済界の全快は疑いなしである。

次に一言《いちげん》いっておきたいのは、貯蓄銀行[21]のことである。細民[22]を対手《あいて》として日がけ[23]の零砕《れいさい》な金を預かりながら、ついにその金を返すことの出来ないようなことを仕出かし、かの宮城屋銀行[24]のごとき、あるいは帝国銀行[25]のごとき、川越の七十八銀行[26]のごときはいかにも不都合千万[27]であって、いくら細民に勤倹貯蓄を勧めたところが、預けた金が取れないで倒れてしまって、倒したものに何らの制裁がないとすれば、将来勤倹貯蓄の実を挙げるわけにはゆかないのである。これらについては政府もその取締りの方法を講ずるとともに、大銀行はともに何らかの取締りの道を講ずるようにせられたいものである。

21 貯蓄銀行は、個人、とくに庶民の貯蓄を預かる金融機関。
22 細民は、下層の貧しい人々。
23 日がけの零砕な金は、一日ごとに預ける、きわめて僅かな金。
24 宮城屋銀行は、東京の宮城屋貯蓄銀行。明治三一（一八九八）年、東京の質店・宮城家商店を基《もと》に設立され、明治四一（一九〇八）年に支払い停止、二年後に解散。
25 帝国銀行は、東京の帝国商業銀行。明治二七（一八九四）年に設立され、明治四一（一九〇八）年に経営陣が混乱のため交代。
26 川越の七十八銀行は、八王子第七十八銀行の誤りと思われる。明治一一（一八七八）年、大分県中津に第七十八国立銀行が設立され、後に東京の八王子銀行がそれを買収し、明治三一（一八九八）年に私立の八王子第七十八銀行になるが、一一年後に解散。川越の銀行は第八十五銀行で、現在の埼玉りそな銀行の前身。
27 不都合千万は、はなはだけしからぬの意。

内外の資本を共通せよ[28]

外資輸入に対する私の先見[29]

内外人の間に資本が共通になるということは、国交[30]が親厚になるに伴《つ》れて密接となるものである。今日、外資輸入の声があるのも、つまりそれである。この資本の共通が滑《なめ》らかに行って、東洋人と西洋人とが相結んで商業を営んだならば、大なる利益を起こすものである。ところで私がこの資本共通について、こう考えたことがある。それは明治二十八年のちょうど八月の十一日であった。日清戦争の戦後の経営ということについて朝野《ちょうや》の人が皆、心配しては説を立てて種々な計画をしたことがある。戦後には必ず諸般経営の上にも、商業の上にも一頓挫[31]《とんざ》をきたさないかどうか、これは忽《ゆる》[32]がせにならないという問題で、官民ともに大いに研究したのである。

その折に私の献策[33]したのはこうであった。支那と日本と戦争をして、幸いに日本が勝った。それで二億[34]

28　資本を共通は、資本の自由な輸出入、また、それに伴い合弁事業が行なわれること。
29　先見は、将来のことをあらかじめ見抜くこと。
30　国交が親厚になるは、国際交流が緊密、国際関係が親密になるの意。
31　一頓挫は、中途で急にくじけること。
32　忽がせにならないは、なおざりにできないの意。
33　献策は、上位の人物に意見・計画を述べること。
34　二億三千万両の償金は、賠償金の二億両と、三国干渉による遼東半島還付の代償金の三千万両との合計額。両は中国の銀基準による貨幣単位。当時の金基準の日本円の約一・五倍に当たる。

三千万両《テール》の償金を取ったのである。台湾もまた我が版図《はんと》になったので誠に喜ばしいようであるが、前途を考えると今から大いに戒心[35]せねばならぬ。というものは、この戦勝のために人民がにわかに奢《おご》ってきたのである。民《たみ》の生活程度が上がってきた。それから事業が勃興してきたのである。そうしてみると、結局資本が足りなくなるという考えが起こったのである。二億三千万両《テール》の償金を取って、それが日本の金にすると三億万円[36]以上になる。そうすると、その金が満足に入っても、この戦争をするために日本の人民から出した金が一億万円以上あるから、これを差し引くと、後が二億万円あるけれども、軍備の拡張やら軍艦の製造やらを勘定してみると金がなくなるのである。将来膨張をする工業のために資本の欠乏をきたすということは目に見えている。この前途がそう明らかに見えている以上は、この時機を利用せねばならぬのである。

幸いに戦争に勝って償金は取ったのであるから、この償金を英国一等[37]のバンク、英蘭銀行[38]へ無利息をもって信用預けとしておく。そうすると日本の信用は非常によくなる。そこで外国の資本を手始めに融通す[39]るのである。かくして日本の信用がよくなれば、年三朱[40]くらいで金が借り得るのである。百円の額面で僅かに三円である。仮に一億万円の外債を起こすとする。そうして三分[41]の金を借りて、その借りた金をどういう

35　戒心は、用心、警戒。
36　三億万円は、三億円のこと。後述の一億万円、二億万円も同様。
37　一等は、第一番のこと。
38　英蘭銀行は、イギリス中央銀行のイングランド銀行。
39　融通するは、ここでは、輸入するの意。
40　三朱は、百分の三で、三パーセント。朱は利率の名目で、一割の十分の一。
41　三分は、百分の三で、三パーセント。朱と同じ。

風にして使うかというと、日本の政府が人民から借金しているところの五分利付の公債を返すと、一ヶ年に二百万円ずつ利息の差が出てくる。それだけは確かに儲かるのである。一億万円に対して五百万円の利息で、払うものが三百万円で済むから、年々二百万円は使わずにしておいて、積んで行って利息を殖やしてゆくと、この利息が二十五年目には、一億万という元金は利息の差から生じたる金で返してしまうことが出来るのである。こんな旨《うま》(42)い勘定の出来る仕事をしておかなくてはならぬということを考えた。

かくなるは当然たり

その折には政府の当局者にも話をしたり、または民間の友達にも話したのである。ところが誰一人として頷《うなず》く人がなかったのである。英国のバンクに一億三千万両《テール》の金を預けているのである。そうしてこの金利は安くなり、事業が勃興する台湾のような大きな島国が取れたのである。何の必要があって金を借りるのだ、とんでもない話である、それよりも英蘭銀行に無利息で預けておく金を日本へ持ってきて、内地の銀行へ預けておいた方が得であると考える人が多いので、私の論じた説は賛成する者が少なかったのである。ところがその節には何人《なにびと》も賛成しなかったが、今日になっては大いに外資輸入の必要を感じているのである。その考えは今となってはすでに遅いのである。とにかく世界の商戦場に立つ以上は、飽くまでも事業を貫徹するようにせねばならぬ。日本人同志なれば別段に深くいうにも当たらないが、仮にも外国と競争するほどになったのであるから、なおさらこの点について注意を払わねばならぬのである。

42 旨いは、都合が良いの意。

景気挽回の根本策

不景況の一大原因

一時やや回復の兆候を示したる我が経済界は、再び沈衰《ちんすい》に陥りて、不景気の声ますます高く、政府当局者もこれが挽回策にその[43]心意を労するに至った。しかれども我が財界近時の状勢を見るに、別に何ら不況を誘致するがごとき現象あるを認めない。米作のごとき、去る明治四十一年度より引き続き[44]稀有《けう》の豊作にして実収五千万石を越え、養蚕また良好にして生糸の輸出額増加し、海外貿易の関係極めて順調にして、近年、輸出超過の好況を見るに至った。かつ鉄道公債も交付せられ、我が公債の海外へ売れゆけるもの約六千万円を超え、従って我が金融はますます緩慢にして、公債及び諸株式ともに著しく騰貴せしなど、我が財界[45]四囲の事情において[46]近時真《しん》に[47]多幸天祐の裡《うち》にあったのだ。かくのごとくなるにかかわらず、その実際の趨勢日々不況にして、今や不景気の声[48]普《あまね》く野《や》に満つるに至りしは、まことに奇とせざるを得ないのである。

惟《おも》うにこれが原因は極めて複雑なるものありて、一々枚挙すべからざるも、日露大戦役後、事業界が一時の

43 心意を労するは、心を使う、気を配るの意。
44 稀有は、とても珍しいこと。
45 四囲は、まわり、周囲。
46 近時は、このごろの意。
47 多幸天祐は、思いがけない大きな幸運。
48 普くは、すべてにわたって、広くの意。

狂熱に駆られて不謹慎なる大膨張をした結果、その反動期に入《い》るや、急転直下極端なる事業界の萎縮となり、いっさいの新業起こらず、現在の諸会社もまた努めて[49]退嬰主義《たいえい》を持ちつつあるがごときは確かに原因の一つである。これに次いでは、近時財界の不況と[50]理事者の失態とにより一、二会社が破綻せるものあるより、世人ようやく事業界の監視に留意してきたのであるから、この機において[51]無頼《ぶらい》の徒、故意に諸会社の内情に関し[52]悪説を流布《るふ》し、もって私腹を肥やさんと企て、人心を迷わし、金融界が稀有《けう》の緩慢なるにもかかわらず、一般資産家の安んじて諸事業に[53]放資するもの多からざるごときも原因の一つである。その他、[54]紐育《ニューヨーク》恐慌後の世界的不況の影響といい、曰《いわ》く何、曰く何と数えてみると実に多いのであるが、ことに不況の一大原因として見るべきは、戦時過大の重税を双肩に担《にな》える我が商工業者が戦後なおこれを脱することが出来ないのに、加うるに近時、[55]収税吏の[56]誅求《ちゅうきゅう》[57]ようやく苛酷にして、商工業者の痛苦いっそうはなはだしきを加えきたったのみならず、米価の下落並びに狂熱の夢醒めたる国民の[58]謹慎は著しく、市場に各種の購買力を縮退《しゅくたい》したることなどである。

49　退嬰主義は、進取の気性に欠けた、消極的な考え。
50　理事者は、組織などの事務を管掌する者。
51　無頼の徒は、無法者、ならず者。
52　悪説を流布しは、あくどい誤った情報を世に広めること。
53　放資は、投資。
54　紐育恐慌は、ニューヨーク金融機関への不振に端を発し、全米に影響が及んだ一九〇七年の恐慌。前出233頁の「不如意恐慌」と同じ。
55　収税吏は、税を取り立てる役人。
56　誅求は、税金などを厳しく取り立てること。
57　ようやくは、いよいよの意。
58　謹慎は、控えめにすること。

不景況挽回策

現時不景気の一大原因にして、すでに営業税その他一般商工業者の負担する諸税の過重にありとすれば、幾多挽回策中、まず根本策としては、為政者の公約による営業税、所得税などの整理軽減にありといわねばならぬ。これを(59)外《そと》にして不景気挽回を(60)云為《うんい》するは病者根本的治療を怠りて、しかもその回復を(61)云々《うんぬん》するに等しいのである。近時、地租軽減の論、政党間に(62)喧《かまびす》しきも、現在農民と商工業者との負担を対照し、果していずれを重しとすべきか。私は公平なる見地よりして、農民の負担が一般商工業者の負担に比して遥かに軽きを認むるのである。従って営業税などの軽減によって生ずる歳入欠陥の填補《てんほ》をなして困難の問題ではなかろうと信ずるのである。

しかしてこれに次いで挽回策上、吾人の注意すべきは明治(63)四十四年における関税改正に関する政府者の態度いかんである。(64)由来産業などの発展と(65)関税率とはすこぶる密接なる関係を有するは、あえて(66)贅言《ぜいげん》の要するまでもないことである。先年、米国において牛皮の輸入著しく増加するや、米政府当局者はこれに課するに

59　外にしては、はずして、除いての意。
60　云為するは、いったり、したりするの意。
61　云々するは、とやかくいうの意。
62　喧しきは、騒がしい、やかましいの意、
63　四十四年における関税改正は、同年二月、日米新通商航海条約による関税自主権の回復をさす。それまでは日本側の関税のみ相手国との協定が必要で、自国の関税を自由に決められないという不平等なものであった。
64　由来は、もともとの意。
65　関税率は、輸出入品の金額、あるいは、重量に応じて課税する比率。とくに輸入税率が自国産業の発展に大きな影響をおよぼす。
66　贅言は、無駄な、余計な言葉。

重税をもってし、一方内国における畜産を奨励し、ついに斯業《しぎょう》[67]今日の隆盛を見るに至ったのである。これはその一例に過ぎないが、またもって関税率の高低が内国産業に影響することの重大なるを知るに足るであろう。要するに、以上述ぶるところの税制整理のごときは、当面の挽回策としてはその効果あるいは急速ではなかろうが、しかれども現時我が財界のごとく、その原因によってくるところ、極めて深く遠きものにありては、この根本的挽回策を外《よそ》にして他に良策がないだろうと信ずるのである。

財界の過去、現在

貿易を盛んにするより外《ほか》に道無し

どうも不景気だ。不景気、不景気というと気が腐って[68]いけない。いったい[69]あの戦争で[70]十三億の金を動かしたが、そのうち半分位は外国へ飛んでしまったのだが、あと半分はこっちに残っていると見ても、まず間違いはなかろう。十三億の半分残っているとすれば、何だかたいそう金があるように聞こえるが、そうはいかぬ。

67 斯業は、この産業の意。
68 気が腐っては、やる気を無くしての意。
69 あの戦争は、日露戦争。
70 十三億の金を動かしたは、文意はやや不明だが、日露戦争の戦費とすれば二〇億円となる。臨時軍事費が一七億五〇〇〇万円弱、各省臨時事件費が二億四〇〇〇万円弱、合計一九億九〇〇〇万円弱。

元来、戦争に勝ったのであるから露西亜《ロシア》からたいそう金が取れると思っていたのが、(71)ポーツマスの条約で一文《もん》も取れなくなったので、まず(72)越中褌《えっちゅうふんどし》、向こうから外《はず》れた(73)格だ。そこで人気《じんき》が(74)ぐっと腐ってきて、事業も碌《ろく》なものが起こらず、泡沫会社のようなものばかりが浮いたり沈んだりして、かえって(75)人民に恐怖の念を増さしめた。その上に貿易はあの通り面白くなかったから、経済界はますます不振を極め、国民はために(76)耄碌爺《もうろくじじい》のように考え込んでしまったのである。けれどもそう(77)肺病病みのように塞《ふさ》ぎ込んでいても仕様がないから、この人気恢復《かいふく》にはまず貿易を盛んにするよりほかに道はなかろうと思うのである。そして一方には生産業をも盛んにして、借金を返すことを計るよりほかに、今のところ道がないのである。誰でも同じであるが、借金はとかく(78)気を欝《ふさ》ぐからいけないものである。気を欝げば活発な働きは出来ぬと思うのである。

貿易の発達はいかにすべきか

しからば貿易を盛んにするにはどうするかというに、それは生産業を盛んにしなければならぬと、始めて気

71 ポーツマスの条約は、アメリカのポーツマスで結ばれた日露戦争の講和条約。アメリカ大統領セオドア・ルーズベルトの斡旋《あっせん》によったので、アメリカで交渉・締結。

72 越中褌は、腰でヒモを締め、後ろから股を通して前に布をたらす形のフンドシ。一般的な六尺フンドシと違い、ゆるやかであるが外《はず》れやすい。細川越中守忠興《えっちゅうのかみただおき》が考案したとされ、それから名づけられた。

73 格は、様子、姿。

74 ぐっと腐っては、急に思うようにならなくなっての意。

75 人民は、国民。

76 耄碌爺は、老いぼれた男性。

77 肺病病みは、肺結核患者。

78 気を欝ぐは、気分が滅《め》入るの意。

がついたようなことをいい出した。実に時勢というものは妙なものである。始めのほどは生産業などといっても見向きもしなかったものが、人真似をして(79)猫も杓子《しやくし》も生産業、生産業というようになって、(80)雨後の筍《たけのこ》のように色々の会社が沢山出来たが、(81)碌《ろく》なものがないから、たちまち水の泡のように消えてしまったのである。それからというものは、世の人は会社を信用しなくなったばかりでなく、ぐっと銀行家が(82)褌子《ふんどし》を締《し》めたから堪らない。金融がウンと引き締まったのである。

それればかりではない。貿易の結果はどしどし(83)正貨《せいか》が海外に流出したので、当局者もびっくりして、これでは大変だというので、政府は日本銀行を始めおもなる銀行に意旨《いし》を伝え、金利を引き上げさせたから、自然通貨が引き締まってきて、それからまた一方には納税金をなるべく使わんようにしておいたから、いっそう金融の工合が悪くなった上に、さらにまた鉄道が国有になったので、経済界は大影響を受けたのである。いったいあれは国有にならん前は、毎日取り上げた(84)賃金を人民に貸して、会社は利を採って儲けたものだが、人民もまた融通が利いてたいそう宜《よ》かったものであった。ところが国有となってからは、自分らが使うのにも足らんくらいであるから、外《ほか》に融通させるなどということは出来ないから、金利はますます引き締まって、二進《にっち》も三進《さっち》もいかなくなったのである。

79 猫も杓子もは、誰も彼もの意。
80 雨後の筍は、物事が相次いで現れることのたとえ。
81 碌なものがないは、無意味で、なんの値打ちもないの意。
82 褌子を締めたは、ここでは、融資を厳しくしたの意。
83 正貨は、本位貨幣のことで、日本の場合は金貨・金地金、さらに金為替。
84 賃金は、ここでは、乗車賃と貨物運賃。

自業自得《じごう》の(85)窮境《きゅうきょう》(86)

今まで海外へ約束した品物がドシドシ日本へ着いたのが輸入超過となったので、これには日本人も困ったろうが、西洋人も困ったのである。その結果どうかというと、二、三の銀行は三ヶ月くらいの為替(87)をつけると金を貸したものが、一ヶ月くらいに引き上げてやっと金を貸すようになったから、大いに引き締まって、債券(88)を持ち廻っても貸す銀行はないなどは前代未聞《ぜんだいみもん》のことになったのであった。金融の引き締まるのはむしろ当然のことである。ところが政府の身代もなかなか金が入るので、議員というのが寄ってたかって、それくらいは良かろうといったような調子で、お先真っ暗に予算を通過させたから、今になって困っているのも自業自得で仕方があるまいが、政府はこの不景気を楽観しておる。なるほど政府のやる官業(89)はかなりに賑《にぎお》うておるから、あるいは楽観をしておるであろう。それは民間とはまるで違って金利も払わず、税金も出さず、営業税も取られず、ただ人民から搾った金で仕事をやっておれば可《い》いのであるから、塩(90)であろうが煙草であろうが、皆賑《にぎお》うておる。どうもこのやり方は自然民間と競争ということになるのだが、はなはだ不都合だと思うのである。いったい民間と競争するなどということは、いわゆる民力(91)を弱くする基で、官業と競争して勝てるもの

85　自業自得は、自分が行なったことの報いを、自分自身で受けること。
86　窮境は、非常に苦しい立場。
87　三ヶ月くらいの為替は、振り出した三ヶ月くらいあとに支払わねばならない為替手形。後述の一ヶ月だと、手形発行者にとって厳しい条件になる。
88　債券は、国・会社などが金を得る代わりに出す債務証書。ここでは、主に国債をさす。
89　官業は、政府など公機関が経営する事業体。
90　塩であろうが煙草であろうがは、塩・煙草が政府専売であることによる。
91　民力は、民間の経済力。

でない。

政府に罪あり

全体この不景気を産出した罪は、政府が重いか民間が多いかというに、まず七分は政府、三分は民間にあるものである。政府は(92)盲目滅法《めくらめっぽう》に借金をしたのである。民力も何も計らずにやった。その上また取ろうとかかっている。ところが民間でも下《くだ》らぬ会社を起こして(93)濡れ手で粟《あわ》を握ろうとかかって甘《うま》くゆかなかったので、とうとう経済界に大恐慌をきたしたのである。しかし考えてみると、色々の会社が出来てそれがことごとく倒れたというのは、つまり金が無いからであろう。仕事は拡張してみたが(94)肝腎の金が無いので、何とも仕様がないと思っている矢先に、たまたま(95)支那では銀、銅が大下落したときたから、全く(96)泣き面《つら》に蜂である。けれども泣いたとて仕様のあるものではない。泣いたって(97)一文《もん》一銭も天から降ってこないから、確かな目的を持っている工業家は(98)不屈不撓《ふくつふとう》の勇気をもって進まなければ(99)嘘である。

また銀行家も大きな目玉をウンと開《あ》けて、あんまりびくびくせずにそういう工業家を助ける考えでなければ

92 盲目滅法は、何の見当もつけず、むやみに事を行なうこと。やみくも。
93 濡れ手で粟は、骨を折らずに多くの利益を得ること。
94 肝腎のは、最も重要なの意。
95 支那では銀、銅が大下落は、中国は銀本位の貨幣制度なので、金本位の日本から中国への輸出は困難になるなどの影響を与える。
96 泣き面に蜂は、不運続き。
97 一文一銭は、僅かな金。前出30頁の「一文」と同義。
98 不屈不撓は、苦労・困難にあっても決してあきらめないこと。
99 嘘であるは、ならない、いけないの意。

駄目である。今日は一般工業者は(100)期限の短い利子の高い金を借りて、(101)目を白黒にして煩悶しているときだから、これを捨てておけばますます困るのみのことであるから、大銀行は大いに目の玉を大きくして、(102)玉《ぎょく》石《せき》を見分けなければならぬのである。いわば今日の銀行家なるものは、泡沫会社のようなものは別として、相当の目的を持っている会社は、これを助け、もってこの大穴を塞《ふさ》ぐ工夫をしなければならぬと思う。何でも両方に罪があるから、官民一致しなければこの不景気の恢復《かいふく》は難しいのである。

同盟よりきたる経済上の利益

豪《えら》がる必要はなし

必要は道理を作るとの格言もあることだが、眼を(103)藐姑射《はこや》の山頭《さんとう》に上《のぼ》らせて宇内《うだい》の形勢を見たら、どんな感じが起きるであろうか。極東には(104)虎視《こし》眈々《たんたん》して戦いの雲行きがいつ現われるかも知れないという工合で、

100 期限の短いは、ここでは、返済期間が短いの意。
101 目を白黒にしては、苦しさのあまり、目の玉を白目にしたり黒目にしたりしての意。
102 玉石は、価値あるものと無いもの。銀行融資についてよく使われる語で、適切な貸付先と不適切なそれ。
103 藐姑射の山頭は、不老不死の仙人が住むという山上。
104 虎視眈々は、機会を狙って様子をうかがうさま。

欧羅巴《ヨーロッパ》では互いに武装をして睨《にら》めっこをしている。杜《と》国[105]は杜国で余り短い戦争でもない[106]。諸国併呑《へいどん》[107]という夢をマサカ今さら願うものがあるまいが、とかく豪がる国が多いから戦争が絶えぬのだ。平和の戦争でも商工の利益線さえ拡張すれば、外《ほか》に豪がる必要がないはずである。これを個人にしたところがその通りで、腕力自慢が何になる。今の世の壮士[108]ごときはとうてい普通の人が歯《よわ》いす[109]べきものでない。国と国とでもその通りで、喧嘩ばかりしたがるのは何たることであろう。しかし一国でも壮士がる国があったら防禦《ぎょ》の手段が要《い》るので、それがために年々幾何《いくばく》の血税やら徴税やらを費やすのだ。考うればいつまで昔の夢を見ることが出来るであろうか。さすがは眼の高いもので、英国にもしろ我が国にもしろ、この壮士を拒《ふせ》ぐの必要は、この同盟[110]という道理が造り出されて、少なくとも東洋へは壮士の乱暴が禁ぜられたのである。

天下泰平、富国興産[111]

これ、我ら商工業者は最も歓迎して近来の成功ということを謝するのである。そこでその結果はどうだとい

105 杜国は、トランスヴァール共和国。オランダ系移民のボーア人が一八五二年に南アフリカに建設した国家。
106 余り短い戦争でもないは、一九世紀後半から二〇世紀初頭にかけて、イギリスとトランスヴァール共和国・オレンジ自由国との戦争が数十年続いたことをいう。
107 併呑は、併合。
108 壮士は、意気盛んな男。ここでは、力にまかせて活動する者。後の壮士という国は、ロシアをさす。
109 歯いすは、伍す、肩を並べる、仲間に入るの意。
110 この同盟は、一九〇二年調印の日英同盟。両国間の軍事同盟である。
111 興産は、産業を盛んにすること。

えば、日本の信用が増してくるのである。いうまでもなく従来のように何時《なんどき》(112)露西亜《ロシア》と戦争を開くかも知れぬという有様では、ドコの商工業者でも(113)屏息《へいそく》するばかりで、真面目に日本と取引きするものはない。(114)まして公債や株券だのは折角買ったところで、一朝《いっちょう》開戦の日には非常に下落するものだから、何人《なにびと》も危険を感じておったのだ。しかるに今やこの同盟があれば、露でも戦争を避けるだろうし、日本でも求めて開くようなことはしないのである。そうなると日本は今後、太平無事である。

ところでこの同盟が保たれている間は、日本が東洋と他国と戦争するようなことは多分なかろうとは誰も信ぜられる。しかして日本ではもっぱら(115)殖産上にも尽くすことが出来て、国は追々に富むことになる。即ち商工業が自然に、次第次第に有望となってくるに相違ないのである。今が今までが、日本に資本を(116)卸すのを危険に思っていた外国の資本家なども、大いに(117)力瘤《こぶ》を入れてまるで今までと打って変わり、資本が要《い》りませんかというてくるようになるであろう。かつては(118)七重《ななえ》の膝《ひざ》を八重《やえ》に折っても聴かなかった放資が、機嫌を取りながら御用聞きにくるのであろう。商工業者として大いに祝さねばならぬのである。

112　露西亜と戦争は、日露戦争のこと。ここでは、戦争前のことを述べている。
113　屏息は、息を殺してじっとしているさま。
114　ましては、いわんや、言うまでもなくの意。
115　殖産は、産業を盛んにすること。
116　卸すは、投下するの意。
117　力瘤を入れては、熱意を込めての意。
118　七重の膝を八重に折っては、丁寧なうえにも丁寧な態度での意。

自分の金で事業をなすを欲す

さてこのようにこれからは、外国の資本家が我が国へ資本を放つことを望むのであるが、私どもは断じてその資本を借りたくないのである。出来るならば、日本政府はこの際、各国に宣言して我が帝国ではもはや今後は何方《いずかた》よりもいっさい金は借りぬとやって貰いたいのだ。今日の官業でも民業でもソレ相応に続けて進行するには、何も外国から借りる必要はないのである。人情は妙なもので、貸してくれといって頼む人には不安心だと思うが、要《い》りませんという人には(119)奥床《おくゆか》しく、貸してやりたいと思うものだ。だからもはやいっさい外国の資本が要らぬ、借りぬということになれば、(120)倫敦《ロンドン》の日本公債がたちまち高値になるのは受け合いだ。これだけでも日本の利益は莫大である。こうなれば外人がさらに日本の株券を買うようになる。従って公債を募集せんでも、外国の資本が自然と日本に入ってくるようになるのだ。しかもその時は即ち、低い利息で使ってくれと向こうから資本を卸《おろ》してくるのだ。(121)何卒《なにとぞ》してこのような有様になることを祈るのである。それも決して空想ではないのだ。ここ(122)暫時《ざんじ》の間辛抱すれば必ず出来るのである。我々は(123)日英条約を歓迎するし、条約より生ずる以上の結果を認めるのであって、今後は我から求めて外資を借りようなどということは止めて、なるべくはその止めることを世界に向かって公言したいのである。

119 奥床しくは、心が引かれの意。
120 倫敦の日本公債は、ロンドン市場での日本公債。
121 何卒しては、どうか、どうかしての意。
122 暫時は、しばらく、少しの時間。
123 日英条約は、日英同盟。前出250頁の「この同盟」と同じ。

日本経済界将来

物質的進歩に伴う経済界の膨張

物質的の進歩は何人《なにびと》の眼にも映じてはなはだ了解し易く、十年ないし二十年前の日本と現今を対照してみると、そのいかに進歩せるかが明らかに分かり、しかしてまた物質の進歩は経済に伴うものであるという理《り》は了承し得らるるとするも、その経済界が如何《いかん》の程度にまで膨張し、はた進んでいるかということは、ちょっと一考を要するのである。惟《おも》うに現在、日本の経済界より観《み》て二十年以前を追懐すると驚くべきものがある。一例としてまずその頃の金利はどうであるかということを思ってみるに、一割二、三分ないし一割五分という有様であった。それが今日はどうである、四分利付[124]の公債が羽《はね》[125]が生えて飛ぶというわけでもないけれども、ご承知の有様をもって成功したのである。

ところが私が今から二十年以前にはどう予想していたかというに、今日のごとき金利になるのは四十年五十年も先か、あるいはかくのごとき金利を産み出す時期に遭遇することがあるだろうかと思っていたくらいである。もっともその頃の英国の金利は七分内外のものであったから、日本も世の進歩に伴われ経済界発展とともにどうせ金利は自然低落してゆくものだろうくらいの想像は誰にも浮かび得ることではあるけれども、四

124　四分利付は、利子が四分（年四パーセント）。
125　羽が生えて飛ぶは、とどまることなく、どんどん行なわれるさま。

分などという予想は今より二十年以前には誰しも思っていなかったと思うのである。しかもその四分利付公債も一回ならず美事《みごと》に成功したのである。

楽観的将来の経済界は

元来、経済界は万国共通でなければならぬ。それも鎖国主義で自分の国は自分だけでやってゆき、さらに他とは交際もしないというのならばとにかく、いわゆる東洋の(126)覇者《はしゃ》として自ら処し、欧米列強国と(127)比肩して文明の名を共にしようという我が日本が、欧米の金融界をも知らないで金利の革命もせず、平気でいるということがあろうわけのものではない。どうしても世界金融の大勢に伴《つ》れて我が日本の経済界も自然これに接続すべきものであって、現に接続しつつあるのである。であるから、どうしても金利の革命をしなければならぬわけであるところへ、また世界経済の潮流が流れてきて、この革命を成功せしむべく容易ならしめたのである。

そこで我が経済界の将来はどうであるかというと、私は楽観すべきものであると思うている。日露戦後の(128)瘡痍《そうい》より起こる不景気の声ももはや(129)終息に近づきつつあるといってよい。財界の恢《かい》復は(130)金利革命の成功によってこれを推知することが出来るのである。その結果、今日より推して将来の経済界を(131)卜《ぼく》することははな

126 覇者は、第一人者、優勝者。
127 比肩しては、肩を並べて、匹敵しての意。
128 瘡痍は、損害。
129 終息は、物事が終わること。
130 金利革命は、ここでは、金利が大幅に下がること。
131 卜するは、占うの意。

はだ難事ではないと思う。もとより今日の財界が全く恢復《かい》されたものであるとはいい得ないかも知れないが、少なくともこれを[132]大観して将来を予想せば、つまり自分のいう前途は楽観すべしということになると思うのである。

有価証券の増加に伴うて取引所の改良を望む

世界共通主義の発達

[133]近来、我が国の国勢は各種の方面に進歩、発達して、軍事、[134]政事はもちろん、そのほか社会上と経済上とに非常の変化をきたし、[135]歩一歩、しだいに世界各国と共通の方向に進みたるうちにも、日露戦役の大勝利は全く世界共通の賜物《たまもの》と称すべきもので、もしも共通の[136]実《じつ》が無かったならば、とうていあのような大勝利を[137]博することは六《むつ》ケしかっただろうと信じられる。今はとくに経済上について観察せんに、世界共通主義の著しい進歩は、各国と通商貿易の年々増進するによって最もよくこれを知ることが出来る。明治三十九年一月

132 大観は、広く全体を見渡す、大局を眺めること。
133 近来は、近頃。
134 政事は、政治。
135 歩一歩は、少しずつの意。
136 実は、成果。
137 博するは、獲得するの意。

から同年十二月中旬までの累計は、輸出四億五百八十余万円、輸入四億九百十余万円で、これに十二月中旬以後の分を仮に各一千五百万円として加算すると、三十九年度の輸出入総計は約十億五千万円に達し、しかして輸出と輸入とがほとんど相半ばして、よく(138)権衡《けんこう》を保っておるのは、実に大なる発達で、またはなはだ健全なる状態である。このことは国家のためにことに大いに祝さなければならぬ。

商品貿易額がかく増進すると同時に、一方には商品の原動力なる資本もまた、世界共通の途《みち》がしだいに開発せられて、日露戦役中に軍資金五億円の調達を始めとして、公私の事業に(139)外資の輸入せられたるもの夥《おびただ》しく、各鉄道会社の外資や、東京市と大阪市との外債募集などはその著しいものであるが、その他に何千万、何百万と纏《まと》まった大口ではなくても、我が公債、株券などの有価証券を外国人が所有するのもしだいに増し、ために内外の資本を集めて国際間の金融機関を設立し、(140)日英銀行や(141)日英金融会社のごときものも出来ることになった。また内外人の(142)合資組織で、製造工業を起こすものも少なくないようになった。

かく物資交易、即ち外国貿易の膨張と金融上、世界共通主義の発達とは、ますます我が国力を増進するはもちろんであるが、これと同時に、一方では外国との競争が次第に激烈となってくるのは必然の勢いである。故に我が経済界の上から見れば、一方では世界共通の途をますます開発することに努むると同時に、他方ではこ

138 権衡は、つりあい、均衡。
139 外資の輸入は、外債の外国での発行・募集。
140 日英銀行は、明治三九（一九〇六）年に設立された日英共同出資の銀行。本店をロンドンにおき、八名の取締役のうち、大倉喜八郎を含む日本人取締役は三名。大正三（一九一四）年に解散。
141 日英金融会社は、明治三八（一九〇五）年に設立された日英共同出資の金融機関。日英金融商会ともいい、本店をロンドンにおいた。
142 合資組織は、共同で資本を出して設立する合弁企業。

れに伴うところの設備を完全にし、世界共通主義の発達を利用して、世界的競争に敗北せぬ準備がはなはだ必要となってきた。

新事業膨興《ぼっこう》と吾人の注意

日露戦役後、各種の事業がしきりに勃興するのも、経済界の発展としてはなはだ慶《よろこ》ぶべきことであるが、近頃のようにいやしくも会社を起こし株式を募集さえすれば、たちまち何十倍、何百倍という応募者があり、いかなる会社の株でも「プレミアム」(143)を生ぜぬものなく、近来、新設会社の資本だけでも余程の巨額に上《のぼ》っている。それらの新会社のうちには、もちろん前途有望で基礎の確実なものも多いが、シカシある一部分には権利株(144)の売買を目的とし、応募済みの自分の持株さえ高く売ってしまえば、後は野となれ山となれ(145)という主義の新会社も少なくないようであった。これが世界共通の経済界に入《い》る新日本の事業界であるかと思うと、いささか(146)心細い感じもする。

さりながら我々は、これがために新事業の起こるのを全く中止せよというのではない。ただ事業の性質を十分に研究したる上で着手し、株式応募者はその発企人の熱心の態度と事業の性質とを熟考してから申し込み、みだりに他人の尻馬に乗って雷同付和することのないように望むのである。かつて日清戦後、鉄道熱(147)が大い

143 プレミアムは、額面を上回る価額で株式を発行したとき、その額面を超える超過分。
144 権利株は、会社の成立、または、発行新株の効力発生の前に得た、株主となる権利。
145 後は野となれ山となれは、後はどうなろうと知ったことではないの意。
146 いささかは、少しの意。
147 鉄道熱は、鉄道を建設しようとする熱狂的な人気・ブーム。

に起こって、それがために交通機関の発達を促したのが、今回の日露戦争では大いに我が軍隊輸送に功績のあったことなどを考うれば、事業熱は必ずしもこれを抑制する必要はないが、無責任なる企業は断じてこれを排斥せねばならぬ。日清戦役後は、事業熱勃興の結果として、我が[148]経済界に受けたる大打撃の苦き経験は、今日の場合に大いに参考とすべきものと思う。

有価証券の増加

我が国の有価証券は[149]年一年に増加の一方であるが、とくに日露戦役後は[150]長足《ちょうそく》の進歩をきたした。これ確かに国力の発展した証拠と見ることが出来るが、しかれども我々は決してこれをもって甘んじてはおられぬ。ますますこの発展を助長せねばならぬ。ソコで有価証券の額がおびただしい高《だか》となったのは、まさに国力の大発展を示すもので、五千万国民の多数を通じて、多少公債または株券の所有者で、外人間にも我が有価証券を所有するもの多く、人皆、毎朝、新聞紙を開けば、まず公債、株券の相場欄に目を着けるというようになったから、これら有価証券によって国民の感ずる利害は極めて重大である。従ってこのことは経済界における重大問題となった。

148　経済界に受けたる大打撃は、日清戦後恐慌のこと。戦後、鉄道・綿紡績・銀行を中心に企業勃興期を迎え、その反動として、明治三一（一八九八）年に中間的な、その二年後に、より深刻な経済恐慌が生じ、明治三四（一九〇一）年の上期まで続いた。三十四の銀行が支払停止、銀行信用は全国でマヒ状態にあった。
149　年一年は、一年たつごとにの意。
150　長足のは、急速なの意。

有価証券売買法の改良

我が国有価証券の額がかく大いに増すとともに、これら有価証券が売買転々さるる範囲はすこぶる広大となったので、その取り引き、譲り渡しは最も簡便に、かつ最も安全にして、最も迅速に行なわれなければならぬ。もしも取引方法が遅滞、不安、繁雑をきたすようでは、国民の蒙むる不利と経済界に及ぼす損害は至大《しだい》である。しかるに我が国目下の取引方法は果して完全であるかというと、(151)明治十一年の大蔵省布達《ふたつ》で、東京と大阪に各一個所ずつの(152)株式取引所設立が許可せられて以来、もはやほとんど三十年の(153)星霜《せいそう》を経過したが、その間は時々多少の改善を加えたとはいい、今日のように有価証券が増加してきては、なかなか今のままでは満足しかねると思う。故に将来は種々の方面に改新を施さねばなるまい。これがためには世の経済家、銀行家、学者、(154)政事家及び一般の実業家の(155)智嚢《ちのう》を絞って、すべからく国家経済上の一問題として真面目に研究し、発展したる我が経済界に適合する最上の方法を考案するのが、現下の最急務であると信ずる。またこのことは、日に月に世界共通の経済界に進出するところの我が国の貿易を増進するためには、実に重要事件だと思う。

(156)(明治四十年一月)

151 明治十一年の大蔵省布達は、同年五月四日に公布された太政官布告。これまでの株式取引条例を廃止し、株式取引所条例を定めた。
152 株式取引所設立は、上記の条例公布の同月に東京株式取引所が、翌月に大阪株式取引所が設立認可された。
153 星霜は、としつき、歳月。
154 政事家は、政治家。
155 智嚢は、知恵袋。
156 明治四十年一月は、この年月記載の意味は不明。本文には明治四十年一月以降のことがらも多く含まれているため。

付録

鶴彦自選狂歌集

近詠[1]三十四首

○安東県鴨緑江架橋を見て[2]

からやまと[3]ひらけ渡りてありなれ[4]の
川にも橋のかゝる世の中

○本渓湖にて

天保の翁《おきな》[5]もこゝに若返り

1 近詠は、最近詠んだ和歌・狂歌。
2 安東県鴨緑江架橋は、前出64頁の「安東県」の側《そば》を流れる鴨緑江に建設された橋。韓国統監府の鉄道当局が明治四二(一九〇九)年に着工し、二年後に完成。九四四メートルの大橋。
3 からやまとは、唐《から》(中国)と大和《やまと》(日本)。
4 ありなれは、鴨緑江の古名。
5 天保の翁は、天保八(一八三七)年生まれの大倉喜八郎自身のこと。

奉天省にたつる工場[6]

○ハルビン停車場、[7]伊藤公遭難の跡を弔《とむら》いて[8]

思ひきやこゝかをはりとなるみがた

涙に袖をしぼるべしとは

きて見れば先ず袖ぬれて夏ながら[9]

秋とかなしきハルビンの旅

○松花江《スンガリー》にて[10]

松花江土手の横顔ハルビンの

河波さむしシベリアの風

あづさ弓ハルビンさして松花江[11]

6　奉天省にたつる工場は、奉天省本渓湖町に設立された本渓湖煤鉄公司。前出87頁の「本渓湖炭坑問題」を参照。奉天省は中国東北部の行政区、ほぼ現在の遼寧省に当たる。

7　ハルビンは、中国東北部の黒竜江省の省都。明治三三（一九〇〇）年頃、ロシアが東清鉄道の基地として建設。

8　伊藤公遭難は、前出178頁の「兇徒の手にかけた」を参照。

9　袖ぬれては、泣いての意。

10　松花江は、中国東北部を流れる河川。黒竜江（アムール川）に注ぎ、沿岸にハルビン・吉林などの都市がある。ロシア語の呼び名がスンガリー。

11　あづさ弓は、後ろの「射る」にかかる枕ことば。

矢を射る如く下る早船

○(12)浦塩《ウラジオ》旅行

シベリアの(13)野辺も浅黄《あさき》に見ゆる哉《かな》
夏の(14)袷《あわせ》の浦塩の旅

○大雨うちつゞく折、隅田川を見て

降る雨に水も(15)出鼻《でばな》と(16)業平《なりひら》や
隅田川原に夏は流れて

12 浦塩は、ウラジオストックの漢字表記。シベリアの日本海に面した港湾都市。明治三六（一九〇三）年にモスクワとの間にシベリア鉄道が開通。

13 野辺は、野原。

14 袷は、裏地のある服。ここでは、夏だが涼しいことを表している。

15 出鼻は、勢いが盛んなときの意。

16 業平は、在原業平《ありわらのなりひら》にちなんだ地名。業平は平安初期の歌人で、隅田川あたりで、都をしのんで「名にし負はばいざ言問《こと》はん都鳥　わが思ふ人はありやなしやと」という歌を詠んだ。

○神戸別荘安養山を寄付すとて[17]

此の里とともに栄えて千歳経よ《ちとせへ》[18]

松のあるじは今日かはるとも[19]

○日韓合併をことほぎて[20][21]

ありなれの河を境に唐大和《からやまと》

橋さへかゝる御代《みよ》ぞめでたき[22]

虎のすむ千里の末も御国哉《おくにかな》

竹の園生《そのう》の開け行く世は[23]

○海辺、帰帆の絵のある扇子《せんす》に

けしきをも産《う》み出しけり海原《うなばら》に

17 神戸別荘安養山は、大倉喜八郎が日清戦争後に神戸の安養寺山に設けた別荘。伊藤博文が生前よく使っていたので、伊藤没後に大倉が神戸市に寄付。現在の大倉山公園。

18 千歳経よは、千年も、幾年も続けよの意。

19 松のあるじは、別荘の主人のこと。

20 日韓合併は、明治四三（一九一〇）年の日本による韓国併合。韓国は大韓帝国のこと。

21 ことほぎては、言葉で祝っての意。

22 御代は、天皇の治世。

23 園生は、庭園。

帆を孕《はら》ませて帰へる(24)海女船《あまぶね》

○(25)中秋

さか盛りの座敷に月のさしみ皿
客も速席歌をつくりみ

○日韓併合後の明月

虎の伏す高麗《こま》の荒野に鎗《やり》のほの
(26)さやけき月は影も清正《きよまさ》

○(27)大倉商業学校十週年紀念を祝し

(28)とがへりの花咲く今日を初めにて
(29)千代も栄えん学舎《まなびや》の松《いのち》

---

24 海女船は、漁船。女漁師の乗る船に限らない。
25 中秋は、仲秋。陰暦八月の異称。名月が見られる時期。
26 さやけきは、光がさえて明るいの意。
27 大倉商業学校十週年は、同校創立一〇周年は明治四三（一九一〇）年。同年一〇月二三日、大倉喜八郎が紀年祝賀式で演説。
28 とがへりは、十年が過ぎたの意。漢字表記は「十辺り」。
29 千代は、千年、たいへん長い年月。

○向島にて連日の大雨、晴乞《ご》いの歌

ふる雨を晴れさせ給《たま》へ心あらば
　水の田を(30)みめぐりの神

○(31)青淵大人《せいえんたいじん》の古希をことほぎて

七十路《なゝそじ》を一つかさねし齢《よわい》より
　高きは君が(32)いさほなりけり

○おなじ時、(33)龍門社にて五色を詠《よ》みてことほぎ

かみくろく心は赤き青淵の
　君に千代添ふ黄金《こがね》白菊

30 みめぐりの神は、向島の三囲《みめぐり》神社。
31 青淵大人は、渋沢栄一。青淵は渋沢の雅号。大人は学徳の高い人などに対する敬称。
32 いさほは、立派に仕事を成し遂げたことの意。漢字表記は「勲・功」。
33 龍門社は、明治二〇（一八八七）年、渋沢栄一を慕う経営者などによって組織された親睦団体。機関誌「龍門雑誌」を発行。

○奈良にて(34)正倉院を拝観して、目録と(35)御物《ぎょぶつ》と相添えて、千年以上を経たるもの凡《およ》そ世界中に希れなる宝物なれば、(36)所感(37)いとゞをほし

(38)青丹《あほによし》奈良に御倉《みくら》を(39)みかさやま
御物は無事に(40)千代をふるとも

○(41)観菊の御宴《ぎょえん》にて

観菊《かんぎく》の御宴とともに(42)御園生《みそのう》の
とびらも開く冬の入口

34　正倉院は、奈良市の東大寺境内にある校倉造《あぜくらづくり》の高床式倉庫。聖武《しょうむ》天皇・光明《こうみょう》皇后ゆかりの品を始めとする天平時代を中心とした美術工芸品を収蔵。
35　御物は、天子・皇室の所有品・所蔵品。
36　所感は、感想。
37　いとゞをほしは、たいへん多いの意。「をおし」は「おお（多）し」。
38　青丹は、奈良にかかる枕ことば。
39　みかさやまは、三笠山。ここでは、正倉院の近くにある若草山のこと。
40　千代をふるは、非常に長い年月をへて古びるの意。「ふる」は「旧る」。
41　観菊の御宴は、天皇主催の菊花観賞会。明治一三（一八八〇）年～昭和一一（一九三六）年に毎年一一月中旬頃に、内外の使臣を招いて浜離宮や新宿御苑などで行なわれた。
42　御園生は、前出264頁の「園生」と同じ。

○(43)秦山伯《しんざん》の(44)観楓会《かんぷう》にて

来て見ればニャンともいへぬ景色哉
　(45)猫又川《ねこまた》に楓《かえで》ながれて

○(46)世外侯《せがい》の(47)銅像除幕式

世のちりをさけて心も(48)きよみがた
　(49)やすらに越えん(50)年の関の戸

○おなじく

よろづ代も朽《く》ちせざりけりおもかげを

43 秦山伯は、天保四（一八三三）～大正七（一九一八）年、土方久元《ひじかたひさもと》伯爵。秦山は号。討幕派の土佐藩士、維新後は宮内大臣・農商務大臣などを歴任。
44 観楓会は、楓《かえで》などの紅葉を観賞する集い。
45 猫又川は、現在の群馬県利根郡の尾瀬ヶ原近くを流れる川か。
46 世外侯は、天保六（一八三五）～大正四（一九一五）年、井上馨侯爵。世外は号。討幕派の長州藩士、維新後は外務卿・外務大臣・農商務大臣・内務大臣・大蔵大臣などを歴任。
47 銅像は、明治四三（一九一〇）年、井上馨の喜寿を記念して、井上の別邸のある興津《おきつ》に建てられた坐像。興津は現在の静岡市清水区の地名。興津公園にその銅像は現存。
48 きよみがたは、清見潟。現在の静岡市清水区興津にあった景勝地。
49 やすらには　安らかにの意。
50 年の関の戸は、年の境。

こゝに(51)興津《おきつ》の君のいさほは

○おなじく園遊会にて

(52)羽衣《はごろも》の錦は庭の楓にて
天女《てんにょ》とこゝに(53)三保の松原

○十二月末によめる

光陰は矢をいる如く(54)猪《い》の早太《はやた》
猪の歳《とし》来れば歳も(55)頼政《よりまさ》

○御題《おだい》の(56)照寒月梅花《かんげつばいかをてる》をよみて

かほりさへこほるばかりに月冴《さ》えて
梅のはなはださむき夜半《よわ》哉

51 興津の君は、井上馨のこと。

52 羽衣は、天女《てんにょ》が身につけ、自由に空中を飛行するといわれる薄い衣《ころも》。

53 三保の松原は、現在の静岡市清水区にある景勝地。そこで猟師と天女との羽衣をめぐる寓話の謡曲がある。

54 猪の早太は、猪《いの》早太。生没年不詳、平安時代末期の武将。源頼政の家来で、頼政が射落とした妖怪の鵺《ぬえ》のとどめをさしたとされる伝説がある。

55 頼政は、長治元（一一〇四）～治承四（一一八〇）年、源頼政。平安時代末期の武将・公卿・歌人。

56 照寒月梅花は、冬の寒い夜、冷たく冴え渡った月の光に照らされた梅花。

○朝鮮併合後の元日[57]

新版図《はんと》虎ふす国も竹たてゝ

千里同風[58]いほふ[59]元日

○初夏

そろそろと夏の仕度《したく》に向ふ島

あほすだれ[60]をも軒にかけ茶屋《ちゃや》

○病中詠《えい》〈中耳炎をやみて[61]〉

此《こ》の春はなど[62]鶯《うぐいす》のなかぬやと

とへはあるじの耳なしのやま[63]

57 朝鮮併合は、前出264頁の「日韓合併」と同じ。

58 千里同風は、天下太平、平和であること。国のほとんどの人が、同じ思いをもち、一つの目標に向かおうとしたとき、世の中は、同じ風が吹くという意。

59 いほふは、祝う。

60 あほすだれは、整然としていない簾《すだれ》。「あほ」は馬鹿な、状態が悪いの意の「阿呆」か。

61 中耳炎をやみては、明治四四（一九一一）年三月初旬、大倉喜八郎は咽喉カタルから丹毒症《たんどくしょう》を発し、中耳炎になったこと。一時危篤とさえ伝えられたが、漸次快方に向かう。

62 などは、なぜの意。

63 耳なしのやまは、現在の奈良県橿原《かしわら》市にある耳成山のことか。耳成山は耳無山ともいう。

あさな夕《ゆう》な耳のそうじにつとむれど
まだ鶯はきかぬなりけり

○病中、向島の景色やいかにと思ひやりて

此頃は春の光にむかふ島(64)
花より先へひらくかけ茶屋(65)

○向島の三人上戸《じょうご》(66)と題して

花笑ひ雁《かり》鳴き渡る隅田川
土手にはらたつ(67)生酔《なまよ》(68)えもある

64　むかふ島は、向島。
65　かけ茶屋は、道脇・園などにある茶屋。通行人を相手に茶・菓子などを供す休憩所。
66　上戸は、酒が好きな人、たくさん酒を飲める人。
67　はらたつは、喧嘩をすること。漢字表記は「腹立つ」。
68　生酔えは、酔っ払い。

○(69)日本橋開橋式に

魚川岸《うおがし》に(70)あにいも(71)いさみいほふらん

(72)べらんめいじの橋のかけかへ

○病中ふと鏡にうつりたる自分の顔を見ると、(73)顔一面包帯して

まるで化物のようになりおるにこれはとばかり驚きて

死なぬまに早や化物になりしかと

鏡の前に迷ふ (74)鶴彦《つるひこ》

69　日本橋開橋式は、明治四四（一九一一）年四月三日、日本橋川にかけられた橋が木造から石造に改造された記念式。橋は慶長八（一六〇三）年から二〇代目に当たり、ルネッサンス式アーチ型石造橋として現存。前出11頁の「日本橋」を参照。

70　あにいは、勇み肌の若者。漢字表記は「兄い」。

71　いさみいほふは、勇み祝う。

72　べらんめいじは、江戸っ子がしゃべる早口の巻き舌での「べらんめー」と「明治」をかけた言葉。

73　顔一面包帯しては、中耳炎を病んだとき、丹毒症のため顔面・頭部一帯に包帯をして目ばかり出していたこと。

74　鶴彦は、大倉喜八郎の雅号。

※本書は明治四十四（一九一一）年十月十五日、丸山舎書籍部より発行された『致富の鍵』を底本として、「凡例」に記したように、適宜修正を施したものである。

大倉喜八郎略年譜

大倉喜八郎に関わる出来事	日本・世界の出来事
一八三七年（天保八年）　一歳（数えの年齢） 九月二四日、出生（新暦十月二三日。現、東京経済大学創立記念日）。越後国蒲原郡新発田町（現、新潟県新発田市）の商家・質屋の三男（五人兄弟姉妹の四番目）。 幼名鶴吉（二〇代の頃、喜八郎と改名）。	二月、大塩平八郎の乱。 六月、モリソン号事件。
一八四四年（天保一五年／弘化元年）　八歳 この年から二年間、石川治右衛門から漢籍（四書五経）を学ぶ。	七月、オランダ、幕府へ開国を促す（四五年六月、幕府より開国勧告を拒む返書）。
一八四八年（弘化五年／嘉永元年）　一二歳 この年、家業手伝いの傍ら、新発田藩の儒者・丹羽伯弘《にわはっこう》開設の私塾積善堂に入塾。漢籍・習字・珠算を習う。同塾で陽明学の「知行合一《ちこうごういつ》」の影響を受けたといわれる。	一月、米カリフォルニアで金鉱発見。 二月、仏パリで二月革命、民衆蜂起が欧州全域に波及（一八四八年革命）。
一八五〇年（嘉永三年）　一四歳 大極円《だいきょくえん》柱吉六の門に入り、狂歌を学ぶ。以後、和歌廼門《わかのと》鶴彦と称し、江戸に狂歌を投稿。江戸の狂歌師連との連絡が始まる。	三月、オランダ商館長、最後の江戸参府。
一八五三年（嘉永六年）　一七歳 五月、父・大倉千之助没。 喜八郎は長兄を助けて家業に従う。	六月、ペリー率いる米国東インド艦隊が浦賀に来航。

年	事項	世相
一八五四年（嘉永七年／安政元年）　一八歳	五月、母・大倉千勢子没。 十月、江戸へ出立。狂歌の師・檜園梅明《かいえんうめあき》を訪ね、狂歌仲間の和風亭国吉（日本橋魚河岸の塩物商）の手代となる。 その後、麻布飯倉の中川鰹節店で丁稚見習奉公。	三月、日米和親条約調印。 同月、クリミア戦争（～五六年三月）。 六月、琉米修好条約調印。 十月、日露和親条約調印。
一八五七年（安政四年）　二一歳	春、奉公先から独立、乾物店大倉屋を開業（江戸下谷上野町）。檜園梅明撰の『扶桑名所名物集』（五七～六〇年）に「シハタ鶴彦」名で多くの狂歌が掲載される。	五月、インドで反英大反乱（～五九年）。 九月、ムガル帝国滅亡。 十月、米駐日総領事ハリス、江戸城登城。
一八六〇年（安政七年／万延元年）　二四歳	閏三月、『心学先哲叢集』を編纂（先人の訓言を抜粋）。	三月、桜田門外の変。 閏三月、五品江戸廻送令。
一八六六年（慶応二年）　三〇歳	十月、乾物店を廃業。八丁堀の小泉屋銃砲店に見習いに入る。	一月、薩長同盟の密約。 この年、全国で一揆・打ちこわしが多発。
一八六七年（慶応三年）　三一歳	二月、銃砲店大倉屋（後の大倉銃砲店）を開業（神田和泉橋通り）。	十月、大政奉還。 十二月、王政復古の大号令。
一八六八年（慶応四年／明治元年）　三二歳	四月以前、新政府軍の兵器糧食の用達となる。 五月、上野の彰義隊に拉致・喚問されたが、解放される。	一月、戊辰戦争（～六九年五月）。 五月、奥羽越列藩同盟成立。 七月、江戸を東京と改称。 九月、明治と改元。

一八六九年（明治二年）　三三歳

二月、新政府側の津軽藩からの注文に応じ、横浜から青森までドイツ帆船で危険を冒して鉄砲を輸送。その間、函館に寄港するも難を逃れる。


五月、五稜郭開城。

六月、版籍奉還。

七月、蝦夷地に開拓使設置。

八月、蝦夷地を北海道と改称。

一八七〇年（明治三年）　三四歳

この年、羅紗販売店を開業（銀座三丁目）。


七月、普仏戦争（〜七一年）。

十二月、『横浜毎日新聞』創刊。

一八七一年（明治四年）　三五歳

三月、新橋駅建設工事の一部を請負う（七二年九月完成）。

同月、横浜水道会社を高島嘉右衛門らと設立。

この年、秋に創立された共立《きょうりゅう》学校（現、開成学園）の社中（共同発起人）となる。

この頃、洋服裁縫店を開設（日本橋本町、日本の洋服店の開祖ともいわれる）、貿易商店を開設（横浜弁天通り）。


四月、戸籍法制定。

五月、新貨条例制定。

七月、廃藩置県。

同月、日清修好条規調印。

九月、田畑勝手作を許可。

十一月、岩倉使節団、横浜出港。

一八七二年（明治五年）　三六歳

三月、銀座大火後の復興建設事業の一部を請負う（銀座一丁目、七三年十月完成）。

七月、民間人初の長期欧米視察に出発。米国各地を回り、十月以降、欧州ではロンドンを中心に滞在。その間、岩倉使節団の木戸孝允・大久保利通・伊藤博文らの知遇を得る。ウィーンで万国博覧会を参観（七三年九月初旬までに帰国）。


二月、土地永代売買解禁。

同月、『東京日日新聞』創刊。

八月、学制公布。

九月、新橋〜横浜間鉄道開通。

十一月、国立銀行条例制定。

十二月、太陽暦実施。

一八七三年（明治六年）　三七歳

十月、大倉組商会を設立、頭取となる（銀座三丁目、後に二丁目に移転）。業務は外国貿易を主とし、用達・造営を行う（大倉銃砲店は継続）。


一月、徴兵令制定。

七月、第一国立銀行設立。

一八七四年（明治七年）　三八歳
五月、陸軍用達として台湾出兵に随い、諸品購入・人夫雇入に従事。
この年、大倉組ロンドン支店を設置（日本企業初の海外支店）。

一八七五年（明治八年）　三九歳
五月、持田徳子と結婚。
同月、渋沢栄一と共に東京会議所の肝煎に就任。
九月、渋沢栄一と共に東京会議所を代表し商法講習所（八月設立。日本初の商業教育機関。現、一橋大学）の運営資金の支援に関する約定書を締結。

一八七六年（明治九年）　四〇歳
夏、日朝修好条規調印を受けて朝鮮釜山浦に渡航、織物・雑貨の正札販売を開始。
十月、大倉組釜山浦支店の開設を進める。

一八七七年（明治一〇年）　四一歳
二月、西南戦争で征討軍の陸軍用達となる。九州に出張し、干魚・梅干・米等を買い付け。
六月、釜山浦へ渡航、飢饉の同地へ米穀を輸送・販売。帰路、玄界灘で暴風雨にあい、九死に一生を得る。
十二月、東京商法会議所（現、東京商工会議所）設立を渋沢栄一等と共に出願（七八年

同月、地租改正条例公布。
十月、征韓論争。
十一月、内務省設置。

一月、民撰議員設立建白書。
二月、佐賀の乱。
五月、台湾出兵。
十一月、『読売新聞』創刊。

三月、東京・青森間の電信線全通。
五月、樺太・千島交換条約調印。
六月、讒謗律《ざんぼうりつ》・新聞紙条例制定。
九月、江華島事件。

二月、日朝修好条規調印。
十月、士族反乱続発。
十一～十二月、農民一揆続発。
十二月、オスマン帝国憲法公布。

二月、西南戦争（～九月）。
四月、東京開成学校と東京医学校が合併し東京大学と改称。
八月、第一回内国勧業博覧会開催（～十一月）。

三月認可）。

一八七八年（明治一一年）　四二歳

三月、大倉組、仙台集治監（刑務所）の建設工事を着工。

八月、東京商法会議所第一回総会開催、大倉は外国貿易事務委員となる。

十二月、東京府会議員第一回選挙、京橋区議員に選出（八〇年八月辞任）。

一八七九年（明治一二年）　四三歳

十月、大倉組、製革場を大阪に設立（主に軍靴製造）。

十二月、日本橋・京橋の大火で居宅焼失。

この年、向島に別荘を建設。

一八八一年（明治一四年）　四五歳

一月、堀川利尚等と組織した土木用達組、鹿鳴館の建設工事を着工（八三年十一月開館）。

一八八二年（明治一五年）　四六歳

三月、東京電燈会社の設立発起人の一人となる（七月、大倉組に設立事務所を設置）。

十一月、銀座の大倉組前で日本初の電気燈（アーク灯）を点燈公開。

この年、貧民施療のために設立された共立東京病院（後の東京慈恵会医科大学）に多大の支援。

六月、東京株式取引所開業。

同月、第一国立銀行釜山浦支店開業（日本初の銀行海外支店）。

七月、地方三新法制定。

十二月、参謀本部設置。

四月、琉球王国廃絶、沖縄県設置。

九月、教育令制定。

四月、農商務省設置。

十月、明治一四年の政変。

同月、自由党結成。

十一月、日本鉄道会社設立。

三月、『時事新報』創刊。

四月、立憲改進党結成。

六月、日本銀行条例制定（十月、営業開始）。

七月、朝鮮で壬午軍乱。

一八八三年（明治一六年）　四七歳
八月、大倉組、上海に出張所を開設。

十月、墨田堤に桜千株補植を成島柳北等と共に出願。

十一月、偽茶・粗悪茶の取締法制定を願う建議書を農商務省に提出。

一八八四年（明治一七年）　四八歳
五月、日本茶の信用回復と米国商業視察のため米国へ出発（八五年一月帰国）。

九月、大倉組、皇居造営工事の一部を請負う。

一八八五年（明治一八年）　四九歳
六月、大倉組・藤田組、大阪天神橋建設工事を着工。

十月、東京瓦斯会社（現、東京ガス）を設立、委員となる。

十一月、貿易協会（後の日本貿易協会）を設立、幹事となる。

一八八六年（明治一九年）　五〇歳
二月、東京商工会の幹事となる。

三月、大倉組・藤田組、琵琶湖疏水の建設工事を着工（九〇年三月完工）。

四月、『貿易意見書』を発表。

七月、東京電燈会社を開業（現、東京電力の基）。

八月、演劇改良会を結成、発起人の一人となる。

十二月、開拓使の札幌麦酒醸造所（七六年設立）の払下げを受け、大倉組札幌麦酒醸造場を設立（現、サッポロビールの源）。

同月、大倉組・藤田組、佐世保軍港建設工事を着工。


七月、官報創刊。

八月、フランスがベトナムを保護国化。

十月、東京商工会設立認可（東京商法会議所解散）。

六月、清仏戦争。

七月、華族令制定。

十月、秩父事件。

十一月、列強のベルリン会議。

十二月、朝鮮で甲申事変。

四月、日清間で天津条約調印。

十二月、内閣制度発足（初代総理大臣・伊藤博文）。

この年、松方デフレ。

一月、北海道庁設置。

三月、帝国大学令公布。

四月、師範学校令・小学校令・中学校令公布。

十月、ノルマントン号事件。

この年、企業勃興始まる（～八九年）。

一八八七年（明治二〇年）　五一歳

三月、日本土木会社を設立（東京方面の事業は大倉組、大阪方面の事業は藤田組が主管し、水利・土木・建設事業を請負う。後に藤田組が撤退、大倉組の単独企業となる。現、大成建設に継承）。

四月、内外用達会社を設立（大倉組・藤田組の共同経営）。

六月、大倉組、天津支店を設置。

八月、東京毛糸紡織会社を設立（九三年、東京製絨会社と改称）。

十二月、東京ホテルを設立（現、帝国ホテル）、渋沢栄一と共に発起人総代となる。


五月、私設鉄道条例公布。

八月、『反省会雑誌』創刊（九九年、『中央公論』と改題）。

十月、大同団結運動、三大事件建白書。

同月、東京音楽学校・東京美術学校開校。

十二月、保安条例公布。

一八八八年（明治二一年）　五二歳

一月、札幌麦酒会社を渋沢栄一等と共に設立、委員となる（同社に大倉組札幌麦酒醸造場を譲渡）。

同月、日本土木会社、東京ホテル（日本初の純洋風ホテル）の建設工事を着工（九〇年三月竣工）。

二月、日本土木会社、歌舞伎座の建設工事を着工（八九年十一月完工・開場。日本初の大劇場）。

七月、日本土木会社の社長となる。

八月、演劇改良会の相談役となる。


四月、市制・町村制公布。

同月、枢密院設置。

七月、『東京朝日新聞』創刊。

八月、三池鉱山、三井組に払い下げ。

十一月、『大阪毎日新聞』創刊。

一八八九年（明治二二年）　五三歳

七月、日本土木会社、九州鉄道の敷設工事を着工。


二月、大日本帝国憲法公布。

同月、会計法公布。

七月、東海道線全通。

一八九〇年（明治二三年）　五四歳

五月、日本土木会社、利根運河の建設工事を完工（利根川・江戸川を通水し懸案を解決）。

一月、日本初の経済恐慌始まる。

七月、東京ホテル、帝国ホテル会社と改称。 十一月、帝国ホテル開業。	七月、第一回総選挙。 十月、教育勅語発布。 十一月、第一回帝国議会開会。
一八九一年（明治二四年）　五五歳 五月、東京商業会議所（一月設立認可。八月、東京商工会解散）議員に当選、仮幹事となる（仮会頭・渋沢栄一）。 九月、同商業会議所の工業部長となる。	五月、大津事件。 十一月、田中正造、足尾鉱毒問題質問書を衆議院に提出。
一八九二年（明治二五年）　五六歳 六月、日本土木会社、帝国京都博物館（現、京都国立博物館）の建設工事を請負う。 十二月、日本土木会社の解散と事業の一切を大倉喜八郎が継承することを決定。	六月、鉄道敷設法公布。 九月、全国商業会議所連合会創立。 十一月、『万朝報』創刊。
一八九三年（明治二六年）　五七歳 六月、大倉土木組を設立、店主となる（日本土木会社の残工事と清算事業を継承）。 十一月、合名会社大倉組を設立（商法の一部改正施行を機に、貿易業務の大倉組と官庁用達業務の内外用達会社とを合併）、頭取となる。 同月、日本土木会社は解散。	三月、取引所法公布。 五月、防穀令事件で朝鮮政府と賠償案妥結。 七月、会社篇など商法の一部施行。 十月、文官任用令公布。
一八九四年（明治二七年）　五八歳 五月、札幌麦酒会社が株式会社に改組、取締役となる。 八月、大倉組、日清戦争で軍用達となる。大阪支店で糧食・衣類等の軍需物資を調達、戦地では各種軍事構築物の造営を担当。 十一月、戦勝祝賀大運動会を東京の実業家有志で発起し、上野で開催。	四月、朝鮮で甲午農民戦争。 七月、日英通商航海条約調印（領事裁判権廃止）。 八月、日清戦争（〜九五年）。

一八九五年（明治二八年）　五九歳

七月、大倉土木組、ソウルの日本領事館の建設工事を着工（九六年末に完工）、これを機にソウル出張所を開設。

同月、大倉組、台湾に出張所を開設。

十月、大倉土木組、台北・基隆間の鉄道の改築工事を請負う。


四月、日清間で下関条約調印、清が賠償金を払い、台湾等を割譲。

同月、三国干渉。

五月、日本、遼東半島全面放棄。

十一月、『東洋経済新報』創刊。

一八九七年（明治三〇年）　六一歳

五月、朝鮮の京仁鉄道引受組合結成、組合員となる。

十一月、台湾銀行創立委員となる（九九年七月、同銀行設立）。

この年、大倉土木組、中央線の敷設工事の一部を請負う。


六月、『実業之日本』創刊。

七月、普通選挙同盟会、労働組合期成会、結成。

十月、貨幣法施行により金本位制成立。

一八九八年（明治三一年）　六二歳

一月、商業学校設立の意と五〇万円の拠出を石黒忠悳《ただのり》に表明。

五月、還暦・銀婚祝賀の園遊会を開催。席上、石黒忠悳が「大倉氏商業学校設立ノ主意」を発表。

七月、ロンドンで発行の『ザ・タイムズ』、商業学校設立は大倉喜八郎の美挙との記事を掲載。

十月、法人寄付行為制定。

十一月、東京府より財団法人大倉商業学校設立認可。

同月、大倉商業学校の校舎敷地を赤坂区葵町三番地に決定。


四月、米西戦争。

六月、隈板内閣成立（初の政党内閣）。

同月、清で光緒帝、戊戌変法始める（九月、戊戌の政変で挫折）。

七月、民法全編施行。

同月、商法全面施行。

同月、米国、ハワイを併合。

十月、日本美術院創立。

一八九九年（明治三二年）　六三歳

一月、大倉土木組、大倉商業学校校舎の建設工事を着工。

三月、東京商業会議所の副会頭となる。

五月、北海道拓殖銀行設立委員となる（一九〇〇年二月、同銀行設立）。


二月、実業学校令公布。

三月、著作権法公布。

同月、中国で義和団蜂起。

同月、大倉土木組、官設台湾縦貫鉄道の敷設工事に従事。

六月、大倉土木組、旭川第七師団の施設の建設工事を着工（一九〇二年完成）。

七月、台湾銀行設立総会で監査役となる（一九二四年まで再選重任）。

この年、東京市営養育院の常設委員となる。

一九〇〇年（明治三三年）　六四歳

四月、日本電気協会の会長となる。

五月、パリ万国博覧会視察と欧米商業視察のため横浜港を出発、妻・徳子と英国に留学する息子・喜七（後に喜七郎と改名）を伴う（九月帰国）。

七月、文部省、大倉商業学校の設立認可。

八月、校舎竣工、第一回入学試験実施。

九月一日、大倉商業学校開校式（予科二年・本科四年、赤坂葵町、初代督長・渡辺洪基、東京初の甲種商業学校）。

一九〇一年（明治三四年）　六五歳

一月、大倉商業学校、夜学専修科（二年）を開設。

六月、大倉組、ニューヨーク支店を開設。

同月、京釜鉄道創立総会で取締役となる。

一九〇二年（明治三五年）　六六歳

一月、日本製靴設立（現、リーガルコーポレーション）。

二月、大倉土木組等、朝鮮の京釜鉄道の敷設工事を着工。

三月、日本興業銀行創立総会で監査役となる。

七月、釜山埋築を設立、社長となる。

九月、湖南汽船を設立、相談役となる。


六月、改正商法施行。

同月、初の日本製映画公開。

七月、外国人居留地制度撤廃、内地雑居始まる。

八月、私立学校令公布。


二月、北海道拓殖銀行設立。

三月、治安警察法公布。

五月、軍部大臣現役武官制確立。

六月、清の義和団事件に日本出兵。

九月、立憲政友会結成（初代総裁・伊藤博文）。


五月、社会民主党結成。

九月、八幡製鉄所操業開始。

十二月、田中正造、足尾銅山鉱毒事件で天皇に直訴。


一月、日英同盟協約調印。

三月、商業会議所法公布。

四月、日本興業銀行開業。

十一月、初の清国旅行（上海から揚子江一帯を視察）。

一九〇三年（明治三六年） 六七歳

十二月、大倉組、中国の漢陽鉄廠局に借款を供与。

この年、八幡製鉄所が生産する鋼材の初の民間払下げ商に指定される。

一九〇四年（明治三七年） 六八歳

三月、大倉商業学校校友会発足（教職員・卒業生・生徒で構成。会長・立花寛蔵）。

七月、『校友会雑誌』創刊。

この年、大倉組、日露戦争で軍用達となる。

一九〇五年（明治三八年） 六九歳

一月、旅順要塞陥落の報を聞き、旅行中の韓国から満洲に渡り、日本軍将兵を慰問。

三月、大倉組、保険部を設置。

八月、大倉邸内で孫文・黄興等が中国同盟会結成大会を開く。

この年、大倉土木組、北京日本公使館の建設工事を請負い、北京出張所を開設。

一九〇六年（明治三九年） 七〇歳

三月、日本・札幌・大阪の三麦酒会社が合同して大日本麦酒を設立、監査役となる。

七月、南満洲鉄道株式会社の設立委員となる（十一月、同会社設立）。

十月、古稀祝賀園遊会を開催。席上、石黒忠悳が大阪と漢城（現、韓国ソウル）に商業学校を設立する計画を発表。


三月、専門学校令公布（実業専門学校を規定）。

十二月、ライト兄弟が飛行機を発明。


二月、日露戦争勃発（～〇五年）。

同月、日韓議定書調印。

八月、第一次日韓協約調印。


一月、京釜鉄道全線開通。

九月、日露間でポーツマス条約調印。

同月、日比谷焼打ち事件。

十一月、第二次日韓協約調印（日本が外交権を掌握）。


二月、韓国統監府開庁（初代統監・伊藤博文）。

三月、鉄道国有法公布。

八月、関東都督府官制公布。

十月、サンフランシスコ市で日本人学童の入学拒否事件（日本人移民排斥運動）。

一九〇七年（明治四〇年）　七一歳
二月、帝国劇場を設立、取締役となる。

三月、日清豆粕製造を設立（現、日清オイリオグループ）、顧問となる。

四月、大阪大倉商業学校開校（現、関西大倉学園）。

同月、善隣商業学校、漢城に開校（現、韓国公立善隣インターネット高校）。

同月、日本皮革を設立（大倉組皮革製造所等三社が合併。現、ニッピ）。

同月、郷里の新潟県新発田町に基本金として五万円を寄付。

五月、日本化学工業を設立、取締役となる。

六月、満洲視察旅行、本渓湖炭鉱合弁事業を中国当局と協議。

七月、帝国製麻を設立（日本製麻・北海道製麻を合併。現、帝国繊維）、取締役となる。

同月、東京慈恵会理事となる。

十二月、東海紙料を設立（現、特種東海製紙）、会長となる。

この年、大倉組、豪州シドニーに支店を開設。

一九〇八年（明治四一年）　七二歳
九月、東洋拓殖の設立委員となる（十二月、同会社設立）。

一九〇九年（明治四二年）　七三歳
五月、大倉商業学校同窓会発足。
十月、台湾に新高製糖を設立、監査役となる。

一九一〇年（明治四三年）　七四歳
五月、奉天で東三省総督・錫良と日清合弁契約に調印、商弁本渓湖煤礦有限公司を設立。
八月、神戸の安養山別荘の敷地七千有余坪と建物を神戸市に寄付（現、大倉山公園）。

一月、日露戦後恐慌始まる。

三月、義務教育六年制となる。

同月、日本人労働者の米国入国禁止。

四月、元帥府、「帝国国防方針」を決議。

七月、ハーグ密使事件。

同月、第三次日韓協約調印（日本が内政全般を掌握）。

同月、日露協約調印。

八月、義兵運動、朝鮮全域に拡大。

十一月、日本製鋼所設立。


四月、第一回ブラジル向け移民出発。

十月、戊申詔書発布。


十月、伊藤博文がハルピンで暗殺される。

この年、生糸輸出量世界一となる。


四月、『白樺』創刊。

五月、大逆事件。

八月、韓国併合条約調印。

一九一一年（明治四四年）　七五歳

二月、帝国劇場落成（日本初の西洋式劇場）。

八月、恩賜財団済生会監事となる。

十月、奉天で東三省総督・趙爾巽と製鉄事業の合弁契約に調印、商弁本渓湖煤礦有限公司を商弁本渓湖煤鉄有限公司と改称し増資。

同月、大倉喜八郎述・菊池暁汀編纂『致富の鍵』（丸山舎書籍部）刊行。

十一月、株式会社大倉組を設立、社長となる（大倉組の商事・鉱業部門を継承し、大倉土木組も合併。合名会社大倉組は存続）。

同月、恩賜財団済生会に百万円寄付。

一九一二年（明治四五年／大正元年）　七六歳

一月、大倉組、孫文等の辛亥革命臨時政府に三百万円の借款供与。

七月、大倉喜八郎を慕う大倉系企業の関係者と部下等の親睦会、葵会を創立（十月、鶴友会と改称）。

一九一三年（大正二年）　七七歳

二月、向島別邸で孫文と会談。

十月、喜寿の祝賀式寿像除幕式を挙行、返礼として三日間、帝国劇場にて三千余名を招き祝宴。

一九一四年（大正三年）　七八歳

四月、上海に日中合弁の順済鉱業公司を設立。

五月、孫文と再び会談。

十月、朝鮮総督府設置。

二月、日米新通商航海条約調印（日本は関税自主権を回復）。

三月、工場法公布。

九月、『青鞜』創刊。

十月、中国で辛亥革命（十二月、孫文を臨時大総統に選出）。

同月、内外綿、上海支店設置（在華紡の先駆）。

一月、中華民国成立（十三年十月、日本政府、正式承認）。

二月、宣統帝退位、清朝滅亡。

八月、友愛会結成。

二月、第一次護憲運動、大正政変（桂太郎内閣総辞職）。

八月、東海道本線の全線複線化工事完成。

七月、第一次世界大戦勃発（〜一八年）。

八月、日本、ドイツに宣戦布告。

一九一五年（大正四年）　七九歳

一月、本渓湖煤鉄公司第一高炉火入式に参列、北京で中華民国大総統・袁世凱と会見。

十一月、新潟県人会会長に推薦される。

十二月、永年の勲功により男爵を授かる。


一月、日本政府、対華二十一カ条の要求を提出（五月最後通牒、中国受諾）。

この年、大戦景気始まる。

一九一六年（大正五年）　八〇歳

二月、喜寿を祝う各界からの歌・書・画を集めた『鶴乃とも』を刊行。

三月、大倉組、川島浪速を介して粛親王に百万円の借款供与（九月に五十万円追加）。

四月、大倉喜八郎述・井上泰岳編『努力』（実業之日本社）刊行。

同月、狂歌振興の同好会、面白会の結成に参加、会誌『みなおもしろ』（〜二五年）発行を助成。

八月、大倉組、山陽製鉄所の建設工事を着工。

十月、寿像の除幕式を新発田町で挙行。


一月、吉野作造が民本主義を説く。

同月、『婦人公論』創刊。

九月、工場法施行。

一九一七年（大正六年）　八一歳

三月、東京毛織を設立（大倉が取締役の東京製絨等三社が合併）、相談役となる。

七月、東京商業会議所特別議員となる。

八月、財団法人大倉集古館を設立（日本初の私立美術館）、美術品・土地・建物と維持資金を寄付。

同月、山陽製鉄所第一高炉火入式に参列。

十一月、大島製鋼所を設立、発起人となる。

十二月、本渓湖煤鉄公司第二高炉火入式に参列。

同月、大倉組から鉱山部・土木部を分離して大倉鉱業、大倉土木組を設立。


一月、中国への西原借款開始。

二月、『主婦之友』創刊。

三月、日本工業倶楽部設立。

九月、金輸出を禁止（金本位制停止）。

十一月、ロシア十月革命（二二年十二月、ソ連邦結成）。

一九一八年（大正七年）　八二歳
一月、大倉鉱業、北海道茂尻炭坑の開掘に着手。
三月、合名会社大倉組、資本金を一千万円に増資し持株会社となる。
五月、大倉集古館開館、一般公開。
七月、株式会社大倉組、大倉商事株式会社と改称。
同月、大倉製糸工場を設立、会長となる（一九年六月、同社新発田工場開業）。

一九一九年（大正八年）　八三歳
五月、鴨緑江製紙を設立、会長となる。
八月、台湾電力が設立され、監事となる。
十一月、文部省、大倉商業学校の専門学校への組織変更、大倉高等商業学校への校名変更を認可。

一九二〇年（大正九年）　八四歳
二月、大倉商事、日本無線電信電話を設立（現、日本無線）。

四月、大倉商業学校が大倉高等商業学校へ昇格、本科（三年制）開設。

十月、大倉高商創立二〇周年記念祝賀会で祝辞、「幸福を授ける神やまもるらん　自助と努力と誠意ある人」と詠む。

十二月、合名会社大倉組、資本金を五千万円に増資。

一九二一年（大正一〇年）　八五歳
七月、大倉商事、中国済南に青島冷蔵を設立。
十一月、大倉組、中国吉林に吉省興林造紙股份有限公司を設立。

八月、シベリア出兵（〜二二年）。

同月、米騒動始まる（全国に波及）。

十一月、ドイツ革命、休戦協定調印。

十二月、大学令公布。


三月、朝鮮で三・一独立運動。

四月、『改造』創刊。

五月、中国で五・四運動。

六月、ベルサイユ講和条約調印。

十二月、協調会設立。


一月、国際連盟発足。

三月、戦後恐慌。

四月、東京高等商業学校、東京商科大学に昇格（現、一橋大学）。

五月、日本初のメーデー。

十月、第一回国勢調査実施。


十一月、ワシントン会議開催（十二月、四カ国条約調印、日英同盟廃棄）。

一九二二年（大正一一年）　八六歳
この年度の「富豪所得税番付」（『実業之日本』）で大倉は西の横綱となる（東の横綱は三菱財閥総帥の岩崎久弥）。

一九二三年（大正一二年）　八七歳
夏、新潟県人会で「進一層」と題して講演。

九月、震災により赤坂の本邸・大倉高商校舎・大倉集古館を焼失、大倉組ほか系列企業に多数被害。

同月、救護資金百万円を寄付。

十月、大倉高商、麻布中学校の校舎を借りて授業再開。

一九二四年（大正一三年）　八八歳
四月、大倉高商、新校舎竣工。

九月、米寿記念に自作狂歌七四二首を選び、『狂歌鶴彦集』（畑徳三郎編・刊）を刊行。

同月、鶴友会、『大倉鶴彦翁』を編纂・刊行（初の伝記、徳富蘇峰が校閲）。

この年、米寿を機に大倉組を始め関係会社の重役を辞職、息子・喜七郎が大倉組新頭取となる。

一九二五年（大正一四年）　八九歳
一月、大倉高商同窓会、葵友会と改称。
五～八月、中国に長期旅行（満洲本渓湖訪問は七回目）。奉天では軍閥政治家・張作霖と数回会見、破格の待遇を受ける。
この年、陸軍現役将校学校配属令により大倉高商に軍事教練教官配属。

三月、全国水平社結成。

四月、日本農民組合結成。

七月、日本共産党結成。

八月、日本経済連盟会設立。


一月、『文藝春秋』創刊。

四月、『エコノミスト』創刊。

九月、関東大震災。

十二月、虎の門事件。


一月、第二次護憲運動。

同月、中国で第一次国共合作成立。

五月、米国で排日移民法成立。

六月、護憲三派内閣成立。

七月、小作調停法公布。

十一月、孫文、神戸で大アジア主義演説。


一月、日ソ基本条約調印。

同月、『キング』創刊。

四月、治安維持法公布。

五月、普通選挙法公布。

同月、上海で五・三〇事件。

一九二六年（大正一五年／昭和元年）　九〇歳
四月、大倉高商、高等文官試験予備試験免除に指定。
八月、南アルプスの赤石岳を踏破。
九月、遺言書を残す。

四月、労働争議調停法公布。
七月、中国国民党、北伐開始。
十二月、円本ブーム始まる。

一九二七年（昭和二年）　九一歳
十月、朝鮮で善隣商業学校の創立二〇周年記念式典、大倉翁銅像除幕式に参列。
十二月、大倉土木、東洋初の地下鉄（銀座線浅草〜上野間）建設工事を竣工、営業開始。
同月、大倉火災海上保険を設立（現、あいおいニッセイ同和損害保険）。

三月、金融恐慌。
四月、台湾銀行等、休業銀行続出。
五月、山東出兵（〜九月）。
七月、岩波文庫刊行開始。
同月、第一次国共合作崩壊。

一九二八年（昭和三年）　九二歳
一月、大倉高商始業式で最後の訓話。
同月、勲一等旭日大綬章を授かる（実業家として初の受章）。
四月二二日、死去（戒名は大成院殿禮本超邁鶴翁大居士）。
四月、『大倉高商新聞』創刊。
五月、大倉学会発足（十二月、『大倉学会雑誌』創刊）。
七月、大倉高商の校章を制定。
十月、大倉高商校歌発表。
同月、大倉集古館再開館。
十二月、大倉高商学生大会、自治会設立を決議（三〇年四月、学友会発足）。

二月、初の男性普通選挙実施。
三月、三・一五事件。
四月、日本商工会議所設立。
六月、張作霖爆殺事件。
同月、北伐終了。
八月、パリ不戦条約調印。
十月、ソ連、第一次五ヶ年計画開始。

＊年月の記載は、一八七二年（明治五年）までは陰暦。翌年以降は太陽暦に拠った。
＊年譜作成に当たり、主として以下の文献を参照した。東京経済大学史料委員会編『稿本　大倉喜八郎年譜　第三版』（東京経済大学、二〇一二年）。東京経済大学100年史編纂委員会編『東京経済大学の100年』（東京経済大学、二〇〇五年）。歴史学研究会編『日本史年表　第四版』（岩波書店、二〇〇一年）。

致富の鍵

2017年5月17日　第1刷発行　　　定価（本体 3,000円＋税）
2022年7月1日　第2刷発行

大倉喜八郎 述

菊池　暁汀 編纂

発行者　学校法人 東京経済大学
〒185-8502　東京都国分寺市南町1-7-34

編　集　東京経済大学史料委員会
連絡先　Tel 042-328-7955　Fax 042-328-5900
メール siryou@s.tku.ac.jp

発売所　株式会社 日本経済評論社
〒101-0062　東京都千代田区神田駿河台1-7-7
Tel 03-5577-7286　Fax 03-5577-2803
URL：http://www.nikkeihyo.co.jp/

印刷・製本　社会福祉法人 東京コロニー コロニー印刷
〒189-0001　東京都東村山市秋津町2-22-9

ISBN978-4-8188-2469-0